Nathalie Boegel

BERLIN
HAUPTSTADT
DES
VERBRECHENS

Nathalie Boegel

BERLIN
HAUPTSTADT
DES
VERBRECHENS

Die dunkle Seite
der Goldenen Zwanziger

Deutsche Verlags-Anstalt

Sollte diese Publikation Links auf Webseiten Dritter
enthalten, so übernehmen wir für deren Inhalte keine Haftung,
da wir uns diese nicht zu eigen machen, sondern lediglich auf deren Stand
zum Zeitpunkt der Erstveröffentlichung verweisen.

Verlagsgruppe Random House FSC® N001967

1. Auflage September 2018
Copyright © 2018 Deutsche Verlags-Anstalt, München,
in der Verlagsgruppe Random House GmbH,
Neumarkter Str. 28, 81673 München,
und SPIEGEL-Verlag, Hamburg,
Ericusspitze 1, 20457 Hamburg
Karte: Peter Palm, Berlin
Umschlag: Büro Jorge Schmidt, München
Umschlagmotiv: Hulton Archive / Archive Photos / Getty Images
Gestaltung: DVA / Andrea Mogwitz
Satz: Buch-Werkstatt GmbH, Bad Aibling
Gesetzt aus der Monotype Garamond
Druck und Bindung: GGP Media GmbH, Pößneck
Printed in Germany
ISBN 978-3-421-04832-5

www.dva.de

 Dieses Buch ist auch als E-Book erhältlich.

INHALT

Vorwort **9**

TEIL I:
REVOLTEN, PUTSCHE, INFLATION –
DIE GEBURTSWEHEN DER WEIMARER REPUBLIK **13**

Der Polizeipräsident wird aus dem Amt gejagt **16**

Mord im Hotel Adlon **24**

Der Massenmörder vom Falkenhagener See:
Friedrich Schumann **33**

Versehrt und verroht: Die brutalen Folgen des Krieges **46**

Wettbetrüger Max Klante:
Der Traum vom schnellen Geld **56**

»Man kann mit einer Wohnung töten«:
Wohnungselend in der Hauptstadt **66**

»Der Feind steht rechts!«: Attentate auf Politiker **74**

Die »Schwarze Reichswehr«: Eine mörderische
Organisation plant den Umsturz   80
Karl Friedrich Bernotat:
Ein bücherbesessener Meisterdieb   87

TEIL II:
WILDE NÄCHTE, KRUMME GESCHÄFTE –
DIE GOLDENEN ZWANZIGER JAHRE   95

Die Ringvereine: Von der Gauner-Gewerkschaft zur
organisierten Kriminalität   98
»Ich bin Babel, die Sünderin«:
Das wildeste Nachtleben der Welt   116
Der berühmte Strafverteidiger mit dem Monokel:
Dr. Dr. Erich Frey   124
Der »Einstein des Sex«: Ein Wissenschaftler klärt auf   133
Eine kriminalpolizeiliche Revolution: Ernst Gennat und
die Gründung der Berliner Mordinspektion   142
Der Fall Barmat: Ein instrumentalisierter Skandal   158
Mord im Zugabteil: Die schwierige Suche nach
dem reisenden Täter   166
Die Brüder Sklarek: Korruption
und Betrug bis in höchste Kreise   176

TEIL III:
WIRTSCHAFTSKRISE UND STRASSENTERROR –
DER UNTERGANG DER WEIMARER REPUBLIK   189

Joseph Goebbels: Hitlers Scharfmacher für
die Hauptstadt   192
Berlins beliebteste Verbrecher: Die Gebrüder Sass   201
Der »Blutmai« 1929: Berlin im Ausnahmezustand   221
Erich Mielke und die Polizistenmorde
auf dem Bülowplatz   231
Der »Schrecken von Schöneberg«: Die BVG-Bande   240

Wider die Ganovenehre:
Verpfiffen vom eigenen Ringverein **251**
Aufstieg der Nationalsozialisten:
Die SA entfesselt den Straßenterror **263**

Danksagung **276**
Literaturverzeichnis **278**
Register **281**
Bildnachweis **285**

VORWORT

Der Polizeipräsident brennt mit der Kasse des Präsidiums durch und macht sich mit einem Trupp von Getreuen aus dem Staub.

Ein mittelloser Bürstenmacher mit einem Blick für siegreiche Rennpferde überzeugt Hunderttausende Menschen davon, ihm ihr Geld anzuvertrauen.

Ein junger Mann, der schon als Jugendlicher seine Cousine tötet, kann viele Jahre und etliche Opfer später als erster Massenmörder der Weimarer Republik überführt werden.

Und ein begnadeter Kriminalpolizist mit einer wohl schon zwanghaften Schwäche für süße Torten klärt fast 300 Mordfälle auf.

Die unglaublichsten Geschichten in Berlin zwischen 1918 und 1933 schreibt das Leben selbst. Oder, wie es der rasende Reporter der damaligen Zeit, Egon Erwin Kisch, formuliert: »Nichts Sensationelleres gibt es in der Welt als die Zeit, in der man lebt.«

Den bücherbesessenen Meisterdieb, der eine sagenhaft wertvolle Sammlung aufbaut und der später spektakulär aus dem

Gefängnis flüchten kann, hat es wirklich gegeben. Genau wie die gut organisierten Verbrecherclubs, »Ringvereine« genannt, in denen sich die »ehrenwerten« Gauner Berlins zusammenschließen. Oder den berühmten Strafverteidiger mit dem Monokel, der die schweren Jungs gegen fürstliche Bezahlung vor dem Gefängnis bewahrt. Und die beiden eleganten Tresor-Knacker, die nach mehreren gescheiterten Versuchen den prallsten Safe der Stadt plündern, um nach einer entbehrungsreichen Kindheit das Leben in vollen Zügen zu genießen.

Mord, Totschlag, Raub, Einbruch, Betrug – und als irre Begleitmusik immer wieder Krawalle von rechts und links, bei denen Tote auf den Straßen zurückbleiben: Die spektakulären, wahren Kriminalfälle aus Berlins wildesten Jahren, erzählt nach den bis heute erhalten gebliebenen Originalakten der Ermittler und mit vielen Fotos von Tätern und Tatorten – davon handelt dieses Buch.

In Berlin, der boomenden Hauptstadt der Weimarer Republik, sind die Zwischenkriegsjahre eine Hochphase von Verbrechen und Kriminalität. Die Einzelfälle in diesem Buch werfen Schlaglichter auf das Leben der Menschen in einer politisch explosiv aufgeladenen Zeit, die von vielen Extremen geprägt ist: von bitterer Armut und Arbeitslosigkeit ebenso wie vom exzessiven Nachtleben in Berlin und von jungen Menschen mit schier unbändigem Lebenshunger, die das Tanzen lieben. Von Zigtausenden verletzten und traumatisierten Kriegsheimkehrern, die nicht mehr am »normalen« Leben teilhaben können. Von einer modernen Generation an Frauen, die es so fast nur in Berlin gibt: Die arbeitet, kniekurze Röcke trägt, sich einen roten Kirschmund schminkt und sich im wahrsten Sinne des Wortes die alten Zöpfe abschneidet. Von enttabuisierter Sexualität. Und von einem Liter Milch, der Ende 1923 360 Milliarden Reichsmark kostet.

Wer die spannende Romanreihe von Volker Kutscher gelesen oder die fesselnde TV-Serie »Babylon Berlin« gesehen hat, wird staunen, wie unglaublich bewegt diese Zeit nicht nur in Buch und Film ist – sondern tatsächlich auch im wahren Leben war.

Im Herbst 2017 habe ich für SPIEGEL GESCHICHTE eine zweiteilige TV-Dokumentation über die echten Kriminalfälle der damaligen Zeit gemacht, mit dem Titel »Sündenbabel Berlin – Metropole des Verbrechens«. Die Geschichten und die Schicksale der Menschen von damals, ob Opfer, Täter, Polizisten, Politiker oder Tänzerinnen, haben mich absolut fasziniert. Was für eine wilde, hemmungslose, brutale und fremde Zeit, dabei gerade mal erst 100 Jahre her! Als Experte in der TV-Dokumentation ist der geschichtsbegeisterte und wunderbar humorvolle Polizei-Historiker Harold Selowski im Interview dabei, ein Ur-Berliner und heute Polizist im Ruhestand. In diesem Buch stand er mir als Berater beiseite und hat dabei charmant gute Laune versprüht. Danke schön, lieber Herr Selowski, Sie sind ne Wucht!

Überhaupt, die Quellen: Manchmal habe ich mich bei der Recherche regelrecht festgelesen. In den Berichten der Original-Ermittlungs- und Prozessakten, in den historischen Zeitungsartikeln über spektakuläre Prozesse, in zeitgenössischen Büchern und Schriften und in wissenschaftlichen Publikationen ... Wie zum Beispiel in dem erschütternden Bericht der Ärztin und Historikerin Livia Prüll über die Zigtausend traumatisierten Kriegsversehrten, denen ihre körperlichen und seelischen Leiden regelrecht ausgetrieben werden sollten. Oder die ausgefallenen Leidenschaften der korrupten Brüder Sklarek, die ein sagenhaftes Rennpferd namens Lupus besaßen – aus einer sehr seltenen bayerisch-ungarischen Zucht, deren einziges Gestüt sie großspurig aufkauften. Heute soll es noch circa 25 dieser Leutstettener Pferde geben, Typ edles Halbblut. Als begeisterte Reiterin würde ich Lupus' Nachfahren gerne selbst einmal sehen ... Faszinierend sind auch die detaillierten Polizei-Zeichnungen der Tatorte von den berühmtesten Tresorknackern Berlins, der Brüder Sass – inklusive der Beschreibungen, mit welchem Erfindungsgeist die jungen Männer dicke Mauern, zentnerschwere Stahltüren und Panzerschlösser in der damaligen Zeit überwunden haben.

Nach vielen Filmen für SPIEGEL TV zum Thema Polizei und Verbrechen ist dies mein erstes Buch. Vielen Dank noch mal an den Literaturagenten, dessen Idee das Ganze Ende 2017 war!

Ihnen als Leserin und Leser wünsche ich ein tiefes und unterhaltsames Eintauchen in »Berlins wildeste Jahre«.

Nathalie Boegel
Im Juni 2018

TEIL I

REVOLTEN, PUTSCHE, INFLATION –
DIE GEBURTSWEHEN DER WEIMARER REPUBLIK

Chaos – damit beginnt die Weimarer Republik. Meuternde Matrosen, rebellierende Soldaten, Generalstreiks, Straßenkämpfe, blutige Aufstände, Hunderttausende Demonstranten in Berlin, und immer wieder liegen Tote in den Straßen der Hauptstadt. Berlin ist ein politisches Pulverfass.

Aus der Novemberrevolution 1918 entsteht eine Demokratie in Deutschland, aber niemand weiß, was das genau ist. Der Kaiser dankt ab, eher unfreiwillig, und flieht. Ein Sozialdemokrat, Philipp Scheidemann, ruft vom Reichstag die »Deutsche Republik« aus, kurz danach proklamiert der Marxist Karl Liebknecht aus dem Berliner Schloss die »freie sozialistische Republik Deutschland«. Auch von rechts gerät die junge Republik unter Druck, revolutionäre Kräfte agitieren, verüben Morde und Terroranschläge. Freikorps-Verbände wüten gegen die politische Linke, zum Teil mit Billigung des Militärs.

Straßenkämpfe in Berlin während des Generalstreiks (1919)

Und die Berliner? Die sind zwar verunsichert, aber vor allem froh, dass sie bis hierhin überlebt haben: den Krieg, den Hunger, das Elend. Die Enge und Dunkelheit in den Zigtausend miserablen Wohnungen treiben die Menschen vor die Tür, zu Hause fällt ihnen die Decke auf den Kopf. Voller Lebenshunger stürzen sich vor allem die vielen jungen Menschen auf das, was ihnen die Millionenstadt in Kneipen, Bars und auf Straßen und Plätzen zu bieten hat. Die alten wilhelminischen Moralvorstellungen schmeißen sie mit Wonne über Bord.

Die Inflation, die schon im Krieg begonnen hat, nimmt immer drastischere Ausmaße an. Die Preisanstiege sind schwindelerregend, Ende 1923 kostet ein Ei 320 Milliarden und ein Kilo Kartoffeln 90 Milliarden Reichsmark. Die Menschen erleben den »Untergang des Geldes«, am Monatsende ausgezahlter Lohn ist praktisch nichts mehr wert. In dieser Zeit der Hyperinflation verlieren viele die Ersparnisse ihres Lebens, Hunderttausende leiden bitterste Not.

Die Polizei hat alle Hände voll zu tun. Die sogenannte Notkriminalität – aus Überlebenswillen begangene Verbrechen – stellt die Ordnungshüter vor große Herausforderungen. Die Zahl der Verurteilungen wegen einfachen Diebstahls steigt zwischen 1919 und 1921 im Vergleich zu 1911 bis 1913 um 81 Prozent an, schwerer Diebstahl gar um 163 Prozent. Die verurteilten Taten sind nur die Spitze des Eisbergs, deutlich weniger als die Hälfte der Eigentumsdelikte kann überhaupt aufgeklärt werden.

Doch im Bereich »Straftaten gegen das Leben« werden die Polizisten – jenseits der politisch motivierten Kriminalität – immer erfolgreicher. In über 90 Prozent der Mordfälle können die Ermittler die Täter überführen.

DER POLIZEIPRÄSIDENT
WIRD AUS DEM AMT GEJAGT

Wie gross das Chaos in den Nachkriegswochen und -monaten in Berlin ist, zeigt eindrücklich ein Flugblatt des Innenministeriums vom 5. Januar 1919. Nach nur acht Wochen im Amt als neuer Polizeipräsident der Hauptstadt darf »etwaigen Anordnungen des Herrn Emil Eichhorn« ab sofort »nicht gefolgt werden«, so steht es auf der amtlichen Mitteilung an alle Beamten, Hilfskräfte und Sicherheitsmannschaften des Polizeipräsidiums zu lesen. Damit ordnet das Innenministerium die Befehlsverweigerung gegenüber dem eben noch amtierenden Polizeipräsidenten Eichhorn an.

Emil Eichhorn ist zu diesem Zeitpunkt 55 Jahre alt. Der gelernte Elektromonteur, Journalist und linkssozialistische USPD-Politiker denkt gar nicht daran, das Feld zu räumen. Denn der Chefsessel im Polizeipräsidium ist der letzte Machtposten, der der USPD noch geblieben ist, nachdem die Partei den Rat der Volksbeauftragten, das damals wichtigste Regierungsgremium, verlassen hat.

Emil Eichhorn

Die Weigerung Eichhorns, seinen Posten zu räumen, verspricht Ärger, und so heißt es in weiser Voraussicht auf dem offiziellen Flugblatt zu seiner Absetzung weiter: »Sollte das Polizeipräsidium in den nächsten Tagen für Dienstzwecke nicht verfügbar sein, so wird besondere Anordnung ergehen, in welchem Gebäude der Dienst aufzunehmen ist.« Offenbar geht das Innenministerium davon aus, dass Herr Eichhorn, bis gestern noch oberster Verantwortlicher für Recht und Ordnung in der Stadt, das Präsidium nicht freiwillig verlässt. Wie ernst es dem preußischen SPD-Innenminister ist, zeigt der nachfolgende Satz: »Das Telefon im Polizeipräsidium Berlin ist zu sperren, falls Eichhorn es nicht gutwillig räumt.«

Was sind das für Zustände damals, in denen man den Polizeipräsidenten aus dem Amt jagt und ihm das Telefon abklemmt? Und dieser wiederum sich weigert, seine Absetzung anzuerkennen, und stur weiter die Stellung in dem Gebäude hält, zusammen mit einigen Hundert verunsicherten Männern der Sicherheitswehr? Was ist der Hintergrund dafür, dass die Fronten damals so verhärten? Warum lässt der Innenminister zu, dass die Arbeit einer so wichtigen Institution wie der Polizei ins Wanken gerät? Und das Vertrauen in die Amtsführung implodiert? Dass wichtige polizeiliche Ermittlungen liegen bleiben, wie der im nächsten Kapitel beschriebene Mordfall im Hotel Adlon zeigt?

Nach dem Ende des Krieges herrscht das blanke Chaos in der Hauptstadt. Deutschland hat den Krieg verloren, der Kaiser ist geflohen, und gleich zwei Männer aus unterschiedlichen politischen Lagern rufen ebenso unterschiedliche Republiken in der Hauptstadt aus. Die Weimarer Republik beginnt in bürgerkriegsartigen Unruhen und in einem heillosen Durcheinander von Machtansprüchen zersplitterter politischer Parteien, die Zuständigkeiten erkämpfen und wieder verlieren.

Das Polizeipräsidium gerät dabei ins Zentrum der politischen Auseinandersetzungen: Jede Partei möchte die »Zitadelle der Macht« für sich beanspruchen.

Schon die Ausrufung der Republik wird zum Wettlauf zwischen gemäßigten und radikalen Kräften. Von einem Fenster des Reichstages aus proklamiert Philipp Scheidemann, SPD, am 9. November 1918 vor mehreren Hundert Arbeitern eine bürgerlich-demokratische Republik mit liberaler Verfassung. Es ist kurz nach 14 Uhr. Zwei Stunden später, um 16 Uhr, verkündet der Marxist Karl Liebknecht vom königlichen Schloss aus die sozialistische Räterepublik nach russischem Vorbild. Der Sozialdemokrat ist dem Linksradikalen gerade noch rechtzeitig zuvorgekommen.

Die SPD setzt auf Ruhe und Ordnung sowie Reformen statt Revolution. Um das Chaos zu beenden, die Bevölkerung zu versorgen und Friedensverhandlungen aufzunehmen, schließt die Parteiführung aus machttaktischen Gründen ein Bündnis mit der Militärführung und der alten Staatsbürokratie. Den SPD-Politikern gelingt es zunächst auch, die links von ihr stehende USPD zum Eintritt in eine gemeinsame Regierung zu bewegen. Doch schon wenige Wochen später, am 29. Dezember, nach den blutigen »Weihnachtskämpfen« zwischen der neu erschaffenen Wehrgruppe »Volksmarinedivision« und regulären Truppen um nicht ausbezahlte

Löhne, bricht die Regierung auseinander. Die Mitglieder der USPD verlassen unter Protest den Rat der Volksbeauftragten.

Im Zuge dieses sich verschärfenden Konflikts zwischen den beiden Linksparteien wird auch Polizeipräsident Emil Eichhorn, Mitglied der USPD, geschasst. Der Innenminister schickt als seinen Nachfolger Eugen Ernst von der SPD ins Präsidium, er soll Eichhorn zum Amtsverzicht bewegen und dessen Posten übernehmen. Doch so leicht gibt der seinen Job nicht her. Als Ernst und ein Begleiter das Amtszimmer Eichhorns im Präsidium betreten, hält dieser demonstrativ einen Revolver in der Hand, den er dann gut sichtbar auf seinem Schreibtisch platziert.

Draußen vor dem monumentalen Gebäude steht zu Eichhorns Schutz eine besorgte Arbeiterdeputation bereit. Den beiden Herren drinnen wird mulmig zumute. Sie können den abgesetzten Hausherrn nicht zum Amtsverzicht bewegen, unverrichteter Dinge müssen sie wieder abziehen.

Radikale Linke begreifen die Entlassung Eichhorns als Provokation. Am 4. Januar 1919 beginnen sie den blutigen Spartakusaufstand. Sie organisieren eine Massendemonstration mit 200 000 Teilnehmern, von denen sich viele vor dem Polizeipräsidium sammeln. Dort verkündet Eichhorn: »Ich habe mein Amt von der Revolution empfangen, und ich werde es nur der Revolution zurückgeben.«

Einige der Demonstranten tragen nicht nur friedlich Plakate in ihren Händen, sie haben Waffen dabei. Neben Arbeitern sind auch viele Soldaten darunter. Die bewaffneten Demonstranten ziehen ins Zeitungsviertel, wo sie die Druckerei des sozialdemokratischen »Vorwärts« sowie weitere Zeitungshäuser und Verlage besetzen. Mit der Einnahme des Zeitungsviertels wollen sich die Spartakisten die Informationshoheit sichern – damals gibt es weder Radio noch Fernsehen, die Menschen erfahren die Neuigkeiten auf bedrucktem Papier.

Die politische Linke plant jetzt, die Forderungen der Novemberrevolution durchzusetzen, und will die Regierung der Sozialdemokraten unter Friedrich Ebert und Philipp Scheidemann stürzen. Ein »Provisorischer Revolutionsausschuss« wird gegründet, doch während dort endlos debattiert wird, läuft draußen auf den Straßen der Protest völlig aus dem Ruder. Im Zeitungsviertel wird über Tage mit äußerster Brutalität gekämpft. Das berühmte Foto mit den schießenden, hinter riesigen Zeitungspapierrollen versteckten Spartakisten entsteht.

Währenddessen hält Eichhorn das Polizeipräsidium besetzt. Er verschanzt sich mit seinen Sicherheitsleuten im monumentalen roten Ziegelsteingebäude. Die polizeiliche Arbeit kann hier nicht mehr geleistet werden, die wird unterdessen so gut es geht im dafür requirierten Hotel Kaiserhof erledigt.

Mit einem weiteren Flugblatt wendet sich der neue stellvertretende Polizeipräsident Wilhelm Richter eindringlich an die Besetzer am Alexanderplatz und appelliert an ihre Verantwortung:

Im Berliner Zeitungsviertel verbarrikadieren sich Spartakisten hinter Zeitungsstapeln (Januar 1919).

»Arbeiter!

Könnt Ihr es mit Eurer Ehre und Eurem Gewissen noch vereinbaren, daß das Polizeipräsidium noch länger seiner Bestimmung entzogen wird?

Das Verbrechertum weiß, daß die Zentrale lahmgelegt ist, und verübt täglich neue Schandtaten, die nicht gesühnt werden können!

Wollt Ihr wirklich Berlin dem Verbrechertum ausliefern?

Wollt Ihr immer mit der Schande behaftet bleiben, die Schützer des Verbrechertums zu sein?

Darum räumt das Präsidium, ehe es zu spät ist.«

Doch es bleibt nicht bei moralischen Appellen, die Regierung greift auch zu anderen Mitteln. Am 10. Januar erhalten die Eichhorn gewogenen Sicherheitsleute, seine »Sicherheitswehr«, nicht wie vorgesehen ihren Lohn. Allerdings wird ihnen eine »Löhnung« für den nächsten Tag angeboten, wenn sie bereit sind, »sich von diesen Berufsverbrechern zu trennen und sich auf den Boden ihrer Kameraden stellen«. Etwa 2500 Eichhorn-Leute wechseln daraufhin die Seite. Dem geschassten Polizeipräsidenten fällt es immer schwerer, seine verbleibende Soldatenwehr auf sich einzuschwören.

Am 12. Januar, um halb zwei an diesem frühen Sonntagmorgen, greifen Regierungstruppen das Präsidium mit scharfer Munition an. Die etwa 300-köpfige Besatzung im Gebäude schießt zurück. Doch es gibt Saboteure in ihren Reihen, die zwei Maschinengewehre unbrauchbar machen. Der Kommandant der Präsidiumsbesetzer willigt schließlich in Verhandlungen ein. Doch zum Verhandeln gibt es offenbar keinen Spielraum mehr: Die Unterhändler aus dem Präsidium werden erschossen. Die Besetzer geben auf. Der mächtige Bau des Präsidiums ist von den Geschützen schwer getroffen, im Mauerwerk klaffen Löcher, kaum eine Fensterscheibe ist heil geblieben.

Eichhorn selbst aber kann aus dem Gebäude flüchten. Pikanterweise nimmt er dabei die Kasse aus dem Präsidium mit und kann untertauchen. Von nun an wird er steckbrieflich gesucht.

In der Folge des Aufstands geht es den revolutionären Führern von USPD und der neu gegründeten KPD an den Kragen. Noch im Januar werden die untergetauchten kommunistischen Aktivisten Karl Liebknecht und Rosa Luxemburg von einer Bürgerwehr aufgespürt, festgenommen und der sogenannten Garde-Kavallerie-Schützen-Division überstellt. Die Männer lassen ihrem Hass auf Kommunisten freien Lauf und ermorden die beiden bekannten Anführer. Zuvor sollen diese geplante weitere Aufstände verraten haben. Unter welchen brutalen Umständen diese Aussagen von Liebknecht und Luxemburg zustande gekommen sind, möchte man sich lieber nicht vorstellen.

Deutlich glimpflicher endet der Aufstand für den abgesetzten Polizeipräsidenten: Der untergetauchte Eichhorn wird am 19. Januar 1919 in die Weimarer Nationalversammlung gewählt und ist fortan dank seiner parlamentarischen Immunität gegen den auf ihn ausgestellten Haftbefehl geschützt.

Im Polizeipräsidium ziehen nun SPD-Männer ein. Der neue Polizeipräsident heißt bis März 1920 Eugen Ernst, nach dem gescheiterten Kapp-Putsch übernimmt Wilhelm Richter bis 1925 die Geschäfte.

Doch auch unter der neuen Polizeiführung kommt die Hauptstadt nicht zur Ruhe. Nach dem Spartakusaufstand folgen nur zwei Monate später die Märzunruhen. Am 3. März rufen die Kommunisten zum Generalstreik auf, es kommt zu Ausschreitungen und Plünderungen in der Innenstadt. Das preußische Staatsministerium verhängt den Belagerungszustand über die brodelnde Stadt. SPD-Reichswehrminister Gustav Noske gibt den Befehl aus, dass jeder Bewaffnete von Regierungstruppen oder den Freikorps sofort zu erschießen sei. Freikorps machen daraufhin regelrecht Jagd auf Kommunisten. Eine entfesselte Soldateska richtet mögliche Verdächtige hin, selbst halbe Kinder sind unter den Erschossenen. Ein bloßer Verdacht reicht aus, um sein Leben zu verlieren. Mit den Märzunruhen, die bis Mitte des Monats andauern, erlebt Berlin die blutigsten Konflikte dieser Umbruchzeit. Mehr als 1200 Menschen sterben.

Die dramatischen Wochen zwischen November 1918 und März 1919 erweisen sich nicht nur für die Hauptstadt, sondern für die gesamte Weimarer Republik als schwere Hypothek. Die junge Demokratie wird gleich zu Beginn politisch vergiftet. Die Arbeiterbewegung bleibt zerstritten. Von dieser Schwäche werden später die rechtsextremen Kräfte profitieren.

MORD IM HOTEL ADLON

In der Silvesternacht 1918/1919 ist im vornehmsten Hotel der Stadt alles anders als in den Jahren zuvor. Seit elf Jahren gibt es das luxuriöse Gästehaus nun schon am Ende des Prachtboulevards Unter den Linden, direkt am Pariser Platz, und längst ist das Adlon zu einer Institution geworden. Hier verkehren Könige und Fürsten, Politiker und Diplomaten, Industrielle und Künstler. Mit seinen festlichen Bällen und rauschenden Partys avanciert das Hotel zu einem der gesellschaftlichen Glanzlichter der Hauptstadt.

Erst vor wenigen Wochen ist Deutschland zur Republik ausgerufen worden, der Kaiser ist über alle Berge. Die Stadt kommt nicht zur Ruhe, über die Weihnachtstage hat es erneut schwere Unruhen mit Todesopfern in Berlin gegeben. Immer wieder sind Schüsse auch in der Nähe des Hotels zu hören.

Die Schwiegertochter des Besitzers und Erbauers des Hotels, die Deutsch-Amerikanerin Hedda Adlon, nimmt damals regen Anteil an den Geschehnissen rund um Berlins erste Adresse. Sie führt Tagebuch und veröffentlich später ein lesenswertes Buch mit

Das Hotel Adlon am Pariser Platz (Aufnahme aus den zwanziger Jahren)

dem Titel »Hotel Adlon«, in dem sie die großen und kleinen Vorfälle aus dem Alltag des Hotels detailliert beschreibt, Klatsch und Tratsch inklusive. Auch die Entdeckung eines Mordfalls gleich am zweiten Tag des neuen Jahres 1919 erlebt sie hautnah mit.

In der Silvesternacht ist die Stimmung im Hotel düster, schreibt Hedda Adlon, trotz der Lichterflut im gesamten Haus, der Musik der hauseigenen Kapelle und des ausgezeichneten Essens. Düster wirkt auch ein schwarzhaariger Mann, der abseits vom Trubel an der berühmten Bar des Hotels seinen Cognac trinkt und, statt in Frack oder Smoking, lediglich einen dunklen Anzug trägt. Der Herr hat sich als Baron Hans von Winterfeldt eingemietet, er ist zum ersten Mal im Adlon abgestiegen. Auf seiner Anmeldung trägt er ein, dass er aus Hamburg stammt, seinen Beruf gibt er mit »Hausbesitzer« an. Niemand vom Personal kennt ihn.

Am Neujahrstag bleibt es noch ruhig in der Stadt, doch am 2. Januar 1919 flammen die Kämpfe zwischen den Spartakisten und den Freikorps erneut heftig auf. Schüsse fallen Unter den Linden.

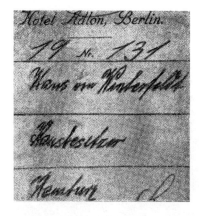

Anmeldeschein
des Wilhelm Blume
als Hausbesitzer
»Hans von Winterfeldt«
im Hotel Adlon

In dieser heiklen Situation betritt am Morgen der Geldbriefträger Oskar Lange die Hotelhalle. Der achtundfünfzigjährige Beamte ist für die Geldanweisungen des Postamts W8 in der Taubenstraße zuständig und im Adlon schon seit Jahren wohlbekannt. Deshalb hält Lange auch an diesem Morgen erst einmal einen kurzen Plausch mit dem Portier. Der Geldbriefträger hat eine Nachnahmesendung für Baron Winterfeldt. Statt wie sonst üblich den Empfänger in die Hotelhalle zur Übergabe zu bitten, möchte Lange die Sendung lieber direkt beim Baron in dessen Zimmer abgeben. Er hofft auf ein Trinkgeld, wie schon bei der letzten Sendung an den Gast, da spendierte ihm der vornehme Herr Zigarren und Schinkenbrote.

Aufgrund der bewaffneten Auseinandersetzungen in der Stadt und der Stilllegung der Verkehrsmittel kann an diesem Tag nur knapp die Hälfte der Adlon-Mitarbeiter zu Arbeit erscheinen. In Berlin herrscht der Ausnahmezustand: Straßensperren sind errichtet, Stacheldraht ist gespannt, immer wieder sind Maschinengewehrsalven zu hören. Wer kann, bleibt sicher in den eigenen vier Wänden.

Am Nachmittag meldet sich das Postamt W8 telefonisch im Adlon und fragt beim Nachfolger des diensthabenden Portiers nach, ob der Geldbriefträger Lange im Hause gewesen sei. Ja, gegen zehn Uhr. Und wann er es wieder verlassen habe? Dazu könne der Portier nichts sagen, das habe er nicht mitbekommen.

Am späten Nachmittag erscheinen trotz der andauernden Kämpfe zwei Kriminalbeamte im Adlon. Auch ein Beamter der Oberpostdirektion Berlin stößt hinzu. Denn, so wird schnell klar, der Postzusteller Lange hat offenbar sehr viel Geld bei sich gehabt: angeblich 278 000 Mark, darunter 41 sogenannte Wertbriefe mit Dutzenden Tausendmarkscheinen. Doch welchem der Gäste der verschwundene Geldbriefträger im Adlon etwas zugestellt hat, lässt sich so schnell nicht feststellen – der Portier, der am Vormittag Dienst hatte und mit Lange gesprochen hat, erscheint aufgrund der Bürgerkriegshandlungen nicht zu seiner nächsten Schicht, und die Telefone funktionieren inzwischen nicht mehr.

Erst am 3. Januar liefert der Hotelfriseur bei der polizeilichen Zeugenbefragung den entscheidenden Hinweis: Lange sei im ersten Stock gewesen, im Appartement des Barons Winterfeldt. Das habe er gesehen. Die Beamten finden die Tür verschlossen vor, niemand antwortet. Mit einem Passepartout öffnen die Beamten vorsichtig die Tür. Ihnen bietet sich ein grauenvolles Bild: In dem Zimmer sitzt ein regungsloser Mensch auf einem Stuhl, viel können die Polizisten noch nicht erkennen, denn über seinen Kopf ist ein Badelaken gelegt worden. Als sie das Tuch abnehmen, erkennen sie den toten Geldbriefträger Oskar Lange. Gefesselt sitzt er auf dem Stuhl, um den Hals eine Schnur, mit der der Mörder den Mann erdrosselt hat. Im Mund des Opfers steckt ein Knebel aus einem Hotel-Handtuch.

Der Gast des Zimmers, Baron Winterfeldt, ist verschwunden. Mitten in den bürgerkriegsartigen Gefechtshandlungen ist im vornehmsten Hotel der Hauptstadt offensichtlich ein Raubmord geschehen und der mutmaßliche Täter bereits seit zwei Tagen über alle Berge. Ein Mordbereitschaftsdienst übernimmt die Ermittlungen und sichert Spuren am Tatort. Hinweise auf die Identität oder den Verbleib des angeblichen Barons lassen sich nicht finden. Nicht einmal eine präzise Personenbeschreibung können die Mitarbeiter des Hotels geben, zu sehr haben die Kampfhandlungen und das Chaos auf den Straßen jedermanns Gedanken bestimmt. Das Einzige, was der mörderische Gast im Zimmer zurückgelassen hat, ist ein großer, leerer, aufgeklappter Schrankkoffer. Hat er damit die Leiche entsorgen wollen?

Die polizeiliche Arbeit gerät erheblich ins Stocken, weil der Arbeitsplatz der Kriminalbeamten in diesen Tagen nicht mehr zur Verfügung steht – das Polizeipräsidium steht im Zentrum der Kämpfe. Der linke Polizeipräsident Emil Eichhorn hat sich dort mit seiner Sicherheitswehr verschanzt und wird von Soldaten und Freikorpstruppen mit Minenwerfern beschossen. Erst viele Tage später können die Mordermittler ihre Räume am Alexanderplatz wieder beziehen. Spuren, die zum Mörder des Geldbriefträgers Lange hätten führen können, sind darüber kalt geworden, der Fall lässt sich vorerst nicht aufklären.

Hedda Adlon schreibt, der ungeklärte Mordfall sei »wie ein Gespenst« im Hause zurückgeblieben, auch wenn sich das Hotel bemüht, alle Spuren der grausamen Tat zu entfernen. Das Appartement wird vollständig renoviert, die Tapeten werden heruntergerissen, die Möbel weggegeben und das Zimmer neu eingerichtet. »Man bemühte sich, die schreckliche Erinnerung an dieses grausige Ereignis gründlich auszulöschen«, schreibt Hedda.

Dreieinhalb Jahre später wird das Hotel Adlon benachrichtigt, dass in Dresden ein Mann namens Wilhelm Blume verhaftet worden sei, der möglicherweise auch als Täter für den Geldbriefträger-Mord im Hotel infrage komme. Der später legendäre Mordermittler Ernst Gennat sucht das Adlon auf und bittet den Empfangschef, bei dem sich Baron Winterfeldt damals als Gast angemeldet hat, mit ihm nach Sachsen zu fahren. Dort soll es zu einer Gegenüberstellung kommen.

Blume hat in Dresden einen Geldbriefträger überfallen und töten wollen, doch dem Mann gelang es, sich geistesgegenwärtig zu retten. Blume konnte überwältigt werden, jedoch nicht bevor er einem Polizisten die Waffe entrissen und ihn angeschossen hatte.

Den Dresdner Polizeikollegen waren der Mordfall Lange und ein weiterer Berliner Geldbriefträger-Mord aus dem Jahr 1918 bekannt. Damals hat der Täter außerdem noch seine Vermieterin getötet, als die ältere Dame Zeugin der Tat wurde. Die Taten weisen auffallende Parallelen auf: Die Opfer sind Geldbriefträger, die erhebliche Summen Bargeld per Nachnahme zustellen sollten, die Angriffe auf sie erfolgten mit Tötungsabsicht. Kann Gennat also mit der Gegenüberstellung in Dresden gleich drei ungelöste Berliner Morde klären?

Blume hat sich bei seinem gescheiterten Raubmord verletzt und liegt unter ständiger Bewachung im Krankenhaus. Als Erstes betritt Gennat das Krankenzimmer, allein. Er möchte sich den mutmaßlichen Täter in Ruhe ansehen. Kurz darauf folgt der Portier ins Zimmer. Nach nur einem Blick ins Gesicht des Mannes sagt er ohne Umschweife, dass es sich bei dem Verletzten um den Hotelgast handelte, der Ende 1918 im Adlon übernachtete. Gennat möchte es gerne noch genauer wissen. Der Hotelmitarbeiter

Wilhelm Blume alias
»Baron Hans von Winterfeldt«
(Porträt aus dem Jahr 1908)

formuliert alles noch einmal ausführlich: Dass das der Mann sei, der sich als Baron Winterfeldt zum Jahreswechsel 1918/1919 bei ihm im Hotel Adlon ins Fremdenbuch eingetragen habe. Der das Zimmer bewohnt habe, in dem der Geldbriefträger getötet worden sei. Und der anschließend das Hotel ohne seine Rechnung zu bezahlen verlassen habe. Nach dieser eindeutigen Zeugenaussage darf der Portier wieder zurück nach Berlin reisen.

Nun beginnt Gennat seine Vernehmung. Zunächst bittet er Blume, ihm ausführlich sein Leben zu schildern, von Geburt an. Der 44-Jährige spricht offenbar gern über sich. 1876 wird er in Amsterdam geboren, der Vater ist Tabakhändler. Die Familie zieht nach Berlin, wo Blume sein Abitur an einem humanistischen Gymnasium macht. Die Eltern vererben ihm ein kleines Vermögen, doch sein Studium gibt er auf. Immer wieder beginnt er neue Arbeitsverhältnisse, immer wieder auch Verhältnisse mit den Frauen im jeweiligen Betrieb. Doch nichts und niemand hält ihn, stets muss er weiterziehen. Eine Konstante aber gibt es in seinem Leben: Blume dichtet, er verfasst Dramen und Komödien. Das Schreiben von Theaterstücken scheint seine große Leidenschaft zu sein.

Er hat eine Wohnung im Stadtteil Lichterfelde, sorgfältig und geschmackvoll eingerichtet. Trotzdem zieht er 1918 zur Miete bei einer älteren Dame, Marie Rühle, in der Spandauer Straße ein. Hier verübt er seine ersten beiden Morde: an dem Geldbriefträger Albert Weber und an seiner Vermieterin, die Zeugin des Mordes geworden war. 2000 Mark beträgt seine Beute damals. Unerkannt zieht er zurück nach Lichterfelde.

Die Beute erscheint ihm allerdings zu gering, beim nächsten Mal muss mehr dabei rausspringen. So kommt er, nur drei Monate nach dem Doppelmord, auf die Idee mit den vorbestellten Wertbriefen, die der Geldbriefträger Lange im Adlon dann in auffallend großer Zahl bei sich trägt. Sein Plan geht auf. Er ermordet Lange und kann ein weiteres Mal unerkannt verschwinden.

So steht es in den Vernehmungsprotokollen, die ein Angestellter des Hotels später einsehen darf, schreibt Hedda Adlon. Aber warum hat sich der Mörder ausgerechnet für das feinste Gästehaus der Stadt entschieden? Um sich als Tatort zu eignen, musste das Hotel einfach groß sein und so viel Betrieb herrschen, dass sich bei dem vielen Kommen und Gehen niemand mehr so genau an den Geldbriefträger und den Adressaten erinnern würde, so Blumes Kalkül.

Er entscheidet sich zunächst für das Hotel Bristol, ebenfalls Luxus-Herberge in der Straße Unter den Linden, mit 350 Betten und eigener Hauskapelle, die Salon- und Tanzmusik spielt. Doch dort passiert dem als »Baron Gassen« eingemieteten Gast ein Missgeschick, das ihm unerwünschte Aufmerksamkeit des Hotelpersonals beschert. Als der große Schiffskoffer – den er später im Adlon zurücklässt und der tatsächlich zur Entsorgung der Leiche vorgesehen gewesen sei – von Pagen auf sein Zimmer geschafft werden soll, öffnet sich die Klappe des Ungetüms plötzlich – und heraus fallen lauter Sandsäcke. Der Herr Baron hat im Gepäck nur Sandsäcke? Geistesgegenwärtig deklariert Blume sie als teure »Chemikalien«, doch an den Gesichtern der Hotelmitarbeiter kann er ablesen, dass sie dem seltsamen Mann nicht glauben. Schnellstmöglich zieht er wieder aus.

Doch bis auf das schwache Kofferschloss ist sein Plan gut, findet der falsche Baron – und mietet sich als »Baron Winterfeldt« einfach einige Häuser weiter im Adlon ein. Dieses Mal gelingt seine perfide Tat. Als unerkannter Dreifachmörder entkommt er mit seinem neu erworbenen Vermögen nach Hamburg, von da aus reist er nach London, wo er sein geraubtes Geld als Buchmacher durchbringt. Als er im Juli 1922 den nächsten tödlichen Überfall versucht, diesmal in Dresden, scheitert er.

Als Dichter allerdings hat Blume in diesem Jahr Erfolg. Ein Lustspiel aus der Feder eines gewissen Herrn Eilers wird im Mai 1922 im bekannten Neustädter Schauspielhaus uraufgeführt. Nach der

Premiere verbeugt sich der Autor auf der Bühne im eleganten Frack vor dem applaudierenden Publikum. Die begeisterten Zuschauer ahnen nicht, dass sie gerade einem mehrfachen Mörder zujubeln.

Noch ein weiteres Stück schreibt Eilers alias Blume, es trägt den Titel »Der Fluch der Vergeltung«. Kommissar Gennat liest es. Inhalt ist der Mord an dem Geldbriefträger im Hotel Adlon, präzise mit Täterwissen dargestellt. Im Stück erhält der Täter die Todesstrafe. Nach der Lektüre konfrontiert Gennat den mörderischen Stückeschreiber. Der soll begeistert ausgerufen haben: »Ist es nicht ein großartiges Stück? Wenn es aufgeführt wird, bevor ich hingerichtet werde, wenn ich vor meinem Tode noch die Nachricht erhalte, dass ›Der Fluch der Vergeltung‹ mit Erfolg gespielt worden ist, dann scheide ich gern. Dann war mein Leben wert, gelebt zu werden.« Angeblich hat Gennat die Gefängniszelle daraufhin schnell verlassen.

Noch vor Prozessbeginn verübt Blume mit einer heimlich eingeschmuggelten Rasierklinge Selbstmord, die Zeitungen berichten ausführlich. Hedda Adlon schließt in ihrem Buch das Kapitel über den Hotel-Mord mit diesen Worten: »Im Adlon aber war damit endgültig auch die letzte Erinnerung an die grausige Tat getilgt.«

DER MASSENMÖRDER VOM FALKENHAGENER SEE:
FRIEDRICH SCHUMANN

Seinen ersten Mord begeht Friedrich Schumann an seinem 17. Geburtstag, dem 1. Februar 1910. Mit seiner fünfzehnjährigen Cousine Hertha unternimmt Friedrich einen Ausflug in den Falkenhagener Forst. Der Jugendliche hat das Geschenk dabei, das er ein Jahr zuvor, zu seinem 16. Geburtstag, von seiner Mutter bekommen hat: sein geliebtes Tesching. Diese kleinkalibrige Handfeuerwaffe wird damals gerne von Jugendlichen zur Jagd verwendet. Weil das Gewehr keine große Durchschlagskraft hat, lässt sich allerdings höchstens Kleinwild damit jagen – auf einer Distanz von zehn bis maximal zwanzig Metern.

Am Ende dieses Geburtstagsausflugs ist Hertha tot, erschossen von ihrem eigenen Cousin. Der Polizei und auch dem Gericht kann Schumann weismachen, dass der Tod der Cousine ein Unfall gewesen sei – dass er das Mädchen für ein Reh gehalten habe, das er erlegen wollte. Ins Gefängnis muss Friedrich Schumann für seinen ersten Mord nicht, jedoch in eine Erziehungsanstalt.

So beginnt die mörderische Verbrechensserie, die der blonde, schmächtige Spandauer mit den »starren« Augen und gefürchteten Wutausbrüchen begeht. Zeitgenössische Journalisten verpassen ihm später den Titel »der Massenmörder vom Falkenhagener See«. An Gewaltverbrechen verübt Schumann fast die gesamte Palette, die das Strafgesetzbuch auflistet. Doch trotz seiner spektakulären Verbrechen gerät der erste Serienmörder der Weimarer Geschichte schon kurz nach seiner Hinrichtung 1921 in Vergessenheit. Die Menschen sind mit anderen Dingen beschäftigt, mit den politischen Unruhen, wirtschaftlichen Nöten, dem eigenen Überleben. Zu groß sind die Wirren und das Chaos der neu gegründeten Weimarer Republik. Heute sind nur noch wenige Akten über den Fall Friedrich Schumann erhalten. Viele Informationen und aufschlussreiche Details finden sich jedoch in zeitgenössischen Presseberichten vom Mordprozess und in den Erinnerungen seines Strafverteidigers Erich Frey.

Nachdem er das erste Mal getötet hat, muss Schumann für ein halbes Jahr in eine Erziehungsanstalt, danach beginnt er eine Schlosserlehre. Gut eineinhalb Jahre, nachdem er seine Cousine erschossen hat, tötet er erneut mit einer Waffe, und wieder ist das Opfer weiblich: Auf der Spandauer Allee erschießt Schumann 1911 eine Frau. In einer erst viele Jahre später angefertigten Strafakte steht dazu, dass der damals Achtzehnjährige wegen »fahrlässiger Tötung« zu neun Monaten Haft verurteilt wird. Fahrlässige Tötung, für einen tödlichen Schuss auf offener Straße? Angeblich hatte Schumann die Waffe gerade erst gekauft und mit ihr gespielt, als sich plötzlich ein Schuss löste und die Frau tödlich traf. Das Gericht folgt dieser Darstellung. Mit nur neun Monaten Haft kann Schumann seinen Kopf erneut aus der Schlinge ziehen. Und, ebenso verwunderlich: Er darf die Tatwaffe behalten. Mit der Parabellumpistole wird er von nun an fast alle künftigen Taten begehen.

Die Staatsanwaltschaft scheint damals nicht gründlich ermittelt zu haben, denn später stellt sich heraus, dass die getötete Frau eine größere Geldsumme bei sich hatte. Bei der Leiche kann das Geld allerdings nicht mehr gefunden werden. Ein klassischer Raubmord also? Und eine viel zu geringe Strafe, ein Fehlurteil der Justiz?

Im Dezember 1912 wird Schumann aus dem Gefängnis in Tegel entlassen, so belegen es die Akten im Einwohnermeldeamt. Er ist nun 19 Jahre alt und hat bereits zwei Frauen getötet. Es ist unklar, ob er in der Zeit nach seiner Haftentlassung weitere Morde begeht. Die kommenden beiden Jahre bleiben zumindest ohne Eintrag.

1914 beginnt der Krieg, und Schumann verübt in dieser aufgewühlten Zeit offenbar einen Einbruch. Dabei wird er von einem Fuhrmann entdeckt. Wilhelm Moritz beobachtet das Verbrechen nicht nur, sondern schreckt Schumann bei seinem Vorhaben auf und verfolgt ihn anschließend. Der hat seine Waffe dabei – die Parabellum – und schießt auf den mutigen Fuhrmann. Moritz hat Glück und überlebt den Tötungsversuch, doch Schumann kann unerkannt entkommen. Erst Jahre später wird er die Tat gestehen.

Im Mai 1916 wird Schumann zum Kriegsdienst eingezogen. Er ist zu diesem Zeitpunkt 23 Jahre alt, verheiratet mit einem »blonden Mädchen« und arbeitet in der Reichsbahn-Ausbesserungswerkstatt in Wusterhausen. Als Zeugen vor Gericht geladen, beschreiben ihn Arbeitskollegen später als sehr fleißigen Kollegen, der aber immer »still für sich« geblieben sei. Doch sie schildern auch »Absonderlichkeiten«, die ihnen aufgefallen sind: Leicht erregbar sei Schumann gewesen, der beim geringsten Anlass puterrot werden konnte und »ein ganz starres Auge zeigte«. Einen »störrischen Charakter« habe er wohl und gerne in Räuber- und Mörderromanen geschmökert.

Als Soldat wird Schumann zuerst mit einem Karabiner ausgerüstet, später schießt er mit einem Maschinengewehr. Bis zum Kriegsende darf er für Kaiser und Reich töten und wird für seine Leistungen mit dem Eisernen Kreuz ausgezeichnet. Doch was seine Kameraden nicht ahnen: Auch fernab der Front, auf Heimaturlaub, tötet Schumann weiter. Ab dem Jahr seiner Einberufung begeht der Soldat in Berlin schwerste Verbrechen.

Nachgewiesen werden ihm bis August 1919 sieben Morde, 15 Mordversuche, fünf Brandstiftungen, elf Vergewaltigungen, drei Raubüberfälle und neun einfache und schwere Diebstähle. Alle Verbrechen geschehen rund um den Falkenhagener See und den Falkenhagener Forst. Schumann ist dabei immer bewaffnet und trägt »Feldgrau«, die Farbe seiner Uniform, berichten Überlebende und Zeugen später. Zum Falkenhagener Forst hat Schumann offensichtlich eine besondere Beziehung. Er betrachtet ihn als »sein Revier«. Sechs der sieben Mordopfer hat er hier getötet.

Im Sommer 1918 will er eine Frau in einer am See gelegenen Wohnlaube vergewaltigen, doch ihr Mann, ein Lehrer namens Paul, überrascht den Täter und verfolgt ihn. Schumann kann entkommen und sinnt auf Rache. Nachts schleicht er sich zur Laube zurück, verbarrikadiert die Tür von außen und legt Feuer an das hölzerne Bauwerk. Der Lehrer, seine Frau und die Tochter werden durch die knisternden Flammen wach und versuchen zu fliehen. Doch die verrammelte Tür lässt sich nicht öffnen. Als der Vater die Fensterläden aufstoßen will, erschießt ihn Schumann. Inständig flehen nun Mutter und Tochter, sie nicht zu töten. Beiden gelingt es tatsächlich, die Laube zu verlassen und das Feuer von außen zu löschen. Drinnen liegt ihr toter Ehemann und Vater.

Im gleichen Zeitraum versucht Schumann, seine Schwester Frieda zu töten. Die Mutter der beiden ist kurz zuvor gestorben, und Schumann soll die 350 Mark, die unter dem Kopfkissen der Toten lagen, entwendet haben. Als Frieda daraufhin ihre Sachen packt und ausziehen will, versucht er, sie mit »Kohlengas« zu vergiften. Er legt reichlich Briketts in den Küchenofen, zündet sie an und verschließt die Lüftungsklappe, sodass der Rauch ins Zimmer zieht. Offenbar wird Schumanns Schwester rechtzeitig wach und kann für den Abzug des giftigen Luftgemischs sorgen. Vor

Zeichnung von Friedrich Schumann, dem »ersten Massenmörder der Weimarer Republik«

Gericht sagt Frieda später aus, dass sie sich mit dem Angeklagten »nie recht habe vertragen können«. Nach ihrer Überzeugung ist ihr Bruder »erblich belastet durch den Vater«. Schon als Junge habe er versucht, zusammen mit anderen eine Scheune anzuzünden.

Besonders der Mord an zwei Liebespaaren im Falkenhagener Forst verstört die Menschen der Gegend. Beide Doppelmorde werden im Juni 1919 verübt, der erste am 8. Juni, der zweite drei Wochen darauf am 29. Juni. Das erste Liebespaar, Robert Kiwitt und seine Braut Bertha Reich, will diesen Sonntag bei warmen Temperaturen offenbar fernab der hektischen Hauptstadt romantisch und ungestört in der freien Natur verbringen. Schumann soll das verliebte Pärchen mit einem Feldstecher beobachtet haben, das sich in »seinem« Wald und an »seinem« See, also in seinem Revier aufhält. Zunächst erschießt Schumann Robert Kiwitt, dann vergewaltigt er Bertha Reich. Anschließend erschießt er auch die junge Frau. Dann entreißt er den Toten ihren Schmuck und ihr Geld. Die Leichen schleppt er in den See, aus dem sie von Kriminalbeamten geborgen werden.

Drei Wochen später möchte wieder ein junges Berliner Paar glückliche Stunden zu zweit im Falkenhagener Forst genießen. Wieder ist es ein Sonntag, der 29. Juni 1919, ein bisschen regnerisch zwar und auch noch nicht so sommerlich warm, doch das

Brautpaar zieht es trotzdem raus in die Natur, ausgerechnet in den Wald, in dem Schumann sein blutiges Unwesen treibt. Möglicherweise ist das brutale Verbrechen, das er hier wenige Tage zuvor beging, noch gar nicht entdeckt oder bekannt geworden. Schumann wiederholt seine Taten an den beiden jungen Menschen. Walter Rietdorf wird erschossen, seine Freundin Charlotte Biedermann zunächst vergewaltigt und dann ebenfalls mit seiner Parabellumpistole getötet. Diesmal verscharrt er die Leichen an unterschiedlichen Stellen im Wald.

Die Angst geht jetzt um am Falkenhagener See. Erste Anwohner, so wird berichtet, verkaufen ihre Häuser. Nicht nur die fünf vollendeten Morde hat der Unbekannte hier verübt, es gibt auch über ein Dutzend Mordversuche, dazu mindestens elf Vergewaltigungen, bei denen einige Frauen nur mit äußerstem Glück entkommen können; hinzu kommen eine Reihe von Brandstiftungen und auch Einbrüche sowie drei Raubüberfälle.

Niemand scheint vor dem Gewalttäter sicher zu sein. Als die Frau eines Prokuristen namens Möbius, deren Vorname leider nicht in den Akten steht, am zweiten Weihnachtstag 1916 in ihrem Falkenhagener Haus einfach nur aus dem geöffneten Fenster sieht, schießt Schumann auf sie. Frau Möbius reagiert sehr ungewöhnlich: Sie zieht ihr Tesching und feuert zurück.

Das Beängstigende ist, dass das Phantom nach so vielen Jahren schlimmster Gewalttaten immer noch nicht gefasst ist. Lautlos scheint er sich im Wald bewegen zu können, um dann blitzartig auf geheimen Wegen zu verschwinden. Auf mögliche Verfolger eröffnet er ohne jegliche Skrupel sofort das Feuer. Als am 4. Juli 1917 die Falkenhagener Gendarmerie-Wachtmeister Geiseler und Lemm durch den Wald streifen, wahrscheinlich auf der Suche nach dem unheimlichen Mörder, schießt Schumann, verborgen im Dickicht, auf die Ordnungshüter. Dank seiner Kriegserfahrung gilt er als sehr versierter Schütze, doch beide Männer überleben den Angriff.

Drei Tage darauf geht der Falkenhagener Forstaufseher Wilhelm Nielbock durch den Wald. Auch er wird unvermittelt von Schumann aus dem Hinterhalt beschossen. Doch auch der Förster hat Glück und überlebt die Feuerattacke. Gut zwei Jahre später wird er es sein, der den »Massenmörder vom Falkenhagener See« endlich zur Strecke bringt.

An jenem Tag ist Förster Nielbock im Forst unterwegs, als er in der Nähe eines Hochsitzes auf einen jungen Mann trifft. Auf die Frage, wo er denn hinwolle, antwortet Schumann »nach Hause«. Aber statt in Richtung Siedlung zu gehen, verschwindet Schumann tiefer in den Wald. Als Nielbock versucht, ihn zurückzuhalten, zieht Schumann seine Waffe und feuert. Der Förster wird zweimal in die Brust getroffen, doch Schumanns Parabellum hat plötzlich eine Ladehemmung, und so kann er sein mörderisches Werk zunächst nicht vollenden. Der schwer verletzte Nielbock schafft es noch, den Schützen mit seiner Schrotflinte an der Schulter zu erwischen. Anschließend schiebt er sein Fahrrad mit letzter Kraft zum nächstgelegenen Haus, der »Roten Villa« in der Schönwalder Straße. Erst halten ihn die Bewohner für betrunken, dann erkennen sie das viele Blut und die dramatische Lage. Trotz seiner lebensgefährlichen Verletzungen kann Nielbock den Täter noch beschreiben: feldgraue Kleidung, schlank, blond, mittelgroß – und mit einer Ladung Schrot in der Schulter. In der Nacht verstirbt der schwer verletzte Mann im Krankenhaus.

Die Polizei informiert Krankenhäuser und Arztpraxen mit einem Merkblatt: Verletzter Straftäter dringend gesucht! Zwei Tage später taucht in einer Spandauer Arztpraxis tatsächlich ein Mann auf, der die gesuchten Verletzungen aufweist. Der scharfsinnige Doktor, Georg Tepling, schickt seine Frau heimlich zur Polizeiwache. Bis zum Eintreffen der beiden Kriminalbeamten behandelt er kühlen Kopfes die Wunden des Patienten weiter. Widerstandslos lässt sich Schumann festnehmen. Es ist der 20. August 1919.

Der Polizei gegenüber gesteht der zu diesem Zeitpunkt 27-Jährige zunächst einige der Verbrechen, widerruft dann aber. Die Geständnisse seien unter körperlichem Zwang – sprich Folter – erfolgt, behauptet er vor Gericht. Fast ein Jahr nach seiner Festnahme beginnt unter riesigem Andrang die Verhandlung, die vom 5. bis zum 13. Juli 1920 im großen Schwurgerichtssaal des Landgerichts in Moabit stattfinden wird.

Der vorsitzende Richter, Landgerichtsdirektor Georg Pioletti, muss einen kühlen Kopf bewahren. Vor Gericht wird zwar nur ein Teil von Schumanns Verbrechen verhandelt – lediglich jene Taten, die ihm nachgewiesen werden können, statt der von ihm verübten elf »nur« sechs Morde, zum Beispiel. Doch auch so schreiben die Berliner Zeitungen von einem »kaum jemals in der Strafgeschichte dagewesenen Fall«.

Als während der Verhandlung vor den Geschworenen zwei Lederkoffer mit Schmuck sowie Kleidungsstücke der Ermordeten auf Tischen ausgebreitet werden und Familienangehörige der Opfer in den Fundstücken aus Schumanns Besitz die Sachen ihrer Liebsten wiedererkennen, kommt es im Gerichtssaal unter den Hinterbliebenen zu dramatischen Szenen. Der betagte Vater des erschossenen Försters Nielbock will den Mörder seines Sohnes sogar im Gerichtssaal umbringen. Nur weil die im Publikum sitzende Ehefrau von Schumanns Verteidiger, Marie-Charlotte Frey, dem aufgewühlten alten Herrn geistesgegenwärtig in den Arm fällt, kann die Selbstjustiz im Gerichtssaal im letzten Moment verhindert werden.

Am dritten Verhandlungstag geht es um die Vorwürfe des Angeklagten, er sei von der Polizei zum Geständnis gezwungen und misshandelt worden. Dem widerspricht Kriminaloberwachtmeister Lahmann unter Eid. Lahmann hat die kriminalpolizeilichen Ermittlungen geleitet. Ein Gerichtsreporter protokolliert seine Aussage in Auszügen:

»Was der Angeklagte über das Zustandekommen der Protokolle gesagt hat, ist nicht wahr. Ich habe ihn nicht mißhandelt oder zum Geständnis gepreßt und auch meinen Beamten ist davon nichts bekannt. Ich erkläre das unter meinem Eide und in vollem Bewußtsein der Konsequenzen, die damit verbunden sind. Ich habe mit dem Angeklagten zehn bis zwölf Tage hindurch verhandelt und habe die Überzeugung, daß er ein durchaus logisch denkender Mensch ist. Bei einem Teil der Verbrechen hat er ohne weiteres ein Geständnis abgelegt, andere Fälle hat er ständig bestritten, bis er beweiskräftig überführt werden konnte.«

Der Vater des Angeklagten ist ebenfalls als Zeuge geladen. Der 52-jährige Schumann Senior gibt zu, mehrfach selbst straffällig geworden zu sein, als Vergewaltiger, Dieb und Hehler, und deswegen auch oft in Haft gesessen zu haben. Freimütig berichtet er von einer erschütternden Szene mit seinem Sohn, die heute den Tatbestand der Kindesmisshandlung erfüllt: Als sein Junge sechs Monate alt gewesen sei, habe dieser einen unstillbaren »Wutkrampf« gehabt, sodass er den Säugling mit dem Kopf »ins Wasser gestülpt« habe. Danach sei der Junge ruhig gewesen. Kurze Zeit später, nach Bekanntwerden der Sexualdelikte, trennt sich seine Frau von ihm. Und, ja, getrunken habe er auch gern, das sei richtig. Ob es allerdings sein Sohn sei, der da jetzt auf der Anklagebank sitzt, das wisse er nicht – er kenne sein Kind nicht, das damals zum Zeitpunkt der Trennung noch klein war.

Die Mutter, die Friedrich und seine Schwester Frieda alleine, ohne finanzielle oder sonstige Unterstützung großziehen musste und drei Jahre vor Prozessbeginn verstorben ist, wird als einfältig, gutmütig und tief religiös beschrieben. Schumanns Tante bestätigt, dass der Vater nie für die Familie gesorgt habe. Schon als Kind habe es der Junge sehr schlecht gehabt.

Die erschütternden Details sind nachzulesen in den Gerichtsreportagen, mit denen etliche Zeitungen den spektakulären Prozess begleiten – die »Vossische Zeitung«, das »Berliner Tageblatt«, die »Berliner Volkszeitung«, das »Groß-Strehlitzer Kreisblatt« und sogar die kommunistische »Rote Fahne«. Der Ton in den Artikeln ist nachrichtlich und sachlich gehalten, lediglich der Inhalt der Zeugenaussagen wird wiedergegeben. Nicht beschrieben ist, wie der Angeklagte auf diese Aussagen reagiert, welchen Ausdruck sein Gesicht hat, was sein Blick sagt – als etwa die Brutalität seines Vaters geschildert wird oder seine Schwester von dem Mordversuch an ihr berichtet.

Schumanns Pflichtverteidiger ist der später berühmte Dr. Dr. Erich Frey. Dessen Strategie ist zunächst, die geistige Gesundheit seines Mandanten infrage zu stellen – geregelt in Paragraf 51 des Strafgesetzbuches. Damit würde der Serienmörder nicht zum Tode verurteilt werden können, sondern müsste in eine psychiatrische Anstalt eingewiesen werden. Doch Schumann lehnt diesen Ansatz der Verteidigung ab.

In seiner Autobiografie »Ich beantrage Freispruch. Aus den Erinnerungen des Strafverteidigers Prof. Dr. Dr. Erich Frey« widmet der berühmte Anwalt dem Prozess gegen Friedrich Schumann etliche Seiten und beschreibt detailliert, wie er den angeklagten Massenmörder in vielen Gesprächen erlebt hat. Sehr eindrucksvoll wirkt auf den erfahrenen Verteidiger die allererste Begegnung mit dem neuen Mandanten:

»Wenn ich an jenem Sonntagnachmittag des Jahres 1920 nicht gewusst hätte, wer mir gegenübertrat, ich hätte den schmächtig gebauten jungen Menschen, der da in die Besucherzelle des Untersuchungsgefängnisses geführt wurde, nicht für einen gefährlichen Massenmörder gehalten. Für einen Gelegenheitsdieb, für einen jener zahllosen Gestrauchelten, die damals die Gefängnisse bevölkerten. (...) Aber dann sah ich seine Augen. Es waren die Augen eines gefangenen

Tieres, die wild, unruhig, witternd über mich hinglitten. Er hatte blassblondes Haar, um Kinn und Backen einen Anflug von Bart. Seine Kopfform zeigte keine deutlichen Züge von Deformation, vielleicht trat das Kinn etwas stark zurück. Ich sollte dieses Gesicht noch unzählige Male sehen und die erschütternden Verwandlungen, deren es fähig war.«

Diesen Jähzorn Schumanns, den Frey offensichtlich in der Besucherzelle erlebt, schildern auch weitere Zeugen vor Gericht. Doch eine Geisteskrankheit, die eine Schuldunfähigkeit bedeuten würde, schließt der damalige Sachverständige, Medizinalrat Dr. Störmer, aus. Der Gerichtsreporter fasst den Sachverständigen so zusammen: »In dem Tun Schumanns zeige sich zwar ein gewisses epileptisches Moment, Paragraf 51 sei aber nicht anwendbar. Eine erbliche Belastung liege vor, aber weder eine Bewusstlosigkeit, noch ein Dämmerzustand, noch eine krankhafte Veranlagung, die seine Verantwortlichkeit ausschließen würde.« Weitere Gutachter äußern sich ähnlich. Die Anwendung von Paragraf 51 scheint immer weniger wahrscheinlich, stattdessen droht die Todesstrafe.

Was sagt der Angeklagte selbst zu den Vorwürfen, wie äußert er sich zu den vielen Verbrechen, die ihm zur Last gelegt werden? Vor Gericht streitet er alles ab. Nun wird aus den Protokollen der polizeilichen Vernehmung zitiert. Die Motive, die Schumann bei den Verhören angegeben hatte, sind demnach »ziemlich nichtiger Natur«, wie der Gerichtsreporter notiert:

»In einem Fall war es der Ärger über Liebespaare und über Wandervögel, die ihn bei seiner Jagdlust störten, dann wieder war es Ärger über eine Frau, die zum Fenster hinaussah, der Ärger über harmlos im Wald spazierengehende Menschen, unsittliche Absichten und der Gedanke, daß er einen Menschen, der Zeuge einer seiner Freveltaten werden könnte, beseitigen müßte.«

43

Am achten Verhandlungstag sprechen ihn die Geschworenen schuldig. Friedrich Schumann wird sechs Mal zum Tode, zu lebenslangem Zuchthaus und zahlreichen Nebenstrafen verurteilt. Doch die Hinrichtung verzögert sich, weil der preußische Justizminister Hugo am Zehnhoff theoretisch noch sein Recht auf Begnadigung ausüben könnte. Doch letztlich verzichtet er darauf, und nun ist es Schumann, der auf Vollstreckung des Urteils drängt.

Dreizehn Monate wartet der Todeskandidat im Strafgefängnis Plötzensee auf sein Ende. Am Abend vor der Hinrichtung, am 26. August 1921, besucht ihn noch einmal Erich Frey. Der Anwalt will den Todeskandidaten auf seinem letzten Gang begleiten. Nach der üppigen und deftigen Henkersmahlzeit legt Schumann in den frühen Morgenstunden ein vertrauliches Geständnis bei seinem Rechtsbeistand ab. Erich Frey beschreibt die Szene in seinen Memoiren mit folgenden Worten:

»Dann beugte er sich zu mir herab. Ich fühlte seinen Atem an meinem Ohr. Er sprach leise, aber seine Stimme war ruhig und fest. ›Das Gericht hat mich sechs Mal zum Tode verurteilt. Ich habe aber nicht sechs, auch nicht elf … ich habe fünfundzwanzig umgebracht.‹«

Frey lässt sich von Schumann in der Todeszelle jeden einzelnen Fall schildern und bittet ihn, die Taten aufzuschreiben. Dieser Bitte kommt der »Massenmörder vom Falkenhagener See« in den Stunden bis zu seinem Tod angeblich nach. Frey schreibt dazu:

»Ich lese die grausige Liste der Fälle vor. Bei jedem frage ich ihn nach dem Grund. Dann sagt Schumann: ›Sie hat mich bei der Jagd gestört … Der hat mir die Vögel verscheucht … Die haben so laut gelacht … Begegnete mir im Wald und hat mich so schnippisch angeguckt … Er hat mich gestört, als ich dem Mädel nachgehen wollte …‹«

Anschließend geht Schumann ruhig und gefasst morgens um sechs Uhr zur Richtstätte, wo er vom preußischen Scharfrichter Carl Gröpeler enthauptet wird.

VERSEHRT UND VERROHT:
DIE BRUTALEN FOLGEN DES KRIEGES

Nach dem Ende des »Großen Krieges«, dem Waffenstillstand vom 11. November und dem Demobilisierungsbeschluss vom 31. Dezember 1918, kehren rund sechs Millionen deutsche Soldaten von der Front zurück. Nach vier Jahren brutaler Kämpfe sollen sie in das Wirtschafts- und Alltagsleben der jungen Weimarer Republik eingegliedert werden.

Das klingt so rational, so funktional – doch diese Männer haben blutigste Kriegserfahrungen hinter sich, die wenigsten kehren an Leib und Seele unbeschadet aus dem Grauen des Krieges zurück. Die ungeheure Zerstörungskraft des modernen Maschinenkrieges kostet nicht nur Millionen Menschenleben und verursacht grausame Verletzungen, sie lässt auch Zigtausende Soldaten halb verrückt werden vor Angst. An der Front müssen sie tagelang in Schützengräben ausharren und dürfen sich nicht in Sicherheit bringen – wo sollte das auch sein? Die Soldaten haben den Befehlen zu gehorchen, auch wenn sich gewaltige Detonationen vor ihnen aufwerfen und das Inferno des Trommelfeuers pausenlos tackert. Sie sehen die verwundeten, verstümmelten oder bereits verstorbenen Kameraden neben sich. Alles in ihnen schreit »Ich muss hier weg«, aber sie dürfen und sie können nicht, der »Verteidigung des Vaterlandes« haben sie ihr eigenes Leben unterzuordnen. Der Heldentod ist laut Kriegspropaganda besonders süß.

Noch während des Krieges beginnen in Berlin die Elendsgestalten der Versehrten das Straßenbild zu beherrschen, sogenannte Kriegskrüppel, Soldaten ohne Arme oder ohne Beine, die sich auf Stümpfen oder auf Krücken vorwärts schleppen oder bewegungsunfähig auf die Hilfe anderer angewiesen sind. Mit ihrem Anblick machen sie den Berlinern klar, wie brutal das Kriegsgeschehen an der Front ist. Wie kein Krieg zuvor hinterlässt der »Große Krieg« ein Heer von Blinden, Amputierten und an Leib und Seele Zerstörten. Historiker beziffern insgesamt 2,7 Millionen Kriegsversehrte. Weitere zwei Millionen Deutsche sind im Krieg gefallen.

Ein beinamputierter Kriegsversehrter bittet in Berlin um Almosen. An seiner Uniform hängen das Eiserne Kreuz I. Klasse und das Verwundetenabzeichen (1923).

Dass so viele schwer verwundete Soldaten überhaupt überleben, verdanken sie dem gut funktionierenden deutschen Sanitätswesen. Zu Kriegsbeginn stehen 24 000 Ärzte, 200 000 Krankenschwestern und gut 400 Feldlazarette bereit, um die Verletzten zu versorgen. Viele Mediziner und Schwestern haben sich freiwillig gemeldet, auch wenn der Einsatz häufig für sie selbst Lebensgefahr bedeutet. Ziel der medizinischen Behandlungen ist, dass die Soldaten so schnell wie möglich an die Front zurückkehren. Jeder verlorene Soldat bedeutet einen Verlust an Kampfkraft.

Doch die moderne Waffentechnik führt zu Verlusten in bis dahin unvorstellbarem Ausmaß. Der überwiegende Teil aller Schussverletzungen stammt von Artilleriegranaten – ihr Zerbersten zerfetzt das menschliche Gewebe viel stärker als herkömmliche Munition, die Wunde ist zudem meist noch mit Dreck vom Schlachtfeld infiziert. Dank der Entwicklung von neuen Operationsmethoden und Narkosetechnik sind komplizierte Amputationen möglich, Wund-Infektionen werden mit Medikamenten wie Tetanus-Antitoxin bekämpft, bei der Erstversorgung an der Front wird penibel auf Hygiene geachtet.

Blanke Panik löst der Schreckensruf »Gasalarm« in den Schützengräben aus. Die Reichswehr beginnt 1915 in Flandern mit dem Gaskrieg, Franzosen und Briten ziehen nach. Die giftigen Schwaden von über 100 000 Tonnen Kampfgas töten 91 000 Soldaten, rund 1,3 Millionen werden vergiftet. Die Überlebenden tragen Abszesse und innere Verätzungen davon und erblinden, ganz oder nur vorübergehend (wie der damalige Obergefreite Adolf Hitler, der sich rückblickend erinnert, wie seine Augen »in glühende Kohlen verwandelt« waren). Die Vorstellung, im giftigen Dunst von Phosgen oder Senfgas zu ersticken oder sich mit platzender Lunge zu Tode zu husten, führt zu Angstzuständen.

Ein Phänomen trifft die Mediziner und auch die Militärführung schon kurz nach Kriegsbeginn völlig unvorbereitet: die zerrüttete Psyche vieler Soldaten. Viele Männer zerbrechen am Frontgeschehen: Manche schreien Tag und Nacht, einige wälzen sich in Krämpfen, andere können nicht mehr aufhören zu zittern. Es ist vor allem der Anblick dieser »Schüttler«, der die anfängliche Kriegsbegeisterung in der Bevölkerung nachhaltig dämpft. Das unsagbare Grauen der Fronterlebnisse hat sich in die Soldaten eingefressen, sie haben ihre zuckenden Körper nicht mehr unter Kontrolle. Die »Jammergestalten« spiegeln auf bestürzende Weise die Schlachtfeldgeschehnisse wider. Ihr Anblick löst bei der Zivilbevölkerung mehr Entsetzen aus als der von Amputierten oder Blinden.

Etwa 200 000 dieser »Kriegsneurotiker« müssen in den Lazaretten und Sanatorien behandelt werden und stellen die Militärmediziner vor eine Herausforderung. Denn zumindest organisch scheinen die Männer kerngesund. Anfangs werden noch Wasserkuren verordnet und Dienstbefreiungen gewährt. Doch mit zunehmender Kriegsdauer schrumpft die Geduld. Die Nervenkranken gelten als Drückeberger oder Feiglinge, die man mit Radikalkuren malträtiert: Elektroschocks, Hungerkuren, Isolationsunterbringung, dann Zwangsexerzieren. Todesfälle nicht ausgeschlossen. Die Kranken sollen zum Gesundsein gezwungen werden. Wenn sie es nur genug wollten, so die Haltung der Ärzte und der militärischen Führung, dann könnten die Männer aufhören zu zittern. Die Behandlung entwickelt sich zum Kampf zwischen Arzt und Patienten, wie auch die Ärztin und Historikerin Livia Prüll in ihrer Arbeit »Die Kriegsversehrten. Körperliche und seelische Leiden und die Medizin im Ersten Weltkrieg« sehr eindringlich beschreibt.

Tatsächlich sind die Bedingungen an der Front so brutal, dass einige im Feld aktive Soldaten versuchen, sich den Kampfhandlungen zu entziehen und ins Lazarett zu retten. Die kriegsmüden Männer fügen sich schwerste Verletzungen zu: Sie jagen sich mit dem eigenen Gewehr eine Kugel in den Fuß oder die Hand, Einzelne schießen sich die Finger ab. Im kalten Russland entledigen sich einige ihrer Stiefel, um mit erfrorenen Füßen als kampfuntauglich eingestuft zu werden. Manche treibt die Kriegsangst dazu, sich Petroleum unter die Haut zu injizieren oder Säure zu schlucken – alles, um bloß nicht weiterkämpfen zu müssen und dabei womöglich schrecklich verstümmelt zu werden.

Trotz drakonischer Strafen der Militärgerichte desertieren insbesondere gegen Kriegsende Tausende Männer, verstecken sich oder laufen sogar über. Ganze Gruppen von Soldaten ergeben sich freiwillig dem Feind und geraten so in Kriegsgefangenschaft. Fast 3000 deutsche Soldaten begehen Selbstmord.

Die Berliner erleben ein Wechselbad der Gefühle. Zu Kriegsbeginn haben sie zu Zehntausenden die Straßen gesäumt, als ihre Männer, Söhne und Brüder aufrecht und im Gleichschritt in den Krieg marschierten. Sie schwenkten Taschentücher und Hüte, warfen ihnen Blumen und Kusshände zu, verabschiedeten ihre lächelnden Soldaten stolz als Kriegshelden. Doch von der Front kehren keine Helden zurück. Stattdessen sieht man ab 1915 auf den Berliner Straßen nicht nur immer mehr »Kriegsversehrte« – also physisch Verletzte, Blinde, Amputierte und Verstümmelte –, sondern es wächst auch das Heer der psychisch verletzten »Kriegsneurotiker«.

Ihr Anblick stimmt nicht überein mit dem von der Militärführung propagierten Bild der siegreichen Kriegshelden. Die Oberste Heeresleitung gerät in Erklärungsnot, die Berliner werden misstrauisch. Gerüchte machen die Runde, dass besonders übel entstellte Opfer in sogenannten »Schweigelazaretten« versteckt werden. Doch dafür gibt es keine Belege. Viele Soldaten mit besonders entstellenden Gesichtsverletzungen meiden allerdings freiwillig menschliche Gesellschaft. Aus Scham verkriechen sie sich für den Rest ihres Lebens.

Nach Ende des Krieges wird klar, dass viele Soldaten neben ihrer Gesundheit auch ihre Existenz verloren haben. Männer, die zu krank sind, um in ihren ursprünglichen Beruf zurückzukehren, müssen sich in sogenannten Versehrtenberufen als Bürstenbinder oder Schnürsenkelverkäufer durchschlagen, viele enden auch als Bettler auf der Straße. Die Rente aus dem »Krüppelvorsorgegesetz« reicht oft nicht zum Überleben. Zudem werden viele Antragsteller von den Versorgungsämtern abgewimmelt, denn die Ansprüche der Kriegsopfer kommen dem krisengeschüttelten und klammen neuen Staat ungelegen. Nach Kriegsende muss die Republik ohnehin schon 533 000 Kriegswitwen und 1,2 Kriegswaisen finanziell versorgen und Reparationen in Milliardenhöhe leisten.

Die körperlich Versehrten wieder »arbeitsfähig« zu machen ist die große medizinische Herausforderung für die Chirurgen und Orthopäden. Vor allem fehlende Gliedmaßen müssen ersetzt werden, allein 50 000 Männer haben im Krieg ein Bein oder einen Fuß verloren. Wichtig ist dabei nicht nur, die Funktion der fehlenden Gliedmaßen wiederherzustellen, sondern auch die ästhetische Rekonstruktion. Ein neuer, künstlicher Fuß soll einen kriegsversehrten Mann nicht nur wieder gehen lassen, sondern auch seine gesellschaftliche Akzeptanz wiederherstellen. Die Lebenseinstellung und das Selbstwertgefühl der Patienten können mit einer Prothese »geheilt« und die Wiedereingliederung in die Gesellschaft vorangetrieben werden, erkennen moderne Mediziner wie der damalige Berliner Chirurg und Orthopäde Konrad Biesalski.

Berühmt wird der prothetische Arm, den der Chirurg Ferdinand Sauerbruch entwickelt. Der »Sauerbruch-Arm« ermöglicht es dem Patienten, Dinge zu greifen, eine Grundvoraussetzung für viele Tätigkeiten des Alltags und der Arbeit.

Doch Prothesen wie der »Sauerbruch-Arm« sind nicht alles: Von entscheidender Bedeutung ist auch der Wille des Patienten, philosophiert Chirurg Biesalski. Mit dem entsprechenden Willen sei das Selbstmitleid zu bekämpfen, der Wille des Kriegsopfers könne das Fehlen perfekter Geh- oder Greifmöglichkeiten problemlos ersetzen. Auf öffentlichen Veranstaltungen lässt Biesalki prothetisch versorgte Menschen auf der Bühne laufen und Dinge greifen.

Armamputierte Kriegsversehrte beim Kartenspiel (1919)

Durch die »Wunderwerke der orthopädischen Technik« werden aus »Kriegskrüppeln« nun »Kriegsbeschädigte«, deren Schaden allerdings kompensierbar sei.

Schwieriger gestaltet sich die Behandlung der »Kriegszitterer«, die in vielen Fällen organisch gesund zu sein scheinen. Bei ihnen finden Mediziner psychische Störungen in Verbindung mit motorisch-nervösen Ausfallerscheinungen und beschreiben Symptome wie Schlafstörungen, schwere Konzentrationsstörungen, Unruhe- und Erregungszustände, in unterschiedlichen Kombinationen mit Störungen des Gehens, Stehens und Greifens, oder auch Sprach-, Schluck- oder Hörstörungen sowie starkes Zittern oder Schütteln der Extremitäten. Diese »Kriegszitterer« bereiten den Psychiatern Kopfzerbrechen.

Bereits 1916, noch während des Krieges, führen der Deutsche Verein für Psychiatrie und die Gesellschaft deutscher Nervenärzte daher eine kriegspsychiatrische Tagung in München durch. Hier werden die Weichen für die Behandlung der »Kriegszitterer« gestellt. Zwei unterschiedliche Anschauungen prallen aufeinander: Die eine Fraktion sieht als Ursache den Krieg, dem der Mensch hilflos ausgeliefert gegenübersteht – die andere Seite, und das ist die Mehrheit der damaligen Psychiater, die sich am Ende durchsetzt, sieht in dem Zusammenbruch ein Versagen der geistig-seelischen Kräfte, eine Therapie müsse »den Willen wieder aufrichten«. Wie bei den körperlich Verstümmelten gilt also der Wille des Patienten als das entscheidende Genesungswerkzeug, was auch ein moralisches Urteil über die betroffenen Männer beinhaltet.

Offiziere können noch als »Kriegsneurotiker« durchgehen, die eine Art Front-Burnout – Erschöpfung wegen Überanstrengung – erlebt haben. Heilung: machbar. Die »Kriegshysteriker« dagegen sind meist in den Mannschaftsgraden zu finden, die aufgrund von »Willensschwäche« unter ihren Symptomen leiden. Diese Willensschwäche wird gerne mit einer erblichen Vorbelastung erklärt: Die Männer gelten als verweichlicht und verweiblicht. Die Ansicht, diese »Kriegshysteriker« mit drakonischen Maßnahmen zu bestrafen und dadurch eine Art »Blitzheilung« und schnelle Rückkehr zur Front zu bewirken, setzt sich letztlich auf dem Münchner Medizinerkongress durch. Gegner dieser rabiaten Vorgehensweise reisen vorzeitig ab.

Die beschlossenen Behandlungen zur Beseitigung der Kriegszitterer-Störungen werden nun in der Praxis erprobt. »Behandlung« bedeutet konkret ein Einwirken auf den Körper mit Geräten – und auf den Geist mit Anweisungen und Befehlen. Die Patienten werden mit Stromschlägen »therapiert«, unter Hypnose gesetzt und zum Exerzieren gezwungen. Brachial ist auch die Therapie bei Sprachstörungen: Die traumatisierten Soldaten sollen ihre Stimme wiederfinden, indem ihnen eine Metallsonde in den Rachen geschoben wird, was häufig ein Erstickungsgefühl auslöst.

Nach eigenen Angaben kann die Kriegspsychiatrie mithilfe dieser drastischen Methoden bis 1918 angeblich eine positive Bilanz vorweisen. Nach dem Krieg werden die »Kriegszitterer« in großer Mehrheit als Simulanten eingestuft. Bei staatlichen Fürsorgeleistungen gelten sie folglich als nicht anspruchsberechtigt. Da es ihnen lediglich an »Willen fehle«, um arbeiten zu gehen, gibt es eben in aller Regel auch keine Rente.

Hunderttausende Männer müssen diese Verwundungen an Körper und Geist als tiefe Zäsur hinnehmen und psychisch verarbeiten. Aus dem »hart arbeitendem Mann, Soldaten und Helden« ist ein »angeschlagenes, amputiertes, nicht mehr funktionstüchtiges, pflegedürftiges Kind« geworden, stellt der Historiker Rainer Gries von der Universität Jena fest. Mit tiefgreifenden Veränderungen auch für ihre Angehörigen. Die Männer können finanziell nicht für die Familie sorgen, sie sind unselbstständig und können sich häufig nicht einmal mehr selbst versorgen, sodass sie auf die Pflege und Hilfe ihrer Ehefrauen oder anderer Familienmitglieder angewiesen sind.

Die Folgen des Krieges sind ein Angriff auf die Maskulinität. Stärke und körperliche Leistungsfähigkeit sind selbstverständliche männliche Attribute der damaligen Zeit. Fehlende Arme oder Beine, Blindheit, die Zitterkrankheit und die daraus entstehende Unfähigkeit, für sich alleine zu sorgen, eine Familie zu ernähren und das Familienleben als treusorgender Vater zu gestalten und aufrechtzuerhalten, lassen eine wilhelminische Selbstgewissheit zusammenbrechen: Die traditionelle männliche Dominanz in den Familienstrukturen ist unter Druck geraten.

Teile der bisherigen Gesellschaftsordnung lösen sich infolge des Krieges auf, erlebbar im intimsten gesellschaftlichen Baustein, der eigenen Familie. Nicht in allen Fällen gelingt es, diesen Rollen- und Machtwechsel zu akzeptieren. Die Ehefrauen werden zu Krankenschwestern und fürsorglichen Müttern stilisiert, die ihre angeschlagenen Männer wie kranke Kinder pflegen sollen. Es wird erwartet, dass sie sich über die Heimkehr der Männer freuen und alle zusätzlich daraus erwachsenden Aufgaben klaglos auf sich nehmen: die Pflege des Mannes, das Arbeiten für das Familieneinkommen, die Versorgung und die Erziehung der Kinder, das Führen des Haushalts und das Servieren des Essens.

Klagen darüber sind gesellschaftlich nicht akzeptiert, und die Trennung von einem Kriegsopfer ist verpönt. So ermahnt etwa »Das praktische Blatt« seine Leserinnen 1919, dass im Krieg erlittene körperliche und seelische Verletzungen kein Scheidungsgrund seien. Für die Sorgen und Belastungen, die das Zusammenleben mit solcherart geschädigten Männern den Frauen aufbürdet, gibt es allerdings keinen Raum in den Medien.

Versehrte, die keinen familiären Rückhalt haben, fristen ihr Leben oft als Ausgegrenzte auf der Straße, menschlich vereinsamt, gefühlsmäßig verroht, anfällig auch für kriminelle Handlungen. Als Soldaten haben die Männer bis zu vier lange Jahre verinnerlicht, dass sie töten müssen, um zu überleben.

Der Krieg durchdringt die Gesellschaft bis tief in die sozialen Beziehungen der Menschen hinein. Das den Menschen zugefügte unermessliche Leid, die brachiale Gewalt, die sie erfahren hatten, und das Elend, das daraus folgte, prägen die Weimarer Republik bis in die Diktatur der Nationalsozialisten hinein. Verloren haben letztlich alle Kriegsparteien: Millionen Menschenleben, Gesundheit, Sicherheit, Vertrauen, Menschlichkeit. Der Historiker Rainer Gries von der Universität Jena fasst es so zusammen: »Der Erste Weltkrieg produziert nicht nur tote Opfer, sondern auch lebende: Männer und Frauen, die an Leib und Seele Schaden genommen hatten.«

WETTBETRÜGER MAX KLANTE:
DER TRAUM VOM SCHNELLEN GELD

Der aus der schlesischen Kleinstadt Grünberg stammende Max Klante ist einer derjenigen, die der »Große Krieg« schwer gezeichnet hat. 1918 kehrt der Mittdreißiger von der Front zurück, für den Rest seines Lebens geschwächt mit einer chronischen Tuberkulose und einer nicht näher beschriebenen »psychischen Störung«.

Doch der kleingewachsene, schmächtige Mann besitzt ein riesiges Talent in dieser unsteten und wirren Zeit: Er ist ein Menschenfänger. Als selbsternannter »Volksbeglücker« gelingt es ihm 1921, Zehntausenden Menschen in Berlin und ganz Deutschland Millionensummen aus der Tasche zu ziehen. Sein offenbar unwiderstehliches Versprechen lautet, die ihm gewährten »Kredite« seiner Einzahler zu verdoppeln, zu versechsfachen oder – sollte sich der geneigte Anleger gleich für das »Klante-Sparbuch« entscheiden – mit einer jährlichen Dividende von 950 Prozent auszustatten. Wie diese enormen Erträge möglich sein sollen? Na, natürlich mit dem genialen System, das Max Klante für den

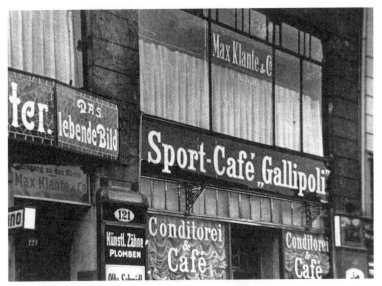

Das Anreißer-Lokal über dem Sport-Café »Gallipoli«, in dem Max Klante die Gelder seiner Kunden entgegennahm (Foto aus den zwanziger Jahren)

Totalisator auf der Pferderennbahn erfunden hat. Damit könne man sich mit nahezu unfehlbarer Sicherheit »das Glück dienstbar machen«, wie er deutschlandweit verkünden lässt.

Vor allem die Berliner rennen ihm die Bude, sprich seine drei Wettbüros, ein. Er kauft ein modernes Bürohaus in der Frankfurter Straße, stattet es repräsentativ aus und lässt aus edlen Hölzern Wettschalter zimmern, wie auf Fotos aus der Zeit zu erkennen ist. Die stilvollen Möbel und das schicke Interieur scheinen die Berliner zu beeindrucken. Viele von ihnen haben sonst keinen Zutritt zu solch herrschaftlichen Räumen. Hier aber werden sie galant begrüßt und vom Personal hofiert.

Daneben erwirbt Klante zwei Anreißer-Cafés und rüstet die bekannten Traditionslokale zweckmäßig um. Es werden Schalter für die Wettbeträge benötigt, das Geld kann nicht mitten auf dem Biertisch im Empfang genommen werden. Und das Geld fließt in der ersten Jahreshälfte 1921 tatsächlich in Strömen. Das Café und Weinhaus »Rheingold« und das Sport-Café »Gallipoli« stehen nun nach Büroschluss ebenfalls für Einzahlungen zur Verfügung.

Den Vogel schießt Klantes Geschäftsmodell in Dresden ab: Den Angaben zufolge befindet sich eine Annahmestelle speziell für gewinnorientierte Polizeibeamte direkt im Gebäude des Dresdner Polizeipräsidiums. Auch dort scheinen niemandem ernsthafte Zweifel daran zu kommen, dass Gewinnversprechungen von mehreren Hundert Prozent schlicht irrsinnig sind.

Wahrscheinlich beginnt im Fall Klante irgendwann die Massenpsychologie zu wirken: Wenn sich doch so viele willige Kunden vor und hinter einem selbst in der Schlange zum Geldeinzahlen befinden, dann muss es ja einfach was werden mit dem versprochenen Wahnsinnsgewinn? So viele Menschen können nicht irren. Zeigt sich Max Klante dann auch noch persönlich in einem seiner Büros, empfangen ihn die Menschen mit Jubel, und die anwesende Band spielt den eigens komponierten »Max-Klante-Marsch«.

Die Lebensgeschichte des zur damaligen Zeit wohl größten Schwindlers der Welt beginnt hingegen wenig feudal. In seiner schlesischen Geburtsstadt Grünberg schließt Max Klante mit elf Jahren die Volksschule ab und beginnt in der Bürstenbinderei seines Onkels zu arbeiten. Hier werden Tierhaare von Schwein, Pferd und Ziege mithilfe von Draht in Holzbrettchen eingezogen. Der handwerklich nicht sehr anspruchsvolle Beruf genießt gesellschaftlich kein hohes Ansehen, spaßeshalber werden Bürstenbinder damals »Fürstenkinder« genannt. Doch genau diese Metamorphose macht Max Klante in seinem Leben durch. Erst ist er so arm, dass er mit elf Jahren anfangen muss zu arbeiten – 20 Jahre später steigt er zur schillernden Berliner Gesellschaftsgröße auf, so reich, dass er mit Geldscheinen um sich wirft.

Ab 1890 beginnt die industrielle Fertigung von Bürsten. Möglicherweise hat Klantes Onkel damals die Zeichen der Zeit nicht rechtzeitig erkannt, jedenfalls geht seine Fabrik pleite. Neffe Max schlägt sich durch nach Breslau, damals mit über 400 000 Einwohnern die fünftgrößte Stadt im Kaiserreich. Er verdient seinen Unterhalt von nun an mit dem Verkauf von Zeitungen.

Nachts zieht er durch Cafés und Kneipen, um die Spätausgabe seiner Blätter zu verkaufen. Diese Erfahrung prägt ihn für den Rest seines Lebens, schreibt ein Chronist. Wenn die Menschen abends bei Bier oder Wein zusammensitzen und über Gott und die Welt sprechen, schnappt Klante quasi im Vorbeigehen auf, was sie bewegt, was sie sich erhoffen und erträumen. Schon als Teenager erwirbt er sich so eine große Menschenkenntnis, die ihm später als selbsternannter »Volksbeglücker« noch große Dienste erweist. Wer nachts durch Kneipen und Lokale tingelt, pflegt natürlich keinen steten Lebenswandel. Doch das scheint Max Klante zunächst nicht zu stören.

Max Klante
auf einer Fotografie
aus dem Jahr 1921

Er wird zum Kriegsdienst eingezogen. Von der Front kehrt er als chronisch kranker Mann zurück und beginnt, als selbstständiger Fotograf zu arbeiten. Aus Mangel an Aufträgen zieht er nach Berlin um, doch auch in der Hauptstadt laufen die Geschäfte schlecht. In einer Quelle ist davon die Rede, dass seine Jahressteuerschuld für 1919 lediglich 20 Mark beträgt, in einer anderen wird von nur einer Mark berichtet. Beide Zahlen lassen darauf schließen, dass sein Verdienst erbärmlich gering ist. Und weil es ohnehin so gut wie keine Foto-Aufträge für ihn gibt, verbringt er seine Zeit lieber auf der Pferderennbahn.

Vier Rennbahnen gibt es damals in und um Berlin, Mariendorf, Ruhleben, Karlshorst und natürlich Hoppegarten. Hoppegarten ist die mondänste der Anlagen und liegt im Grünen, kurz hinter der Stadtgrenze im Osten. Klante beginnt zu wetten, er beweist ein gutes Händchen und steigt bald auf zum »Tipster«, der unerfahrene Herrschaften mit Tipps zu den Rennpferden versorgt und dafür am Gewinn beteiligt ist. Klante studiert die Pferde eingehend, wie auch ihre Jockeys. Tatsächlich gewinnen sehr häufig genau die Pferde, die er zuvor empfohlen hat. Die Herrschaften streichen begeistert ihren Gewinn ein und empfehlen ihren Tipster weiter. Klante steht bald in dem Ruf, einen hohen Sachverstand zu besitzen. Ein Pferdenarr ist er außerdem.

Er muss einen sehr guten Blick für die edlen Tiere gehabt haben, genau wie für das Reitvermögen der Jockeys. Wird das Pferd bereit sein, wirklich alle Kräfte für seinen Reiter auf dem Turf zu mobilisieren und in halsbrecherischer Geschwindigkeit loszujagen? Wie reagiert das Tier in der Startbox, wie schnell kann es sich daraus abdrücken? Klante wird die bisherigen Platzierungen und die Häufigkeit der Starts berechnet und sich Form und Verhalten der Pferde im Führring genau angesehen haben. All diese Informationen fügt er dann zusammen und entwickelt daraus seine überaus treffsicheren Annahmen. Das spricht für eine sehr gute Beobachtungsgabe, hohe kognitive Fähigkeiten und ein bemerkenswertes Einfühlungsvermögen. Es scheint, als habe Klante die Psyche von Pferden genauso wie die von Menschen berechnen können.

Hoppegarten ist nicht nur das Zentrum des deutschen Galoppsports, sondern auch gesellschaftlicher Treffpunkt. Trotz seiner geringen Bildung kommt Klante bei der Gesellschaft am Führring, vor dem Totalisator und auf der Tribüne gut an. Dank Provisionen und Wettgewinnen kann er sich bald schon ein eigenes Rennpferd leisten. In ihm reift ein verwegener Plan. Er möchte das, was er offensichtlich so gut beherrscht, noch viel größer aufziehen: Aufs richtige Pferd setzen als Geschäftsmodell, die Leute mit Pferdewetten reich machen, sich selbst natürlich allemal.

Wohlhabenden Geldgebern gegenüber trägt er seine Geschäftsidee offenbar so überzeugend vor, dass sie ihm – hier schwanken die Angaben erneut – entweder 450 000 oder 500 000 Mark zur Verfügung stellen. Gemeinsam mit einem Kompagnon gründet er daraufhin den »KlanteKonzern«, die »Max Klante und Co. GmbH«, mit einer sagenhaften Einlage von einer halben Million Mark. Geschäftszweck der Firma ist den Büchern gemäß, »durch Gründung eines Rennstalls und eines Gestüts die inländische Pferdezucht zu heben«. Was sich aber vor allem hebt, ist das Vermögen des Firmengründers.

Zum Jahreswechsel 1920/1921 schaltet Klantes Firma eine große Werbekampagne und inseriert deutschlandweit. Die Anzeigen, die er aufgibt, versprechen traumhafte Renditen für das investierte Geld:

»Sehr geehrter Herr! In der heutigen teuren Zeit liegt es wohl auch in Ihrem Interesse, sich eine dauerhafte Nebeneinnahme zu verschaffen. Diese bieten wir Ihnen, wenn Sie uns für unser Weltunternehmen Ihr Geld leihen …
Wir geben Anteilsscheine von 100 Mark bis 50 000 Mark

heraus und zahlen für 100 Mark Einzahlung am 1. Februar 100 Mark, am 1. März 100 Mark, am 1. April 100 Mark, also 3 mal 100 Mark gleich 300 Mark zurück, das sind 200 Prozent Dividende ... Für 10 000 Mark gibt es 30 000 Mark.«

Rechtzeitig vor Beginn der Frühjahrs-Rennsaison erscheinen Prospekte mit ebenso großspurigen Versprechungen. Jahresverdienst 600 Prozent! Erwirtschaftet durch Wettgewinne. Zunächst kommen die Einzahlungen nur zögerlich herein. Doch da es binnen des ersten Monats wie versprochen die ersten Auszahlungen gibt, spricht sich Klantes Geschäftstüchtigkeit schnell herum. Auch nach zwei Monaten leistet er wie vereinbart die entsprechenden Auszahlungen. Tatsächlich trägt Klante das Geld bald kofferweise auf die Rennbahn.

Seine Kunden kommen aus allen Kreisen. Arme Menschen vertrauen ihm ihr letztes Erspartes an, Wohlhabende gehen ins Risiko, um noch reicher zu werden. Rechtsanwälte, Bankdirektoren, Chefärzte sind ebenso Kunden wie Kriegswitwen. Die kleinen Sparer stellen jedoch die mit Abstand größte Kundengruppe. Sie vertrauen dem Mann, der wie sie aus der unteren Gesellschaftsschicht stammt, ihr Geld lieber an als der Bank.

Klante verwaltet Mitte 1921 mehrere Millionen Mark. Er gründet nun seinen eigenen Rennstall. Seine Jockeys gehen gut wiedererkennbar mit blauen Jacken, verziert mit gelben Schnüren, an den Start. Klantes Pferde gelten als erstklassig, und seine Jockeys gehören zu den allerbesten.

Klante setzt hohe Summen. Und er gewinnt. Die zugesagten Dividenden zahlt er über Monate prompt aus. Sein Name wird immer bekannter, immer mehr Menschen vertrauen dem schmächtigen, kleinen Wett-Unternehmer mit der Vorliebe für helle Anzüge bereitwillig ihr Geld an. In ganz Deutschland werden Annahmestellen gegründet, Geldeintreiber eingestellt und mit sechs Prozent am Umsatz beteiligt.

Der Wettkönig selbst kauft sich ein herrschaftliches Anwesen in Karlshorst, das er mit seiner Frau und seinem Sohn bezieht. Er führt ein glänzendes Leben, mit Kammerdiener, zwei Chauffeuren, drei Autos. Und angeblich auch mehreren Geliebten. Auf seiner Geburtstagsfeier soll er ein Bündel Geldscheine im Wert von 25 000 Mark unter die Gäste geworfen haben. Seine ergebenen Anleger grüßen ihn mit »Heil, Klante!«. Innerhalb eines guten Jahres hat er einen kometenhaften finanziellen und gesellschaftlichen Aufstieg hingelegt, gut 20 Jahre, nachdem er als Elfjähriger in der schlesischen Provinz das Bürstenmacherhandwerk von seinem Onkel erlernt hat.

Doch der Absturz kündigt sich auf der Höhe seines Erfolgs im Sommer 1921 bereits an. Nicht alle Wetten mit hohen Einsätzen werden gewonnen, der KlanteKonzern fährt empfindliche Verluste ein. Da sich die Zahl der neuen Kunden nicht immer weiter verdoppelt, geht das Schneeballsystem nicht mehr auf. Klante will daher die jährliche Dividende von 600 auf 300 Prozent halbieren. Doch das verweigern seine Anleger. Und so muss er mithilfe der neuen Einnahmen die alten Löcher stopfen. Lange kann es nicht mehr gut gehen. Aus dem Wett-Geschäft ist nun bereits Betrug geworden.

Hektisch fasst der Unternehmer neue Betriebsideen ins Auge: Er möchte Likörfabriken kaufen und eine ganze Kette von »Saftläden«, wie der Berliner seine geliebten Likörstuben nennt, gründen. Dazu Wurstfabriken. Sanatorien. Automobilsalons! Im Zirkuszelt von Busch verkündet er auf inszenierten Volksversammlungen seine neuen Pläne. Doch seine einstige Überredungskunst, sein ehemals sicheres Auftreten und die Gabe, sein Publikum raffiniert zu bezirzen, sind verflogen. Stattdessen berichten die Zuhörer von einer wirren Rede. Klante spricht von sich in der dritten Person und wird mit folgenden Worten zitiert:

»Max Klante will sein Unternehmen von großkapitalistischen Einflüssen freihalten. Für die Großkapitalisten und jüdischen Spekulanten, für die Schieber darf keine Möglichkeit sein. Volksgenossen, mit euren Darlehen wird der Konzern Fabriken, Häuser, Grundbesitz kaufen. Alles soll einer großen Genossenschaft der Volksaktionäre gehören. Max Klante ist durch die Armen groß geworden. Max Klante wird die Armen groß machen.«

Doch auf Klantes wirre Visionen möchte niemand mehr wetten. Die Gläubiger verlieren das Vertrauen in ihn und seine unternehmerischen Fähigkeiten und fordern ihr Geld zurück.

Darüber hinaus droht Klante Ärger von Behördenseite. Das Finanzamt meldet sich zu einer Betriebsprüfung und muss feststellen, dass der Unternehmer von den millionenschweren Einzahlungen und Wettgewinnen keine Steuern auf sein Kapital abgeführt hat. Statt ordentlicher Buchführung stoßen die ermittelnden Beamten im Wettbüro an der Großen Frankfurter Straße auf Belege und Rechnungen in Schuhkartons. Sie beschließen kurzerhand, das vorhandene Barvermögen zu beschlagnahmen: Es sind stolze zehn Millionen Mark.

Am 11. September 1921 trifft Max Klante endgültig den Entschluss, dass es nun wohl besser für ihn und seine Familie sei, die Flucht zu ergreifen. Frau und Sohn setzt er am Schlesischen Bahnhof in den Zug nach Breslau, danach weist er sich selbst in einem Lungensanatorium am anderen Ende der Stadt ein. Sein Name sei Max Klein, gibt er dort an. Und er wünsche bitte während seines Aufenthalts als schwer Tuberkulosekranker auf keinen Fall gestört zu werden. Doch schon am nächsten Tag wird die Polizei in der privaten Einrichtung vorstellig. Zu bekannt ist das Gesicht des selbsternannten Heilsbringers. Die Polizeibeamten verhaften Herrn Klein, alias Klante.

Die Forderungen an Klante belaufen sich laut Staatsanwaltschaft auf insgesamt 90 Millionen Mark. Diese für damalige Verhältnisse unfassbar hohe Summe ist durch Klantes Vermögen in Form von Rennpferden, Autos und Häusern nur zu einem Bruchteil gedeckt. Die Max Klante und Co. GmbH muss Konkurs anmelden.

Über ein Jahr dauern die Ermittlungen der Staatsanwaltschaft an. Noch während der Untersuchungshaft möchten weitere Kunden gerne ihr Geld bei Klante anlegen. Zu Beginn kommt es zu einer spontanen Demonstration vor dem Polizeigefängnis am Alex, »Heil Klante!« rufen die Menschen.

Doch vor Gericht dreht die Stimmung. Reihenweise bezeugen die von Klante doch so hoch geschätzten »kleinen Leute«, wie sie ihm ihr mühsam erspartes Geld anvertraut haben. Tränen rollen, Wut erfüllt den Gerichtssaal. Der Angeklagte beteuert, nicht er sei schuldig, sondern die Konkurrenz und das Finanzamt. Sein System sei einfach perfekt und Millionen wert. Wie es genau funktioniere, könne er deswegen vor Gericht leider nicht erläutern. »Allgemeine Heiterkeit« protokolliert der Gerichtsschreiber daraufhin.

Anfang 1923 wird das Urteil gefällt. Drei Jahre Haft, 105 000 Mark Strafe und fünf Jahre Ehrverlust infolge Betruges, gewerbsmäßigen Glücksspiels und Vergehens gegen die Konkursverordnung. Auf den vier Berliner Rennbahnen erhält Klante ein lebenslanges Hausverbot.

Den Zweiten Weltkrieg übersteht er als Bürstenbinder mit einem kleinen Geschäft in der Nähe des Polizeipräsidiums, wehrtauglich ist er als Kriegsversehrter schon seit Jahrzehnten nicht mehr. Mitte der fünfziger Jahre verlässt Max Klante der Lebensmut, und er dreht die Gashähne auf. Einzige Hinterlassenschaft soll einigen Quellen zufolge ein Totoschein für ein Pferderennen gewesen sein.

»MAN KANN MIT EINER WOHNUNG TÖTEN«:
WOHNUNGSELEND IN DER HAUPTSTADT

Das berühmte Zitat des Zeichners, Dichters und Fotografen Heinrich Zille stammt von 1924 und lautet vollständig: »Man kann mit einer Wohnung einen Menschen genauso töten wie mit einer Axt.«

Zille, 1858 in Dresden geboren, wusste aus eigener Erfahrung, wovon er spricht. Als Kind zieht er mit der Familie nach Berlin, ihre erste »Wohnung« liegt in einem Keller. Kalt ist es dort, dunkel, feucht und sehr oft schimmelig. Aber immerhin haben sie ein Dach über dem Kopf, wenigstens landen sie nicht, wie viele andere, die in die wachsende Stadt strömen, auf der Straße. Trotzdem – für die Gesundheit, für die Lebenserwartung der Berliner ist solcher Wohnraum reines Gift.

Diesen Zusammenhang stellt der Arzt und Stadtverordnete Rudolf Virchow bereits im Kaiserreich fest: Krankheit und früher Tod seien sehr häufig die Folge miserabler Wohnungen. Virchow gelingt es, für Berlin unter anderem ein Kanalisationssystem und die zentrale Trinkwasserversorgung durchzusetzen. Die Alternative, die damals diskutiert wird, wäre die Abfuhr der menschlichen Exkremente mit Wagen gewesen – wie Viehmist – und deren Nutzung als Dünger. Was das für die Hygiene der Millionenstadt und den Geruchssinn ihrer Bürger bedeutet hätte, stellt man sich lieber nicht vor.

Dank Virchow sowie dem Stadtbaumeister James Hobrecht wird Berlin ab den 1870er Jahren zwar mit einer flächendeckenden Kanalisation und Trinkwasserversorgung ausgestattet, aber die Wohnungsnot bleibt in der Hauptstadt bis zum Ende der Weimarer Republik immer eines der drängendsten Probleme.

Allein im Jahr 1925 übernachten 1,2 Millionen Männer, 100 000 Frauen und sogar 1 500 Kinder in den Unterkünften des städtischen Obdachlosenasyls. Bereits in den Nachmittagsstunden bilden die Menschen lange Schlangen vor den Einrichtungen, um noch einen Platz für die Nacht zu ergattern. Beliebt sind die Unterkünfte nicht. In der Fröbelstraße in Prenzlauer Berg befinden sich

Menschenschlange vor »Fröbels Festsälen« im Berliner Bezirk Prenzlauer Berg (November 1924)

Die Suppenausgabe in »Fröbels Festsälen« (1930)

zum Beispiel »Fröbels Festsäle«, so der sarkastische Spitzname der Massenunterkunft. Ausgelegt für 4600 Bedürftige, finden hier bei großem Andrang auch 5000 Menschen Platz. Nachts haben die Obdachlosen zwar ein Dach über dem Kopf, aber während sie schlafen, kann niemand für ihre Gesundheit und Sicherheit garantieren. Sie stecken sich mit Tuberkulose an, fangen sich Läuse ein oder werden beklaut. Am nächsten Morgen müssen sie die Einrichtungen früh wieder verlassen, hoffentlich noch im Besitz ihrer wenigen Habseligkeiten.

Berlin wächst rasant: In den Jahren von 1920 bis 1930 nimmt die Bevölkerung um 450 000 Einwohner zu, nun leben hier 4,3 Millionen Menschen. Hunderttausende haben sich in die Hauptstadt aufgemacht, um Arbeit zu finden, vielleicht sogar eine Anstellung bei den großen Vorzeigebetrieben Borsig, Siemens oder AEG. Die Zuzügler treibt die Hoffnung, sich in der boomenden Stadt eine neue Existenz aufzubauen. Und wenn man in der Heimat vielleicht auf die schiefe Bahn geraten ist oder aus anderen Gründen seine Zelte dort abbrechen möchte, erscheinen die Möglichkeiten und Freiheiten der Großstadt umso verlockender.

Doch all diese Menschen müssen irgendwo wohnen. Und Wohnraum ist in Berlin ein extrem knappes Gut. Wenn ärmere Familien überhaupt eine Wohnung finden, leben sie meist dicht gedrängt in den engen, stickigen Mietskasernen, die rund um dunkle Hinterhöfe aufragen. Die Wohnungen selbst sind klein und bestehen in der Regel aus eineinhalb oder zwei Zimmern. Mehr als zwei Drittel der Berliner Wohnungen – knapp 900 000 – weisen diesen bescheidenen Grundriss auf.

Darin leben bis zu acht oder sogar noch mehr Menschen – in vielen Fällen trifft es das Wort »hausen« besser. Der Ofen in der »Küche« ist zugleich die Heizung, in der Regel gibt es nur ein Fenster. Die Betten – oder treffender »Schlafstätten« – werden von mehreren Menschen gleichzeitig genutzt, Klein und Groß schlafen nebeneinander, oft auch in Schichten, so begehrt sind die Schlafplätze.

Die sanitären und hygienischen Bedingungen sind als schlecht bis sehr schlecht einzustufen. Badezimmer gibt es nicht, Wasch-stellen müssen improvisiert werden. In der Regel handelt es sich dabei um eine Schüssel, hoffentlich ohne Schmutzrand, mit mehr oder weniger frischem Wasser und einem Handtuch. Die Gemein-schaftstoilette befindet sich im Hinterhof oder auf der halben Treppe im Flur.

Weil ärmere Familien sich selbst diese bescheidenen Wohnungen nicht leisten können, sind sie auf zusätzliches Geld angewiesen. Wohnungs- und Geldmangel führen dazu, dass sich die Unsitte der »Schlafburschen« in Berlin einbürgert. Stundenweise wer-den Schlafstätten an alleinstehende junge Männer vermietet, ihre Miete zahlen sie in bar oder in Naturalien. Diese fremden Männer werden notgedrungen mit den Kindern der berufstätigen Eltern allein gelassen, was immer wieder zu schrecklichen Missbrauchs-fällen führt.

Die Untermiete einzelner Zimmer in einer größeren Wohnung ist die sozial gehobenere Variante. Bei einer Wohnungszählung von 1927 ergibt sich, dass sich in den 1,2 Millionen Wohnungen der Stadt 1,3 Millionen Haushalte befinden. 100 000 Haushalte verfügen also über keinen eigenen Wohnraum, sondern sind Untermieter.

25 000 Familien, die keine Wohnung finden oder bezahlen können, behelfen sich mit dem Umbau von Gartenlauben in Wohnlauben. Weitere 20 000 Familien leben in Kellern, wie es auch die Familie von Heinrich Zille tun musste. Um der Obdachlosigkeit zu entgehen, ziehen einige Familien in Bretterverschläge, schäbige Provisorien, die an Hauswände und Kellereingänge angebaut werden.

Für Alleinstehende, Menschen mit geringem Einkommen, für Tagelöhner oder Arbeitslose ist eine eigene Wohnung so gut wie unerreichbar. Ein Zimmer zur Untermiete ist meist zu teuer, und

Auf so beengtem Raum mussten im Berlin der zwanziger und dreißiger Jahre viele Familien wohnen.

Schlafburschen-Plätze sind dünn gesät. Als Alternative zu den gefürchteten Obdachlosenasylen vermieten Privatleute in den finsteren Ecken Berlins nachts Strohsäcke in Kellern oder Dachgeschossen.

Eine bedrückende Schilderung dazu findet sich beim zeitgenössischen Autor Weka (Willy Pröger), in seinem Reportage-Buch »Stätten der Berliner Prostitution«. Bei seinen Recherchen im Milieu der Berliner Elendsprostituierten stößt er in einer Kneipe am Schlesischen Bahnhof auf einen alten Mann, der für 50 Pfennige Übernachtungsmöglichkeiten in den »elendsten Massenherbergen des Ostens« verkauft. Der Käufer erhält eine dreieckige Pappmarke, die zum Eintritt in die verschiedenen Quartiere berechtigt. Mithilfe der Pappmarken wird sichergestellt, dass sich die Einnahmen nicht in den Unterkünften ansammeln und die »Herbergsmutter« oder der »Herbergsvater« vor Ort nicht beklaut werden können.

Reporter Weka berichtet von einer Dachgeschossunterkunft im zweiten Hinterhof, die nur über eine wackelige Leiter zu erreichen ist. Die »Schlummermutter«, laut Wekas Beschreibung »klein, dick und schlampig«, prüft die Schlafmarken auf Echtheit, dann darf man sich im Dunkeln einen schmutzigen Strohsack in einem der beiden Männerzimmer aussuchen. Weka beschreibt einen ekelhaften Gestank, Gestöhne und Gehuste – und, soweit er es erkennen kann, vor allem viele abgerissene junge Männer, halbe Kinder noch. Einer verkauft vorm Einschlafen seine tagsüber erbettelten Stullen und Schrippen. Er wird sie alle los.

Nebenan in der Frauenabteilung sind elf Frauen und junge Mädchen untergebracht, die meisten von ihnen auffällig geschminkt, Prostituierte offensichtlich. Eine weint bitterlich, weil ihr »Bräutjam«, sprich Zuhälter, sie wegen fehlender Einnahmen geschlagen hat. Auch wenn sich der Wahrheitsgehalt von Wekas Reportagen heute nicht mehr genau überprüfen lässt, klingen seine detaillierten Beschreibungen doch plausibel: Ein Dachgeschoss nachts in der Nähe des Schlesischen Bahnhofs, eine illegale Massenunterkunft – das ist Berlin, ganz unten.

An dieser düsteren Wirklichkeit ändert auch die städtische Wohnungsbaupolitik nichts. Eine neu gegründete »Wohnungsfürsorgegesellschaft« soll dank der 1924 eingeführten Hauszinssteuer Gelder für gemeinnützige Wohnungsbauunternehmen zur Verfügung stellen. Deren Pläne klingen vielversprechend, ein Massenwohnungsbau, der die Lebensbedingungen der Menschen deutlich verbessern würde: Die neuen Wohnungen sollen mehr Licht und Luft hereinlassen, sie sollen nicht nur über ein Bad verfügen, sondern auch über einen Balkon und Fenster an gegenüberliegenden Seiten, um besser lüften zu können. Sogar an Zentralheizungen ist gedacht. Und weil viele Orte in Berlin sehr dicht bebaut sind, sollen die Wohngebiete mit Grünflächen aufgelockert werden.

Zwischen 1924 und 1931 entstehen so tatsächlich 140 000 neue Wohnungen – doch die Bevölkerungszahl steigt im Verhältnis noch stärker an, der Wohnungsbau kommt einfach nicht hinterher. 1929 sind 179 000 Wohnungssuchende bei der Stadt gemeldet. Zudem können sich die meisten der Arbeiter- und Angestelltenfamilien diese neuen Wohnungen gar nicht leisten, hier zieht die wohlhabendere Mittelschicht ein.

Aber warum gelingt es nicht, die Wohnungsnot der Hauptstadt trotz Wohnungsbauprogrammen nachhaltig zu lindern? Nach dem Krieg und in den Anfängen der Weimarer Republik herrscht zunächst Materialknappheit. Es fehlt schlicht an Baumaterial, sodass etwa ein Jahrzehnt lang die erforderlichen Instandsetzungen der Mietskasernen völlig vernachlässigt werden. Wenn überhaupt, werden nur die dringendsten Reparaturen vorgenommen.

Doch nicht nur die materiellen Voraussetzungen sind schlecht, es gibt auch bürokratische Hürden. Um ein neues Bauvorhaben in der Stadt zu genehmigen, müssen 26 Dienststellen tätig werden, stellt der damalige Architekt und Städtebauer Werner Hegemann 1930 in seinem Buch »Das steinerne Berlin. Geschichte der größten Mietskasernenstadt der Welt« fest. Und dieser irrwitzige Bürokratie-Aufwand soll durch ein neues Städtebau-Gesetz noch getoppt werden: Demnach sollen sich nun 40 Behörden am Baugenehmigungsprozess beteiligen. Für viele potenzielle Bauherren sind diese Hürden offenbar zu hoch. Hegemann kritisiert die Vorgaben und fordert einen modernen Städtebau – für Berlin bedeute es »das Zerbrechen selbstgebauter Särge«. Nach Warnungen seines Verlegers verlässt der Architekturkritiker 1933 Deutschland und lehrt fortan in New York Stadtplanung.

Die miserable Wohnungssituation trägt auch mit zur politischen Radikalisierung vieler Menschen bei. Vor allem ab der Weltwirtschaftskrise 1929 entladen sich in den Berliner Arbeitervierteln Demonstrationen, Mieterstreiks und spontane Proteste. Auslöser ist sozialer Unmut: darüber, dass sich an den schwierigen Lebensverhältnissen für Zigtausende Menschen einfach nichts zum Besseren ändert.

»DER FEIND STEHT RECHTS!«:
ATTENTATE AUF POLITIKER

Auf gleich drei deutsche Spitzenpolitiker werden zwischen Sommer 1921 und Sommer 1922 Anschläge verübt. Zwei der Männer – Matthias Erzberger und Walther Rathenau – sterben dabei, Philipp Scheidemann überlebt schwerverletzt. Der Hintergrund ist bei allen Attentaten gleich: Rechtsgerichtete Terrorgruppen wollen die Republik angreifen. Das demokratische System soll ausgehebelt, der Reichstag entmachtet und stattdessen eine Militärdiktatur errichtet werden. Unter einer neuen Regierung soll dann der verhasste Versailler Vertrag aufgekündigt werden.

Schon ab 1920 gründen sich deutschlandweit einzelne rechte Verbände, drei Jahre später schließen sie sich zur »Schwarzen Reichswehr« zusammen und koordinieren ihre konterrevolutionären Aktivitäten in aller Brutalität. Was diese rechten Terrorgruppen so gefährlich macht, sind ihre militärische Erfahrung aus dem Ersten Weltkrieg und ihre Nähe zur Reichswehr. Etliche Armeeangehörige sympathisieren mit den illegalen paramilitärischen Verbänden und

74

unterstützen sie insgeheim mit Waffen, Munition und Geld. In Bayern gehört ein gewisser Adolf Hitler mit seiner NSDAP zu den Aktiven.

Die mörderischste dieser terroristischen Vereinigungen ist die »Organisation Consul«. Historiker gehen davon aus, dass alle drei der tödlichen Attentate auf die Spitzenpolitiker der Weimarer Republik auf ihr Konto gehen.

Der erste überregionale Anschlag der Organisation Consul richtet sich gegen einen ehemaligen Abgeordneten der Weimarer Nationalversammlung, Matthias Erzberger. Erzberger unterzeichnet 1918 das Waffenstillstandsabkommen, das den Ersten Weltkrieg formell beendet. Seitdem ist der Zentrums-Politiker bei den Rechten verhasst, die offen gegen ihn als »Erfüllungspolitiker« hetzen. 1920 wird er beim Verlassen des Gerichts in Moabit von einem ehemaligen Fähnrich an der Schulter angeschossen. Von dem Angriff zeigt sich Erzberger tief schockiert. Seiner Tochter Maria vertraut er an: »Die Kugel, die mich treffen soll, ist schon gegossen.«

Am 26. August 1921 treffen ihn diese Kugeln dann tatsächlich. Erzberger ist im Urlaub im Schwarzwald, beim Spaziergang mit einem Parteifreund. Zwei ehemalige Marineoffiziere feuern sechs Mal auf den 46-Jährigen, der verletzt eine Böschung hinunterstürzt. Dort schießen die Männer aus nächster Nähe noch zwei Mal in seinen Kopf. Auch Erzbergers Begleiter wird bei dem Anschlag schwer verletzt. Die Attentäter, die der Organisation Consul angehören, können ins Ausland flüchten. 1933 werden sie von den Nationalsozialisten amnestiert, die die Strafen für Verbrechen beim Aufbau des Nationalsozialismus kurzerhand aufheben, und kehren aus Spanien nach Deutschland zurück.

Ein Jahr nach dem tödlichen Anschlag auf Matthias Erzberger soll es den Mann treffen, der am 9. November 1918 von einem Fenster des Reichstagsgebäudes aus das Ende des Deutschen Kaiserreichs verkündete und die Republik ausrief: Philipp Scheidemann. Seit diesem geschichtsträchtigen Akt ist der SPD-Politiker allen rechtsgerichteten Gegnern der Weimarer Republik ein Dorn im Auge.

Nach seinem Rücktritt als Reichsministerpräsident wird Scheidemann 1919 Oberbürgermeister in seiner Heimatstadt Kassel. Am Pfingstsonntag, den 4. Juni 1922, geht er dort mit seiner Tochter spazieren. Infolge von Morddrohungen und Hakenkreuzschmierereien an seinem Haus trägt er bei Spaziergängen immer eine Waffe bei sich, um sich gegen mögliche Angreifer verteidigen zu können. Doch die beiden Männer, die Scheidemann angreifen, sind schneller – und spritzen dem 57-Jährigen Blausäure ins Gesicht. Nur dank des frischen Windes, der an diesem Tag weht, gerät das tödliche Gift nicht in Mund und Nase. Scheidemann trägt lediglich Verätzungen und einen Schock davon. Die Täter, die ebenfalls der Organisation Consul angehören, werden gefasst und zu hohen Haftstrafen verurteilt.

Matthias Erzberger (1919)

Philipp Scheidemann (ca. 1918)   Walther Rathenau (1921)

Nur knapp drei Wochen nach dem Angriff auf Scheidemann, am 24. Juni, schlägt die Terrororganisation in der Hauptstadt zu. Außenminister Walther Rathenau muss an diesem Samstagvormittag arbeiten und ist auf dem Weg ins Ministerium. Als liberalem Politiker jüdischer Herkunft ist Rathenau die Gefahr bewusst, dass er ein mögliches Ziel für einen Terroranschlag ist. Die nationalistische Presse hat bereits offen zum Mord an ihm aufgerufen. Trotzdem lehnt Rathenau jede Form von Sicherheitsmaßnahmen ab, sein Wagen ist ohne Polizeischutz unterwegs.

Auf der Fahrt ins Ministerium bemerken offenbar weder der Außenminister noch sein Chauffeur ein Auto, das ihnen im Ortsteil Grunewald folgt. In einer Kurve überholt der fremde Wagen, dann rattert vom Rücksitz aus ein Maschinengewehr los und eine Handgranate wird ins Auto geworfen. Rathenau stirbt an seinen Verletzungen. Die Polizei schließt auch bei diesem Attentat sofort auf die Organisation Consul als Anschlagsplaner und Tätergruppe. Doch die Hintermänner bleiben im Dunkeln, nur einige Helfer werden erwischt. Einer begeht Selbstmord.

Die Nachricht vom Tod Walther Rathenaus schlägt ein wie eine Bombe. Im Reichstag brechen Tumulte aus. 20 Minuten dauert es, bis die »Mörder, Mörder«-Rufe gegen die deutschnationalen Politiker, die Rathenau noch tags zuvor scharf angegriffen haben, verstummen. Reichskanzler Joseph Wirth vom Zentrum kündigt an, scharf gegen die rechten Gruppierungen vorzugehen, und erntet tosenden Beifall von Linken, Demokraten und Zentrumspolitikern. Das halbe Haus erhebt sich und donnert drei Mal: »Es lebe die Republik!«

Am Folgetag wird eine Sondersitzung des Reichstages einberufen, und es ist erneut Wirth, der unter stürmischem Beifall eine mitreißende Rede hält: »Da steht der Feind, der sein Gift in die Wunden eines Volkes träufelt. – Da steht der Feind – und

Staatsakt für Walther Rathenau: Aufbahrung des Sargs im Reichstag vor der Beisetzung (12. Juli 1922)

darüber ist kein Zweifel: dieser Feind steht rechts!« Doch auch mit diesen Worten gelingt es dem Reichskanzler nicht, die demokratischen Parteien langfristig gegen rechts zu einen. Das Parlament bleibt gespalten.

Der Mord an Rathenau rüttelt viele Menschen auf, trotz der Sorgen und Nöte, mit denen sie in dieser Zeit zu kämpfen haben, mit Nachkriegswirren, Elend und Inflation. Millionen Deutsche demonstrieren auf Protestkundgebungen und Trauermärschen und bezeugen so eindrucksvoll, dass sie den Terror von rechts ablehnen. Die Attentäter der Organisation Consul hatten gehofft, mit ihren Anschlägen einen Bürgerkrieg entfachen zu können, doch der bleibt aus.

Die drei Politiker sind die prominentesten Anschlagsopfer der rechtsextremen Terroristen. Bis 1924 fallen insgesamt fast 400 politische Gegner rechtsradikalen und nationalsozialistischen Attentaten zum Opfer. Die Täter stammen aus den Reihen der Organisation Consul, aber auch anderen rechten Vereinigungen wie der Schwarzen Reichswehr, dem Bund Wiking, der Sturmabteilung Roßbach und der bayerischen Einwohnerwehr.

Kritiker werfen den Ermittlungsbehörden und der Justiz schon damals vor, »auf dem rechten Auge blind« zu sein: Linksextremisten, die im gleichen Zeitraum 22 Morde begehen, werden ungleich stärker verfolgt – und die Urteile der Richter sind weitaus unnachgiebiger.

DIE »SCHWARZE REICHSWEHR«:
EINE MÖRDERISCHE ORGANISATION
PLANT DEN UMSTURZ

Während der Geburtswehen der Weimarer Republik, der Zeit der politischen Anschläge, hat sich im Verborgenen eine mächtige Geheimbundorganisation entwickelt: die »Schwarze Reichswehr«. Ihre Mitglieder sind bestens vernetzt und hegen dunkle Pläne für die junge Demokratie, bei denen sie insgeheim vom regulären Militär, der Reichswehr, unterstützt werden.

Zu ihrer großen Schmach ist die Reichswehr durch den Versailler Vertrag auf eine »ungefährliche« Größe zurechtgestutzt worden: Nur noch 100 000 Mann mit begrenzter Ausrüstung dürfen Deutschland verteidigen. Doch die republikfeindlichen Militärs hintertreiben die Regelungen der Siegermächte von Anfang an.

Die Schwarze Reichswehr besteht im Kern aus einem sogenannten Arbeitskommando unter Major Bruno Buchrucker und Oberleutnant Paul Schulz, die nach dem Krieg offiziell den Auftrag haben, in Deutschland verstreutes, oft in Privatbesitz befindliches Waffenmaterial einzusammeln. Doch auch andere rechtsextreme Gruppen wie die Sturmabteilung (SA) der Nationalsozialisten, die »Brigade Ehrhardt«, die »Organisation Consul« oder der »Stahlhelm« müssen zur Schwarzen Reichswehr gerechnet werden. Ziel der geheimen Militäreinheit ist es nicht nur, gegen äußere Feinde bereitzustehen, sondern vor allem sollen »innere Feinde« – also Kommunisten und Sozialisten – bekämpft werden.

Nachdem die italienischen Faschisten unter Benito Mussolini 1922 mit dem sogenannten Marsch auf Rom die Machtübernahme erzwungen haben, plant die Schwarze Reichswehr einen »Marsch auf Berlin« – mit dem gleichen Ziel. Das Regierungsviertel soll besetzt und die Regierung gestürzt werden. Von Spezialkommandos sollen die demokratischen Regierungsmitglieder nachts aus ihren Betten geholt und unverzüglich exekutiert werden, nur der Stadtkommandant soll überleben. Der von langer Hand vorbereitete Staatsstreich soll Ende September 1923

Während des Kapp-Putsches in Berlin: Korvettenkapitän Hermann Ehrhardt bei der Abnahme eines Vorbeimarsches der »Brigade Ehrhardt« (März 1920)

stattfinden, die Hauptstadt zu diesem Zeitpunkt von Truppen der Schwarzen Reichswehr umstellt sein.

Zum Auftakt sollen die Börse gesprengt und, wie beim Mord an Außenminister Walther Rathenau, Regierungsmitglieder getötet werden. Mit einbezogen in die Umsturzpläne wird auch die Hitler-Bewegung in Bayern. Ziel ist die Errichtung einer rechtsgerichteten Militärdiktatur, wie es Mussolini in Italien plant.

Wie konnten diese Pläne so weit reifen, wie konnte eine so große paramilitärische Organisation im entmilitarisierten Deutschland entstehen? Wo kommen die Tausenden Männer her, die sich den Freikorps anschließen, um die Demokratie zu bekämpfen?

Die meisten von ihnen sind im Weltkrieg junge Soldaten gewesen, das Frontgeschehen ist die Schlüsselerfahrung ihres Lebens. Sie haben die Hölle des Gas- und Granatenkriegs erlebt, ihre Kameraden sterben sehen und sind Teil einer Männergemeinschaft gewesen, der sie ihr Leben anvertrauen mussten. Ohne Ausbildung oder Beruf gelingt ihnen nach Kriegsende der Sprung ins Zivilleben nicht, ein Leben, das sie oft noch gar nicht kennengelernt haben. Als Soldaten in den Freikorps ist ihre Existenz gesichert: Es gibt warme Mahlzeiten, Kleidung, Lederstiefel, eine Unterkunft. Und die vertraute Gemeinschaft der Kameraden.

Geführt werden die Verbände von ehemaligen Frontoffizieren, die sich weder mit dem verlorenen Krieg noch mit der entstandenen Republik abfinden können. So wie große Teile der Arbeiterschaft Kaisertum und Militär für den mörderischen Krieg verantwortlich halten, schieben die Frontoffiziere die Schuld am Kriegsausgang den streikenden Arbeitern und Soldaten zu. Beide Gruppen stehen sich unversöhnlich gegenüber und machen die jeweils andere für das eigene Schicksal verantwortlich, wie der Historiker Bernhard Sauer in seinem Werk über die Schwarze Reichswehr schreibt.

Später treten bei vielen Mitgliedern der Freikorps noch stark antisemitisch gefärbte Verschwörungstheorien hinzu, die erklären sollen, warum die »im Felde unbesiegte« Reichswehr den Krieg verloren hat: Die Juden hätten mit ihrer Hetze gegen alles Deutsche den Siegeswillen im Krieg geschwächt, und die nach der »jüdischen Revolution« entstandene »Judenrepublik« müsse daher aktiv bekämpft werden.

Die politische Haltung der Freikorpsmitglieder lässt sich vor allem mit drei Schlagworten umreißen, unter denen sich alle – von der Organisation Consul über die Schwarze Reichswehr bis zu Hitlers Nationalsozialisten – damals vereinten: »Novemberverbrecher«, »Erfüllungspolitiker« und »Dolchstoßlegende«. Mit diesen rechten Kampfbegriffen sollte die Geschichte propagandistisch umgedeutet werden: Im November 1918 habe die revolutionäre Linke in der Heimat dem »unbesiegten deutschen Heer den Dolch in den Rücken gestoßen«. Die Sozialdemokraten hätten »ohne Not bedingungslos kapituliert« und gemeinsam mit anderen »Erfüllungspolitikern« in der Weimarer Koalition den »Versailler Diktat-Frieden« mit der alleinigen Kriegsschuld, den Reparationszahlungen und Gebietsabtretungen unterzeichnet. Gegen diese Schande müsse man ankämpfen.

Doch gekämpft wird nicht nur gegen einen Feind von außen, auch innerhalb der Freikorps herrscht eine extreme Brutalität. In den Reihen der Schwarzen Reichswehr sind auffallend viele Kriminelle zu finden, wobei Betrug und Diebstahl noch zu den harmlosen Delikten gehören. Der Krieg und die Nachkriegskämpfe haben die Mitglieder der Organisation hart gemacht, schreibt Historiker Sauer.

Angebliche oder vermeintliche Verräter werden in den geheimen Gruppen kurzerhand getötet. Weil die Schwarze Reichswehr außerhalb der Legalität operiert, unterstehen ihre Mitglieder einer Art innerer Gerichtsbarkeit. Ermittlungen, Beweise oder Gerichtsverfahren sind in dieser Gerichtsbarkeit nicht vorgesehen – schon ein Gerücht über einen möglichen Verrat reicht aus, um von den eigenen Kameraden umgebracht zu werden. Hinterrücks, ohne die Chance, sich zu den Vorwürfen zu erklären, seien diese auch noch so absurd. Diese brutale Strafgewalt erzeugt eine Atmosphäre der permanenten Angst und des tiefen Misstrauens: Jeder konnte der Nächste sein, der einem Gerücht zum Opfer fällt. Eine dauernde Hab-Acht-Stellung unter den Männern ist die Folge.

Die Öffentlichkeit erfährt 1925 von den Fememorden, die sich in diesen Geheimorganisationen ereignen. Ein ehemaliger Offizier der Schwarzen Reichswehr, Carl Mertens, macht anonym 28 der Todesfälle und ihre Hintergründe öffentlich. Mertens verfasst ein Manuskript mit dem Titel »Hinter den Kulissen der Vaterländischen Verbände«, das die Wochenzeitung »Die Weltbühne« veröffentlicht, und nennt darin Täter und Opfer. Die Politische Polizei in Berlin richtet daraufhin ein Sonderdezernat ein, ermittelt gegen die genannten Täter und ruft sie zur Fahndung aus. Zunächst hält die Mauer des Schweigens in der klandestinen Gemeinschaft. Doch dann will ein Zeuge nicht mehr länger schweigen.

Eines der Opfer ist Paul Gröschke, der von seinen Kameraden systematisch gefoltert wird, bis er schließlich halb ohnmächtig in einem Auto bestialisch getötet wird. Als Zeuge wird dazu ein gewisser Wilhelm von Albert aus dem Führungsstab der Schwarzen Reichswehr befragt. Der Mann entpuppt sich als Glücksfall – er packt vor den Ermittlern aus. Wilhelm von Albert berichtet freimütig über die »höheren« Ziele der Schwarzen Reichswehr: Attentate auf Regierungsmitglieder, Ausschaltung des Parlamentarismus und Errichtung einer Militärdiktatur. Allerhöchster Landesverrat also.

Entsprechende Flugblätter an die Bevölkerung seien auch bereits gedruckt worden. »Die Regierung Ebert ist gestürzt! Wir haben die Regierung übernommen. Sämtliche Streitkräfte zu Wasser und zu Lande sowie sämtliche Behörden haben sich uns unterstellt!« Die Pläne sind so weit gediehen, dass auch die Einsätze zur Besetzung der Post, der Eisenbahn, des Polizeipräsidiums und sämtlicher Zeitungen bereits festgelegt sind. In Norddeutschland und in Bayern soll gleichzeitig losgeschlagen werden. Unterzeichner und Befürworter des Versailler Vertrags sollen »um die Ecke gebracht« werden, darunter auch der preußische Innenminister Carl Severing. Mit Beginn des Umsturzes sei außerdem eine Lebensmittelsperre für Berlin zu verhängen.

Laut Zeugenaussagen sind diese Pläne oder Teile davon zahlreichen Mitgliedern der Schwarzen Reichswehr bekannt gewesen. Zur Vorbereitung des Umsturzes hat der militärische Geheimbund bereits im ganzen Land Verbindung zu allen maßgeblichen rechten Organisationen aufgenommen: zur Deutschvölkischen Freiheitspartei, zum Alldeutschen Verband, zum Wikingbund, zu den Ehrhardt'schen Kampfverbänden und zur NSDAP in Bayern.

So ist aus der Schwarzen Reichswehr ein brandgefährliches und regional bestens vernetztes, großdeutsches Sammelbecken rechtsextremer Umstürzler geworden. Gescheitert ist der Putsch letztlich an einem übereifrigen Adolf Hitler in Bayern, der schon vor dem unmittelbar geplanten »Marsch auf Berlin« in München

Putsch-Versuch in München: Ein Stoßtrupp Hitlers verhaftet sozialistische Stadträte (9. November 1923).

eigenmächtig und vorschnell zu Massenveranstaltungen aufruft. Daraufhin wird erst in Bayern und dann im Reich der Ausnahmezustand ausgerufen, was bedeutet, dass die Reichswehr die vollziehende Gewalt im Land übernimmt. Damit hätte die Schwarze Reichswehr plötzlich gegen das reguläre Militär putschen müssen – der Umsturz wird abgesagt.

Mit dem »Marsch auf die Feldherrnhalle« organisiert Hitler daraufhin seinen eigenen Putsch in München, der gründlich misslingt und 20 Menschen das Leben kostet. Die NSDAP wird im Anschluss im ganzen Deutschen Reich verboten. Hitler kommt wegen Hochverrats vor Gericht und wird zu fünf Jahren Festungshaft verurteilt. Während seiner Haft, aus der er wegen »guter Führung« bereits nach sechs Monaten entlassen wird, schreibt er sein Traktat »Mein Kampf«.

Wie ein Blick auf das Ende der Weimarer Republik 1933 beweist, ist die Gefahr einer Machtübernahme von rechts damit nicht gebannt. Vielmehr sind der geplatzte Umsturz der Schwarzen Reichswehr, die politischen Morde der Organisation Consul und auch der Hitler-Putsch von 1923 so etwas wie Auftaktveranstaltungen für die immer stärker werdenden Faschisten. Aus dem Personal und dem Geist der Freikorps, der Geheimbünde und der Schwarzen Reichswehr rekrutieren sich später SA und SS. Die Ermittlungsbehörden und die Justiz haben die zersetzende Gefahr dieser republikfeindlichen Organisationen nicht rechtzeitig erkannt, oft nicht erkennen wollen – und auch nicht gebannt. Auf dem rechten Auge ist die Weimarer Justiz blind.

KARL FRIEDRICH BERNOTAT:
EIN BÜCHERBESESSENER MEISTERDIEB

Der Fall von Karl Friedrich Bernotat beschäftigt Polizei und Öffentlichkeit ab 1922 bis tief in die Zeit der Nazi-Diktatur hinein. Vor der Gerissenheit und dem Einfallsreichtum des erfolgreichen Geschäftsmannes mit dem Nebenjob »Meisterdieb« ziehen die Berliner damals ihren Hut. Der höfliche, gebildete und charmante Mann mit dem lichten Deckhaar erwirbt sich den Titel »Gentleman-Verbrecher« – seine Taten begeht er mit Stil und Raffinesse. Brutalität ist seine Sache nicht.

Vom an sich wohlgeordneten Lebensweg bringt ihn eine scheinbar unbezwingbare Leidenschaft ab: Er ist versessen auf wertvolle Bücher. Antiquarische Schätze, seltene Erstausgaben, dicke Ledereinbände, wertvolle Goldschnitte: Bernotat muss diese kostbaren Werke einfach besitzen. Dafür ist er bereit, ein Vermögen auszugeben – und wollen die Besitzer trotzdem nicht verkaufen, dann ist er eben bereit zu stehlen.

1922 wird die Polizei zu einem Juwelendiebstahl in einer Berliner

Pension gerufen. Der Fall ist pikant, denn in dieser Pension nehmen eher selten Touristen oder Handelsvertreter auf der Durchreise Quartier – das Gästehaus gilt als diskrete Adresse für Berliner Pärchen, die nicht miteinander verheiratet sind. *Der* Treffpunkt für heimliche Liebespaare. Die außerehelichen Schäferstündchen sind glücklicherweise nicht strafbar, aber die Polizei muss in Sachen Juwelendiebstahl natürlich trotzdem alle Anwesenden überprüfen, Kavaliere wie Geliebte.

Eine Angestellte der Pension belastet dabei einen Gast namens Karl Friedrich Bernotat. Der damals 35-Jährige hat sich dort mit einer unbekannten Schönen getroffen, und das wohl nicht zum ersten Mal. Die Mitarbeiterin jedenfalls bezichtigt Bernotat vor den Beamten, ihrer früheren »Herrschaft« vor längerer Zeit einen teuren Pelzmantel gestohlen zu haben.

Nun muss Herr Bernotat mit aufs Präsidium. Hier kann er offenbar glaubwürdig vortragen, dass er nichts mit dem begangenen Diebstahl zu tun hat. Der von der Zeugin ausgesprochene Verdacht erweist sich als haltlos für die ermittelnden Beamten, es müsse wohl eine Verwechslung vorliegen. Und in eheliche Schwierigkeiten möchte man den Herrn wegen seines Aufenthaltes in dem Haus für diskrete Stelldicheins natürlich auch nicht bringen, so von Mann zu Mann.

Denn der Herr ist nicht irgendwer: Karl Friedrich Bernotat ist ein äußerst erfolgreicher Automobilhändler, der den Titel »Direktor« führt. Er importiert Autos für seine Kunden nach Deutschland und verkauft inländische Fabrikate in die Nachbarländer. Zusätzlich handelt er mit Automobilzubehör und Ersatzteilen. Er verfügt über ein glänzendes Einkommen und hat es als Kaufmann zu deutlich mehr als nur respektablem Wohlstand gebracht.

Verheiratet ist er mit einer schönen Frau, ihre elegant möblierte Acht-Zimmer-Wohnung liegt im Ortsteil Halensee. An Geld scheint es nicht zu mangeln: Bernotat besitzt sogar einen eigenen Rennstall! Nachdem der auch außerehelich interessierte Herr Direktor

Karl Friedrich Bernotat im Einspänner (1923)

der Polizei nun bereitwillig all ihre Fragen beantwortet hat, besteht er auf seine sofortige Entlassung.

Während der Befragung werden an Bernotat unauffällig eine Reihe von Kriminalbeamten vorbeigeführt, doch niemandem fällt etwas auf. Nur einem Beamten kommt das Gesicht irgendwie bekannt vor, er kann es jedoch nicht zuordnen. Seine Beobachtung teilt dieser Beamte Kriminalkommissar Gennat mit. Der berühmte Kommissar wirft nun lieber auch noch selbst einen Blick auf den Mann im Vernehmungszimmer. Nein, den kennt auch Gennat nicht.

Aber irgendetwas hat den berüchtigten Spürsinn des Kommissars angeknipst, irgendetwas sagt ihm, dass er an Bernotat dranbleiben muss. Er beginnt, seine eigenen Nachforschungen anzustellen. Nicht, dass er den Kollegen nicht vertraut … Aber sicher ist sicher!

Und so durchforstet Gennat zunächst die Haftbücher des Polizeipräsidiums. Darin werden alle Menschen erfasst, die schon einmal in kriminalpolizeilichem Gewahrsam waren. Er blättert sorgfältig alle Seiten durch, überprüft jeden Eintrag. Dann fällt ihm etwas auf: Eine der Seiten in der Kladde ist offensichtlich manipuliert worden. Ein Eintrag wurde herausgeschnitten, das fehlende Papier sorgfältig durch ein anderes Stück ersetzt.

Gennat ist erschüttert. In seiner Kriminalpolizei, unter seinen Mitarbeitern ist also offensichtlich jemand, der die Arbeit der Verbrechensbekämpfer untergräbt. Und der wahrscheinlich mit Verbrechern zusammenarbeitet!

Wie elektrisiert läuft der Kommissar zum Erkennungsdienst. Hier werden die Karteikarten mit Fingerabdrücken und Fotos der Tatverdächtigen aufbewahrt, den berühmten Porträtaufnahmen, die die Person von vorne, von beiden Seiten und in voller Größe zeigen. Akribisch beginnt Gennat, die Karteikarten zu durchsuchen. Dutzende Gesichter scannt er blitzschnell, viele der Abgebildeten kennt er persönlich. Wieder macht ihn ein Blatt stutzig. Ein Papier ist darüber aufgeklebt, »Verstorben!« steht darauf zu lesen. Wie vorsorglich! Gennat nimmt das Papier vorsichtig ab. Auf dem Foto sieht ihn Karl Friedrich Bernotat an.

Jetzt weiß der Kommissar ganz sicher: Es gibt einen Maulwurf in den eigenen Reihen, einen, der mit einem Verbrecher gemeinsame Sache macht. Diese Person muss unbedingt enttarnt und aus dem Dienst entfernt werden, das hat allerhöchste Priorität. Nur, wer ist es? Möglicherweise kann der nunmehr höchst verdächtige Bernotat die richtige Spur zum faulen Apfel weisen. Das Polizeipräsidium darf er nun natürlich nicht mehr verlassen.

Ein Durchsuchungsbefehl für Bernotats Wohnung wird ausgestellt. Die dort eintreffenden Beamten sind beeindruckt von den herrschaftlich eingerichteten Räumen: Sie finden wertvolle Teppiche, erlesene Kunst und Gemälde, Pelze, Schmuck, Edelsteine ... Doch vieles davon scheint Diebesgut zu sein, stellen die Ermittler fest. Erbeutet bei Einbrüchen in Botschaften, Hotelzimmer oder Villen.

Offensichtlich ist Herr Direktor Bernotat, der vornehme Autohändler, ein Meisterdieb. Aber was ist das Motiv, für einen Menschen der oberen Zehntausend? Materiell geht es ihm doch glänzend. Gennat sieht sich nochmals in der Wohnung um. Ihm fällt die prachtvolle Bibliothek auf. Bis zur Decke reichen die Regale, vollgestellt mit Büchern. Bei näherem Hinsehen begreift er: Das sind keine gewöhnlichen Bücher, es sind Bücherschätze. Seltene Erstausgaben, Raritäten, Sonderausgaben, goldverziert und in schweres Leder gebunden – die gesamte Kunst des Buchdrucks muss wohl in dieser privaten Bibliothek zu finden sein. Unschätzbar wertvoll.

Ist der distinguierte Herr Direktor ein Büchernarr, ein so leidenschaftlicher Sammler, dass er für diese kostspielige Sucht bereitwillig Gesetze bricht und Einbrüche und Diebstähle begeht? Für Gennat scheint das die einzig logische Erklärung zu sein: Bernotat ist ein Bibliomane.

Als die Staatsanwaltschaft für den kommenden Prozess, der am 2. August 1922 beginnen soll, die Beweise zusammentrage will, kommt es erneut zu einer schwerwiegenden Manipulation: Von einem Tag auf den anderen verschwinden sämtliche Ermittlungsunterlagen zu dem Fall. Sie sind einfach weg. Nicht mehr auffindbar. Alles muss von den Beamten nun mühselig noch einmal neu zusammengetragen und ermittelt werden, der Termin für den Prozessauftakt ist nicht mehr zu halten. Und alle Beteiligten wissen: Irgendwo im Präsidium hat sich jemand mit dem mutmaßlichen Verbrecher verbündet und arbeitet gegen Polizei und Staatsanwaltschaft.

Gennat hält dieses Verbrechen innerhalb der Polizeibehörde für weitaus gefährlicher als den eigentlichen Täter, schürt die Sabotage doch das Misstrauen in den eigenen Reihen und macht die Kriminalisten zum Gespött der Stadt. Und noch dazu geht der Unbekannte bei seiner zersetzenden Arbeit so geschickt vor, dass er nicht zu ermitteln ist. Doch die Enttarnung des Saboteurs ist nur eine Frage der Zeit, hofft Gennat.

Während die internen Ermittlungen auf Hochtouren laufen und die Staatsanwaltschaft einen neuen Prozesstermin vorbereitet, nimmt der Fall eine noch dreistere Wendung: Der Angeklagte türmt aus der Untersuchungshaft. Bernotat hat allerdings weder Gitterstäbe durchgesägt oder ist versteckt im Wäschewagen verschwunden, noch haben ihm Justizbeamte heimlich die Zelle aufgeschlossen. Es ist viel brillanter.

Bernotat ist einfach am helllichten Tage zur Tür hinausspaziert. Wie das? Ein Anwalt hatte um Erlaubnis gebeten, mit dem Häftling zu sprechen. Das Treffen wurde bewilligt, ohne dass jemand den Namen des angeblichen Anwalts überprüft hätte. Wie sich später herausstellt, arbeitet der angebliche Anwalt als Bernotats Sekretär und steht seinem Chef offenbar nicht nur bei legalen Tätigkeiten zu Diensten. Nach dem vermeintlichen Anwaltsgespräch im Gefängnis verlässt der Herr dann das Gelände in Begleitung eines weiteren Mannes in Anwaltsrobe. Angeblich hat man sich mit dem Wachpersonal noch höflich gegrüßt. So einfach, so genial!

Die Berliner amüsieren sich sehr über diesen trickreichen Ausbruch des Meisterdiebs, doch für Kriminalkommissar Gennat ist das Entkommen des Gefangenen eine Katastrophe. Nicht nur, weil sich Polizei und Justiz lächerlich gemacht haben, sondern weil nun die Suche nach dem Verräter in den eigenen Reihen erheblich erschwert wird. Er überlegt: Bernotat ist auf der Flucht, sein Gesicht ist bekannt, er ist mittellos. Er wird das tun, was er offen-

Karl Friedrich Bernotat

sichtlich meisterhaft kann: Er wird weiter Einbrüche verüben, um sich über Wasser zu halten. In Berlin dürfte das Pflaster dafür zu heiß sein, er wird reisen müssen.

Von da an lässt sich Gennat von den Polizeidienststellen deutschlandweit über Einbrüche informieren. Er wird den gewieften Verbrecher an seiner Tat und der Art ihrer Ausführung erkennen, davon ist der Kommissar überzeugt. Und tatsächlich werden ihm schon bald raffinierte Hoteldiebstähle gemeldet, zuerst aus Köln, dann aus Frankfurt und zuletzt aus Wiesbaden. »Das ist mein Mann!«, denkt Gennat. Beim Einbruch in das Wiesbadener Palast-Hotel wird zunächst Bernotats Sekretär, sein Fluchthelfer, gefasst, der bei der Vernehmung das Versteck seines Arbeitgebers preisgibt. Als die Polizei Bernotat daraufhin in seinem Hotelzimmer verhaften will, versucht sich der Meisterdieb mit einem verzweifelten Sprung aus dem Fenster im zweiten Stock zu retten. Doch mit gebrochenem Bein kommt er nicht weit und wird festgenommen.

Nachdem er Bernotat nun wieder in Gewahrsam hat, will Kommissar Gennat von ihm erfahren, wer der Saboteur in den eigenen Reihen ist. Doch wie kann er ihm das Geheimnis entlocken? Wo ist er angreifbar? Was lässt ihn unvorsichtig werden? Der Kommissar lässt die unschuldige Ehefrau des Meisterdiebs festnehmen, angeblich, weil sie Mittäterin ist. Nun sitzt also auch die geliebte Ehefrau des Gentleman-Verbrechers im Knast. Offensichtlich will der Kommissar Bernotat durch die Verhaftung seiner Frau so unter Druck setzen, dass Bernotat ihr gegenüber seinen Helfershelfer erwähnt. Großzügig wird dem Paar also eine Unterredung gewährt, das Wachpersonal sieht beim ehelichen Wiedersehen ganz bewusst nicht so genau hin. Bernotat steckt seiner Frau dabei heimlich eine Nachricht zu. Dieser Zettel enthüllt endlich, wer der Verräter in den eigenen Reihen ist: ein Kriminalwachtmeister aus dem Erkennungsdienst.

Im Januar 1923 beginnt der mit Spannung erwartete Prozess gegen den bücherbesessenen Meisterdieb. Bernotats Verteidiger ist der inzwischen berühmte Anwalt mit dem Monokel, Erich Frey. Wegen des großen Publikumsandrangs muss der Gerichtssaal teilweise wegen Überfüllung geschlossen werden. Der Angeklagte pokert hoch: Statt seine Taten einzuräumen, wie mit seinem Verteidiger zuvor besprochen, leugnet er zunächst, in der verzweifelten Hoffnung, die Beweise gegen ihn würden schon nicht ausreichen. Als er seinen Irrtum bemerkt und sich doch noch schuldig bekennt, ist es für Milde des Gerichts zu spät – Bernotat muss für zehn Jahre ins Zuchthaus.

Doch durch die lange Haft wird er nicht geläutert: Nach seiner Freilassung packt Bernotat erneut die Leidenschaft für wertvolle Bücher, wieder geht er auf Diebestour, um seiner Sucht zu frönen, wieder wird er gefasst. 1937 verurteilt ihn die Justiz zu vier Jahren Zuchthaus mit anschließender Sicherungsverwahrung – ein Urteil, das viele Gefangene unter der Herrschaft der Nationalsozialisten nicht überleben. Auch Karl Friedrich Bernotat wird 1943 »auf der Flucht« erschossen.

TEIL II

WILDE NÄCHTE, KRUMME GESCHÄFTE – DIE GOLDENEN ZWANZIGER JAHRE

Die Währungsreform beendet die Inflation, und in ganz Deutschland setzt der sehnlich erwartete wirtschaftliche Aufschwung ein. Eine Blütezeit der deutschen Kunst, Kultur und Wissenschaft bricht an, ihr Zentrum liegt in Berlin. Hunderte Nachtlokale schießen aus dem Boden, von der Kaschemme bis zum kristalllüsternen Tanzpalast. Das Liebesleben wird enttabuisiert. Vor allem junge Menschen feiern ihre neu gewonnene Freiheit: Berlin gilt als die Stadt mit dem verruchtesten Nachtleben der Welt.

Doch nachts gehen nicht nur bürgerliche Amüsierwillige aus, auch Verbrechersyndikate sind aktiv. Sie erpressen Schutzgeld, schicken Frauen auf den Strich, begehen Einbrüche und Raubüberfälle und versorgen die Stadt mit Kokain. Die gewieftesten und teuersten Anwälte der Stadt stehen den Gaunervereinen zur Seite.

Ein brillanter Kriminalpolizist namens Ernst Gennat revolutioniert die Tatortarbeit und entwickelt Standards, die bis heute in polizeilichen Ermittlungen Anwendung finden. Gennat gilt

In den zwanziger Jahren ist Berlin für sein wildes Nachtleben berühmt.

Aber auch tagsüber wird gerne gefeiert, wie hier
im Schwimmbad des Lunaparks (1925).

darüber hinaus als genialer Verhörtaktiker. Insgesamt 298 Mord-fälle hat der Berliner Ausnahme-Polizist zusammen mit seinen Teams aufgeklärt.

Gleich zwei große Korruptionsfälle erschüttern den Glauben vieler Menschen in die Institutionen und demokratischen Politi-ker der jungen Republik. Die Skandale werden von den National-sozialisten ausgenutzt und werfen erste Schatten auf die Glanz-zeit Berlins.

DIE RINGVEREINE:
VON DER GAUNER-GEWERKSCHAFT ZUR
ORGANISIERTEN KRIMINALITÄT

Prägend für die Berliner Unterwelt zur Weimarer Zeit sind die sogenannten Ringvereine. Doch mit dem Ringsport und klassischem Vereinsleben haben die Ringvereine wenig zu tun, sie sind vielmehr eine Art Berufsverband für Kriminelle – und der mit Abstand größte Zusammenschluss von Straftätern, den es bis dahin jemals in Deutschland gegeben hat.

Die Ringvereine sind Ausdruck einer bestens organisierten Kriminalität. 60 dieser Vereinigungen soll es in ihrer Hochphase 1929 in Berlin gegeben haben, mit schätzungsweise 1600 Mitgliedern. Andere Quellen sprechen sogar von bis zu 5000 aktiven Männern. Mit unschuldig klingenden Namen wie »Immertreu«, »Deutsche Kraft« oder »Weiße Rose« sind die kriminellen Vereinigungen wie vorgeschrieben im Vereinsregister eingetragen. Sie tarnen sich als Geselligkeits-, Männergesangs-, Spar-, Sport- oder Vergnügungsvereine. Wobei das Vergnügen und die Geselligkeit häufig eine derbe Note haben – denn die Vereinsmitglieder sind eben Gauner und Ganoven, ohne saftige Vorstrafe ist kaum eine Aufnahme möglich.

Die Männer müssen allerdings »ehrenwerte« Verbrechen begangen haben – wie Einbruch, Diebstahl, Schutzgelderpressung, Schmuggel, Hehlerei oder Drogenhandel. Viele Vereinsmitglieder sind nebenher als Luden, Zuhälter, tätig, eine sichere Bank, wenn's mit den Eigentumsdelikten gerade mal nicht so läuft. Ihre »Pferdchen« genannten Prostituierten sorgen für den Lebensunterhalt der feinen Herren Ringvereinsmitglieder. Zu den Hauptbetätigungsfeldern (und wichtigsten Einnahmequellen) der Syndikate gehört neben der Prostitution auch die Schutzgelderpressung.

In den Vereinen gelten klare Versammlungsregeln und Statuten. Die Mitglieder tragen häufig einen Siegelring, um sich gegenseitig erkennen zu können. Anfang der zwanziger Jahre gehören schätzungsweise bereits eintausend Männer den damals 50 Ringvereinen Berlins an. Die meisten von ihnen sind Gewohnheitsverbrecher, ohne Ausbildung und zivilen Beruf. In anderen deutschen Städten kann das kriminelle Vereinswesen trotz einiger Versuche nicht in diesem Ausmaß Fuß fassen – die Ringvereine sind ein höchst erfolgreiches Berliner Phänomen. Jahrelang halten ihre oft schillernden Führungsfiguren die Stadt in Atem.

Zwar nimmt die Polizei ihre Ermittlungen selbstverständlich bei jeder gemeldeten Straftat auf, aber die Aufklärungsquote gerade bei Einbrüchen oder Diebstahl liegt bei deutlich unter 50 Prozent. Was auch daran liegt, dass sich viele Opfer, Prostituierte oder um Schutzgeld Erpresste scheuen, gegen die mächtigen Syndikate auszusagen. Gegen die Ringvereine als Organisation geht die Kripo zunächst nur selten vor. Denn die handfesten Kerle sorgen auf ihre Art für Ordnung in der großen Stadt. In schlagkräftigen Gruppen setzen sie sich gegen das »zunehmende Verbrechertum« zur Wehr und regeln mit Fäusten, Tritten und Vandalismus, was ihnen nicht passt. »Den Teufel mit dem Beelzebub austreiben«, muss man das wohl nennen.

Sitzung einiger Vorsitzender von Berliner Ringvereinen

Für diese unaufgeforderte Unterstützung ist ihnen die Berliner Polizei anfangs noch dankbar. Es gibt sogar Ringvereine, die ihre Versammlungslokale direkt gegenüber von einem Polizeirevier einrichten. Und wenn dort dann traditionell zu den feuchtfröhlichen Herrenabenden geladen wird, genehmigen die echten Ordnungshüter freundlich und wohlwollend das öffentliche Brimborium mit dazugehörigem Musikumzug.

Einer der berühmtesten Ringvereine ist der Verein »Immertreu«, 1919 gegründet. Sein Revier ist die trotz vieler Lokale wenig einladende Gegend rund um den Schlesischen Bahnhof, den heutigen Ostbahnhof. Der Vereinszweck von »Immertreu« besteht erklärtermaßen darin, »Kollegen aus der Gastwirtschaftsbranche Stellen zu vermitteln« und nebenbei »dem Banditen- und Räuberwesen am Schlesischen Bahnhof Einhalt zu gebieten«. Eine private Schutztruppe sozusagen, die der »Polizei immer geholfen« habe. Diese Aussagen stammen vom berühmt-berüchtigten Vereinsvorsitzen Adolf Leib, genannt Muskel-Adolf, und seinem Stellvertreter Steinke, anlässlich eines späteren Gerichtsprozesses. Den Schutzdienst gegen die »Banditen und Räuber« rund um den

Schlesischen Bahnhof haben sich die Immertreuen selbstverständlich gut und anfangs nicht immer ganz freiwillig von den
Gastwirten bezahlen lassen.

Die Polizei hält die Ringvereine jahrelang für das kleinere Übel,
und auch die Justiz sieht über viele Verstöße der selbsternannten
»Ordnungshüter« hinweg. Leitende Polizisten sind offenbar der
Meinung, dass diese Ansammlung von Kleinkriminellen der
Staatsmacht die Arbeit erleichtere – man weiß ja, mit wem man
es zu tun hat und wo man die Betreffenden im Zweifelsfall findet.
Die Kriminalität im Vergnügungs- und Rotlichtmilieu wird man
sowieso nie ganz ausrotten, und hier kennt man seine Pappen-
heimer eben. Zudem erhalten die Ermittlungsbehörden regel-
mäßig Tipps von Ringvereinen, wenn es um Straftaten von Nicht-
mitgliedern geht. Bevor das eigene Geschäft unter einer drohenden
Razzia leidet, wird der Außenstehende lieber verpfiffen. So hat die
Polizei einen Ermittlungserfolg, und die Ringvereine können die
Konkurrenz in Schach halten.

Und selbst wenn die Berliner Polizei mal ein Vereinsmitglied vor
Gericht stellen will: In den seltensten Fällen lassen sich Zeugen
gegen die immer mächtiger werdenden Ringvereine auftreiben.
Ihre Rache fürs Verpfeifen ist gefürchtet. Einem Zigarrenhändler
vor Ort werden drei Mal innerhalb eines Monats sämtliche Scheiben eingeworfen. Zuvor hatte er die Polizei wegen einer wüs-
ten Schlägerei vor seinem Laden gerufen, offenbar mit Ring-
verein-Beteiligung. Diese Art von Zurechtweisung gehört nach
damaliger Lesart noch zu den harmlosen Methoden. Die Ein-
schüchterung funktioniert bestens, Mund-zu-Mund-Propaganda
gibt's gratis obendrauf, und künftig läuft es im Kiez wieder so, wie
es sich »Immertreu« vorstellt.

So verschaffen sich die Ringvereine in den zwanziger Jahren
Respekt und eine beachtliche Machtstellung. Sie teilen die Stadt
in Revieren und Kiezen unter sich auf, so kommt man sich untereinander nicht ins Gehege.

Der vornehmste Ringverein ist der Verein »Deutsche Kraft«, der sein jährliches Stiftungsfest feierlich im Restaurant »Rheingold« am Potsdamer Platz begeht. Unter den Feiernden finden sich als Ehrengäste auch Strafverteidiger wie Erich Frey und sogar einige Kriminalbeamte. Der Höhepunkt des Abends ist erreicht, wenn einer dieser Kriminalbeamten den dargebotenen Taktstock ergreift und die Kapelle dirigiert.

Zu diesem Zeitpunkt blicken die Ringvereine auf eine gut dreißigjährige Tradition zurück. Der erste dieser Vereine soll 1890 in einer Spelunke namens »Schnurrbartdiele« im Scheunenviertel gegründet worden sein und trägt noch den ebenso zweckmäßigen wie selbsterklärenden Namen »Reichsverein ehemaliger Strafgefangener«. Aufgabe ist die solidarische Unterstützung von Straftätern – sowohl im Gefängnis als auch danach. Während der Haft wird den Familien der Einsitzenden finanziell unter die Arme gegriffen, sie selbst werden nach der Entlassung mit einer Arbeit, vorzugsweise im Gastgewerbe, versorgt, damit der Teufelskreis aus Armut und Straftat nicht aufs Neue beginnt und der Straftäter sich wieder mit Raub und Diebstahl über Wasser hält. Der Verein dient dabei als Netzwerk, die Gastronomie ist der wichtigste Stützpfeiler, auch weil Wirte und Kneipenbesitzer häufig selbst aufs Engste mit dem Milieu verbunden sind. Werden Türsteher, Toilettenreiniger oder Gläserspüler gesucht, vermittelt der Verein den richtigen Mann. Wenn es sich lohnt, übernehmen die Ringvereine auch Lokale in eigener Regie. Muskel-Adolf zum Beispiel, der Vereinsvorsitzende von »Immertreu« und einer der Prominentesten der Berliner Unterwelt, führt die Berufsbezeichnung »Geschäftsführer«. Es ist nicht ganz klar, womit sich der wegen Diebstahls, gefährlicherer Körperverletzung, Raufhändel und Bandendiebstahls vorbestrafte Unterweltboss für solch einen verantwortungsvollen Posten qualifiziert hat. Sein durchtrainierter Körper und seine Schlagreflexe waren vielleicht die handfesteste Empfehlung. Bei vielen anderen Ringvereinsbrüdern, die zu »Geschäftsführern«

werden, scheinen sich hinter dem vornehmen Titel eher niedere Arbeiten zu verbergen – Bier zapfen, Betrunkene rausschmeißen und Spucknäpfe leeren.

Erleidet ein Vereinsmitglied einen »besonderen Notfall«, landet er also im Knast, erhalten die Hinterbliebenen aus der stets gut gefüllten Vereinskasse Geld zum Überleben. Allerdings müssen die Ehefrauen und Verlobten einen gesitteten Lebenswandel nachweisen und ihrem eingesperrten Mann treu bleiben. Verlassen sie den Pfad der Tugend, gibt es eine einmalige Verwarnung – im Wiederholungsfall wird die Alimentierung eingestellt.

Die Mitglieder der Ringvereine verpflichten sich, keine Schlägereien anzufangen und sich anständig, sprich bürgerlich, zu verhalten. In der Öffentlichkeit darf man nicht unangenehm auffallen. Das bedeutet, nicht im geschlossenen Raum auf den Boden zu spucken, sich ordentlich zu kleiden, auf Rasur und Haarschnitt zu achten. Außerdem gibt es einen moralischen Ehrenkodex: Sexualstraftäter und Mörder werden nicht toleriert. Sexualdelikte gelten als das Niedrigste, was es gibt, sie stehen für Enthemmung und Verrohung. Gleiches gilt für Mord.

Ein Mädel auf den Strich zu schicken, zu klauen und zu hehlen – das geht allerdings in Ordnung. Schließlich betrügt ja der Juwelier seine Kundschaft ebenso, genau wie der Bäcker oder der Politiker. Wenn sich das Vereinsmitglied an diese Ehrbegriffe und Spielregeln hält, also als »sauberer Junge« durchgeht, vorbestraft mit zwei Jahren Zuchthaus ist und zwei entsprechende Bürgen beibringt, dann kann er in die »Gewerkschaft für Gauner« aufgenommen werden. Erst mal auf Probe, er muss sich noch bewähren. Mit Schmierestehen bei einem Einbruch zum Beispiel, oder als Aufpasser bei einer Versammlung. Klappt alles zur allgemeinen Ganovenzufriedenheit, folgt nach drei bis vier Wochen die feierliche Aufnahme in den Verein. Die Vereinsmitglieder erscheinen in Frack und Zylinder. Auf dem Tisch steht der Vereinswimpel. Bei »Immertreu« lautet dessen Inschrift:

»Laß Neider neiden, Hasser hassen,
Was Gott uns gönnt, muß man uns lassen.«

Und auf der Rückseite: »Einigkeit macht stark.« Erhebt niemand gegen die Aufnahme Einspruch, wird gemeinsam das Lied »Ja, wir sind Brüder« geschmettert. Dann kommt es zum feierlichen Schwur: niemals etwas zu verraten, die Ehre des Vereins jederzeit hochzuhalten, keinen Streit im Verein anzufangen und keine krummen Dinger zu drehen. Dieser Eid gilt bis zum Tod.

Anschließend werden dem Neumitglied die Statuten eröffnet: Förderung der Freundschaft und der Geselligkeit unter den Mitgliedern, Unterstützung im Krankheits-, Not- und Todesfall. Besondere Ehrenpflicht ist es, zur Beerdigung eines Vereinskollegen zu erscheinen. Verboten ist es im Verein hingegen, politisch und konfessionell zu agitieren – oder Hunde mitzubringen. Das ist der bürgerliche Teil der Statuten, der auch schriftlich festgehalten ist. Nur mündlich überliefert sind hingegen die Geheimstatuten. Hier ist die Rede von illegalen Spielclubs, Bordellen, Wettbüros, Umschlagplätzen für Hehlerwaren, Drogenhandel, Schutzgelderpressung, Mädchenhandel und Korruption, wie etwa ein ehemaliger Ringbruder dem Autor Peter Feraru berichtet.

Mindestens einmal pro Woche ist gemeinsame Sitzung, praktisch trifft man sich täglich. Jedes Mitglied ist verpflichtet, zu erscheinen und sich untereinander mit Bruder anzureden. Die reicheren unter den Vereinen bieten ihren Mitgliedern großzügige Treuegeschenke. Für einjährige Mitgliedschaft gibt's einen 36 Gramm schweren goldenen Siegelring mit den Initialen des Vereins, nach zwei Jahren eine goldene Uhr, nach fünfen ist ein einkarätiger Brillantring fällig. So gut hat man es in keiner wohlanständigen Firma.

Doch nicht nur die täglichen Treffen und die Treueboni, auch die gemeinsame Erfahrung im Gefängnis oder Zuchthaus schweißt die Männer zusammen. Jahrelang haben sie auf engstem Raum zusammengelebt, sich vielleicht sogar eine Zelle geteilt – essen, schlafen, die Toilette benutzen, alles unter den Augen der Mithäftlinge. Die privatesten Gefühle, Ehesorgen, Traurigkeit und Zukunftsängste teilen die Männer miteinander, sie stehen sich häufig näher als der eigenen Familie. Sie werden zu Brüdern, die wie Pech und Schwefel zusammenhalten.

Diese Nähe zeigt sich auch über den Tod hinaus. Wie kein anderer Ringverein legt »Immertreu« großen Wert auf eine pompöse Beerdigung für seine Mitglieder. Darauf pocht Muskel-Adolf, auch weil er nie die Worte seiner Mutter vergessen kann, wie er in einer Verhandlung einmal seinen Richtern erklärt: »Dir wern'se an de Friedhofsmauer verscharrn. Keen Mensch wird hinter deinem Sarg jehn.« Deshalb hält es »Immertreu« für die höchste Ehrenpflicht, jedem Mitglied eine Beerdigung erster Klasse zu spendieren und mit großem Bahnhof das letzte Geleit zu geben. Auch die Brudervereine entsenden Abordnungen mit Banner und Schärpe. Die Kosten, inklusive eines ausschweifenden Gelages, übernimmt der Verein. Die Hinterbliebenen werden mit einer Art Vereinsrente bedacht.

Finanzielle Unterstützung wird auch bei drohenden Strafprozessen gewährt: Vor Gericht leisten sich die Brüder die besten Anwälte. Kein Verteidiger ist zu teuer, um die eigenen Leute herauszuhauen. Woher das viele Geld in der jeweiligen Vereinskasse stammt? Nicht aus den Mitgliedsbeiträgen jedenfalls, die eine Mark pro Woche betragen. Dass sich die Vereine über ihre zahlreichen schmutzigen Geschäfte finanzieren, liegt auf der Hand. Nur gelingt es Polizei und Staatsanwaltschaft leider nie, die illegale Herkunft der Gelder nachzuweisen.

Die Erfolge des Gründungs-Ringvereins, des »Reichsvereins ehemaliger Strafgefangener« sprechen sich noch in der Kaiserzeit wie ein Lauffeuer herum. Und so gründen sich nicht nur in Berlin-Mitte, sondern auch in anderen Stadtteilen ähnliche Vereine. 1898 gibt es bereits zwölf dieser Organisationen. Ein

Dachverband wird gegründet, der »Ring Berlin«, ein Zusammenschluss aller Berliner Gaunervereine – der zum Namensgeber der Ringvereine wird. Im Vorstand dieses Dachverbands sitzen wiederum die Vorstände der einzelnen Ringvereine, damit alle Interessen vertreten sind. Die Vorstände werden natürlich nicht demokratisch gewählt, dieses Amt fällt dem Durchsetzungsstärksten und Gewieftesten per Akklamation zu.

In den zwanziger Jahren sind es dann sogar gut 50 Vereine, die sich in der boomenden Hauptstadt eine große Machtfülle gesichert haben. Sie beherrschen vor allem das Vergnügungsgewerbe. Mit zunehmender Selbstverständlichkeit zwingen sie den kleinen Gastwirt genauso wie den großen Tanzpalast-Besitzer zu regelmäßigen Zahlungen für ihren Schutz. Falls die Zahlungsmoral zu wünschen übrig lässt, wird das Mobiliar zertrümmert, auch in Anwesenheit der Gäste. Diese Machtdemonstration spricht sich schnell herum, das Schutzgeld erweist sich als kluge Investition. Laufen die Geschäfte in den Lokalen mal ganz schlecht, bietet der Ringverein auch anderweitige Unterstützung an: Eine bestellte Brandstiftung zum Beispiel, oder einen fingierten Einbruch, von den Schutzgelderpressern ihres Vertrauens versicherungssicher inszeniert – und schon ist der Laden wieder saniert. Ja, dann man hoch die Tassen!

Die Vergnügungsindustrie, von der Ost-Kaschemme bis zum vornehmsten Etablissement im Berliner Westen, ist in den zwanziger Jahren fest in der Hand der Ringvereine. Sie vermitteln Schuhputzer und Toilettenfrauen, Portiers und Türsteher, Anreißer und Zettelverteiler, Bardamen und Animiermädchen. Die Vereine sorgen auch dafür, dass die »Pferdchen« der rund 10000 Zuhälter alle einen Platz erhalten. Sie verteilen die käuflichen Mädchen auf bestimmte Lokale, damit das Gewerbe gleichbleibend floriert. Gleichzeitig vertreten sie deren »Arbeitnehmerrechte«.

Als der Geschäftsführer eines Berliner Vergnügungslokals eines Tages eine Tänzerin rauswirft, hat er anscheinend vorher nicht bedacht, dass diese bestens vernetzt ist mit den mächtigen

Unterweltlern. Die Lektion lässt nicht lange auf sich warten. Am folgenden Abend erscheint keine einzige weibliche Angestellte zum Dienst, keine Kellnerin, Bardame, Tänzerin und auch keine Toilettenfrau. Auch alle weiblichen Stammgäste, die mit dem einen oder anderen Freier mitgegangen wären, bleiben zu Hause. Als die ersten Gäste des Abends kommen, bleiben sie nur kurz – und verlassen das Lokal nach kurzer Zeit empört. Zwei Stunden lang ist das Etablissement so gut wie ausgestorben. Dann erscheinen zwei elegant gekleidete Herren und lassen sich Sekt servieren. Sie teilen dem Geschäftsführer mit, er bräuchte nur die Tänzerin wiedereinzustellen und ein Schmerzensgeld zu zahlen, schon würde sein Laden innerhalb von fünfzehn Minuten wieder brummen. Keine Frage, wofür sich der vorausschauende Geschäftsführer entschieden hat. Und jeder einzelne solcher »Vorfälle« vergrößert die Machtfülle der Ringvereine weiter.

Den Titel »Verbrecherorganisation« weisen die Ringvereine jedoch weit von sich, im Gegenteil, bewahren sie Gestrauchelte doch mit Rat und Tat davor, rückfällig zu werden. Ganz falsch ist das nicht, denn viele einträgliche Posten im Vergnügungsgewerbe sind selbstverständlich vollkommen legal. Neben den »normalen« Berufen gibt es allerdings eine ganze Reihe von »Spezialisten«. Auch sie mehren mit ihren Mitgliedsbeiträgen das Vereinsvermögen. Frisch aus dem Knast, erhalten sie zunächst »Überbrückungsgelder«. Sie teilen ihr Fachwissen und informieren über Aussehen und Arbeitsweise der wichtigsten Kriminalpolizisten. Und sie beratschlagen sich mit den anderen Experten im Verein über das nächste Ding, das man drehen könnte. Die Ringvereine bieten hierzu auch falsche Zeugen und fingierte Alibis an.

Gerät dann trotz allerbester Planung doch mal ein Ringbruder unter Verdacht, muss zur Not auch jemand anderes die Strafe antreten, wenn der Täter zum Beispiel verheiratet und Vater kleiner Kinder ist. So wohl geschehen im Fall von »Artisten-Paule«, dem die Kripo wegen mehrerer Einbrüche schon gefährlich nah auf den Fersen war – ein anzunehmender Härtefall für seine Frau und das gemeinsame Kind. Der Vorstand seines Ringvereins beschließt daher, dass stattdessen »Juwelen-Maxe«, ein noch unbescholtener Junggeselle, für ihn einfahren soll. Der Plan ist ganz einfach: Es gibt einen neuerlichen Einbruch, Max wird erwischt und gesteht auch gleich die in Frage kommenden Taten von Paul. Der kann nun erst mal in Ruhe »weiterarbeiten« und sein Leben mit Frau und Kind genießen. Max wird hinter Gittern bestens versorgt, mit Alkohol, Zigaretten und Proviantpaketen. Dafür sorgen bestochene Justizvollzugsbeamte. Sie sorgen freundlicherweise auch für eine offene Zellentür, regelmäßige Badezeiten und längere Besuche. Und nach Maxes Entlassung hält die finanzielle Unterstützung an, bis er wieder auf eigenen Beinen steht.

Auch als direkte Auftraggeber von Straftaten treten die Vereine auf den Plan. So beauftragt die »Deutsche Kraft« die beiden Einbrecher Manfred Bastubbe und Herbert Lexer, genannt »Lux«, als Kuriere. Sie sollen aus Hamburg ein wertvolles Päckchen abholen. Inhalt: fünf Kilo Kokain. Der Transport von der Elbe an die Spree stellt keine große Schwierigkeit dar, wichtig ist ein wasserdichtes Alibi. Am besten mit unbescholtenen Zeugen. Und so flirten die beiden Herren mit zwei entzückenden Verkäuferinnen des edlen Kaufhauses Wertheim und laden sie nach Feierabend ins schicke »Moka-Efti« ein. Es wird ein charmanter Abend. Heimlich mischen die Kavaliere Schlafpulver in den Wein. Die wegdämmernden Schönheiten verfrachten sie in einer Taxe zum Hotel »Zur Post« am Anhalter Bahnhof. Dort schlafen sie tief und fest ein. Dann fahren die beiden Männer mit dem Auto nach Hamburg, nehmen dort am Hafen das Kokain entgegen und rasen zurück nach Berlin, wo sie durch das geöffnete Fenster wieder in ihr Hotelzimmer steigen. Der Rezeptionist soll von ihrem nächtlichen Ausflug an die Elbe ja nichts mitbekommen. Die beiden jungen Damen sind immer noch vom Schlafmittel betäubt und ahnen von der zwischenzeitlichen Abwesenheit ihrer Verehrer nichts.

Erst am Nachmittag werden alle viere wach. Bastubbe überbringt sein in der »Excelsior Bar« beim freundlichen Oberkellner zwischengelagertes Päckchen dem Vorsitzenden der »Deutschen Kraft« und erhält im Gegenzug ein ansehnliches Honorar. Sein Alibi ist stichhaltig. Und der Chef der »Deutschen Kraft« kann sich mithilfe der Koks-Großlieferung eine goldene Nase verdienen, andere brauchen bald eine neue Nasenscheidewand. Wie dieses Geschäft abgelaufen ist, erfährt die Welt erst Jahrzehnte später – als der sogenannte Gentleman-Einbrecher Manfred Bastubbe nach einer mehrjährigen Gefängnisstrafe seine Gangster-Memoiren veröffentlicht.

Die Ringvereine legen Wert auf allergrößte Geheimhaltung, was ihre Tätigkeiten und Geschäfte angeht. Logisch, denn sonst säßen offensichtlich zig Mitglieder im Gefängnis. Als aber im Januar 1929 drei Mitglieder des »Lotterievereins Friedrichshain«, einem Schwesterklub von »Immertreu«, vor Gericht stehen, dringt doch einiges an die Öffentlichkeit. Die drei Männer hatten in der Nähe des Schlesischen Bahnhofs einen Tischlermeister überfallen, ihn brutal zusammengeschlagen und seine Brieftasche mit 1000 Mark geraubt. Das Opfer hatte sich vorher in einem Ganovenlokal ordentlich einen hinter die Binde gekippt. Beim Bezahlen war dem Betrunkenen die Brieftasche heruntergefallen, und so konnte das halbe Lokal dessen Reichtum auf dem Kneipenboden begutachten.

Nach dem Raubüberfall auf den Tischler waren tatsächlich zwei Zeugen zur Polizei gegangen, die drei Täter konnten dingfest gemacht werden. Sehr zur Überraschung der »Brüder«. Zunächst hoffen sie, mit schlagkräftigen Argumenten verhindern zu können, dass die Sache vor Gericht geht. Einer der beiden Zeugen zieht seine Aussage dann prompt zurück. Der andere aber bleibt standhaft. Zwei Mal wird er daraufhin überfallen und misshandelt, und als auch das nichts an seiner Aussage ändert, versuchen ihn die »Brüder« nachts aus seiner Wohnung zu entführen, scheitern aber.

Als dann schriftliche Morddrohungen folgen, ersinnt die Polizei eine Art Zeugenschutzprogramm. Der tapfere Mann zieht still und heimlich in eine andere Gegend. Noch nicht einmal polizeilich anmelden darf er sich dort, denn man hat bereits Erfahrung damit, dass einige Meldestellenschreiber leider Informationen an die Ringvereine durchstechen.

So geht auch eine groß angelegte Razzia in der Gegend am Schlesischen Bahnhof im Januar 1929 gründlich schief. 1000 Schutzleute ziehen spätabends auf und riegeln ganze Blocks ab. Über 100 Beamte der Kriminalpolizei durchkämmen den Bezirk mit Suchhunden und nehmen 200 Verdächtige vorläufig fest. Doch die gesuchten »dicken Fische« sind seltsamerweise nicht darunter. Offenbar waren sie vorgewarnt. Um 21 Uhr hatten sich die Teilnehmer an der Razzia im Hof des Polizeipräsidiums versammelt. Um 21.15 Uhr wird die »Vossische Zeitung« über die bevorstehende große Aktion informiert – von Mitgliedern eines Ringvereins.

Mitunter schwingen sich die Ringvereine auch selbst zum Richter auf. Als Ende der zwanziger Jahre kurz hintereinander zwei kleine Mädchen spurlos verschwinden und später tot und sexuell missbraucht aufgefunden werden, ist die Stadt in Aufruhr. Der Täter kann nicht gefasst werden, die Angst vor weiteren Verbrechen ist groß. Die Polizei verteilt Handzettel und warnt davor, Kinder alleine auf die Straße zu lassen. Es folgen Razzien und die Feststellung von Personalien in einschlägigen Lokalen. Die erhöhte Wachsamkeit und die andauernde Polizeipräsenz verhageln den Ringvereinen einen Teil ihres Geschäfts. Denn die Nachtbars, illegalen Spielclubs und Homosexuellentreffpunkte verzeichnen nun einen deutlichen Besucherrückgang – aktuell möchte kaum jemand mit lasterhaften Neigungen auffallen.

In den Gaunerklubs wird daraufhin intensiv diskutiert. Sexualmorde an Kindern – das ist das Niedrigste, wozu Menschen fähig sind! Und so reift bei den Herren im Vorstand der Plan, selbst nach dem Täter zu fahnden und auf Berlins Straßen alle mit den

Vereinen verbundenen Augen und Ohren offen zu halten. Prostituierte, Bettler, Zuhälter und Leierkastenmänner, alle sind in ihrem Revier von nun an auch auf Beobachtungsposten.

Wenige Tage später fällt einem Schnürsenkelverkäufer auf, dass ein gut gekleideter Herr ein kleines Mädchen auf der Straße anspricht und ihm Süßigkeiten anbietet. Dann gehen die beiden davon, das Kind vertrauensvoll an der Hand des Fremden. Sofort gibt der Straßenverkäufer die Meldung durch, umgehend gibt es »Ringalarm«. Es gelingt einigen Brüdern, den Mann und das Mädchen quer durch einen Park auf dem Weg zu einem Abbruchhaus zu verfolgen. Noch während sie draußen beratschlagen, was nun zu tun sei, hören sie von innen ein Geräusch, das sich wie ein Schrei anhört. Sie stürmen das Gebäude – und können das bereits entkleidete Mädchen retten und auf eine Polizeiwache bringen.

Der auf frischer Tat ertappte Mann hingegen wird nicht der Polizei übergeben, sondern in ein Waffenlager des Rings im Hafen Moabit verschleppt. Der Ringvorstand beschließt, ihm dort selbst den Prozess zu machen. Einem ordentlichen Gericht will man den mutmaßlichen Mörder nicht überstellen. Dort würde er wahrscheinlich als »unzurechnungsfähig« nach Paragraf 51 Strafgesetzbuch eingestuft werden, befürchten die strafrechtlich erfahrenen Männer. Und nach ein paar Jahren in der Psychiatrie käme der Täter dann wieder frei. Das kommt nicht infrage! Die Ringbrüder führen den Prozess, das Urteil über den mittlerweile geständigen Täter ist schnell gesprochen. Die Ganoven kennen kein Pardon: Tod dem Kindermörder! Das Urteil wird sofort vollstreckt, im Waffenkeller der Gaunerzentrale.

1930 liest der Filmregisseur Fritz Lang von diesen Vorkommnissen in der Zeitung. Dass eine Gaunerorganisation einen Verbrecher stellt und über ihn richtet, dass der Staat hier keine Rolle spielt – das liefert Lang den Stoff für einen seiner bekanntesten Filme: »M – Eine Stadt sucht einen Mörder«. Tatsächlich lässt sich Lang von führenden Ringbrüdern zum Milieu beraten. Sie erklären dem Regisseur nicht nur, wie die Unterwelt tickt – sondern auch gleich, wie er seinen Film zu machen hat. Denn sie möchten darin möglichst vorteilhaft dargestellt werden. Sicherheitshalber wollen die Ganoven Fritz Lang davon überzeugen, über 20 Statisten aus ihren Reihen zu engagieren. Die werden schon für einen guten Eindruck sorgen … Komme der Filmschaffende dieser Bitte nicht nach, so die Drohung, werden seine Mitarbeiter, von Garderobenfrau über den Kabelträger bis zum Friseur, in den Streik treten und es werde wohl nix mit dem Film. Zähneknirschend gibt Lang nach. Sein Film gilt vielen bis heute als Meisterwerk.

Nicht nur für das Kino, auch für die Berliner Zeitungen, allen voran die angesehene »Vossische Zeitung«, sind die Ringvereine ein beliebtes Thema. Sie berichten regelmäßig aus der Berliner Unterwelt und schildern die Verbrechen, die dort passieren. Einige Reporter haben offensichtlich Verbindungen in die Szene. Im Fall des gefassten und getöteten mutmaßlichen Kindermörders wird mancher Leser sicher gedacht haben: »Gut, dass es den erwischt hat.« Doch immer häufiger ist die Öffentlichkeit durch die offenkundige Machtlosigkeit von Behörden und Polizei aufgeschreckt. Auch den Staatsorganen selbst wird zunehmend bewusst, welche große, dunkle Macht da vom Rande mitten in die Berliner Gesellschaft greift. Der seit 1930 zum zweiten Mal als Polizeipräsident amtierende Albert Grzesinski, vormals preußischer Innenminister, nennt die Dinge 1931 in ungewohnter Offenheit beim Namen. In einer Rundfunkansprache wendet er sich direkt an die Bürger Berlins:

»Ganz verkehrt ist es, aus Angst die Anzeige zurückzunehmen, wie das vorgekommen ist, und dadurch Bestrafung der Täter zu verhindern. Ich stimme durchaus zu, wenn die Zeitungen von einem Unterweltskandal sprechen. Und verlange, dass die Polizei Ringvereinsterror nicht mehr dulden dürfe. Nicht richtig ist aber, dass die Polizei gegen die Vereine nichts unternehmen könnte. Notwendig ist die Mitarbeit des Publikums und derjenigen, die sich bedroht fühlen. Wenn die Terrorisierten Anzeigen zurückziehen, muss die Polizei zusehen, auch wenn sie das Vielfache an Kräften zur Verfügung hätte, und ihre Recherchen müssen ein negatives Ergebnis haben. Das Mitwirken des Publikums ist unbedingt erforderlich!«

Doch auch die Worte des Polizeipräsidenten führen zunächst zu keiner erhöhten Bereitschaft, gegen einen mutmaßlichen »Bruder« auszusagen. Die wenigen Verfahren gegen Vereinsbrüder, wie der oben geschilderte Raubüberfallprozess in Friedrichshain, bleiben die Ausnahme. Aber langsam zerren die Ringvereine an den polizeilichen Nerven. Einer Reihe von Polizeibeamten ist das Vorgehen gegen die Ringvereine zu lasch. Einige von ihnen werden Mitglied in der NSDAP, zunächst heimlich – denn noch gilt der Radikalenerlass für preußische Beamte, der die Mitgliedschaft in der Partei verbietet. Doch nach dem Preußenschlag am 20. Juli 1932, als der Erlass aufgehoben wird, können sie sich als NSDAP-Mitglieder zu erkennen geben. Spätestens ab 1933 gelangen viele von ihnen in hohe Kripoämter.

Insbesondere »Immertreu« und sein großspuriger Vorsitzender Muskel-Adolf fallen negativ auf. Am Abend des 29. Dezember 1928 hatte Muskel-Adolf mit seinen Männern im Lokal »Naubur« in Friedrichshain eine Massenschlägerei mit Hamburger Zimmermannsleuten angezettelt. Die 40 kräftigen Handwerker von der Elbe sind mit dem Bau einer neuen U-Bahn-Linie beschäftigt und den Immertreuen mit ihrem hanseatischen Selbstbewusstsein in ihrem Kiez ein Dorn im Auge. So schaukeln sich kleinere Schlägereien untereinander über drei Tage lang bis zur groß angelegten Riesenschlägerei hoch. Zuvor hatten die Brüder »Ringalarm« ausgelöst und alle Vereinskollegen zusammengetrommelt, die besonders kräftig zuschlagen können. Etwa 150 Ringbrüder dreschen daraufhin auf die Zimmermänner ein, die Gaststätte »Naubur« wird kurz und klein geschlagen. Schüsse fallen. Überall ist Blut. Zwei Hamburger sind tot, zehn weitere liegen schwer verletzt im Krankenhaus. Die Polizei verhaftet die Verdächtigen, darunter den an der Schlaghand verletzten Adolf Leib und weitere Führungspersönlichkeiten. Nach dieser Eskalation der Gewalt verbietet Polizeipräsident Karl Zörgiebel unter dem Druck der Öffentlichkeit daraufhin die Ringvereine »Immertreu« und »Norden«.

Doch die Vereine geben nicht kampflos auf – jetzt greifen die Frauen in das Geschehen ein. Die »Verlobten« der verhafteten Führungsriege werden beim besten Strafverteidiger der Stadt vorstellig. Dr. Dr. Erich Frey schreibt später in seinen Memoiren, »acht kesse Fürstinnen« hätten sein Büro betreten, unter Leitung der »Aktien-Mieze« genannten Hulda Spindler. Auf Freys Tisch breiten sie wertvollen Schmuck aus, schließlich ist der Anwalt für seine horrenden Honorare bekannt: »Anjezahlt wird sofort. Und det is keene heiße Ware, Herr Doktor!« Frey übernimmt das Mandat, zusammen mit seinem schärfsten Konkurrenten, Max Alsberg. Dieses Verteidiger-Brett ist zu dick für einen Spitzenanwalt alleine. Die beiden ziehen noch einmal drei weitere Advokaten hinzu.

Anwalt Dr. Dr. Erich Frey (rechts) beim Immertreu-Prozess – links hinter ihm ist »Muskel-Adolf« zu sehen.

In dem nun anstehenden Verfahren geht es nicht nur um Muskel-Adolf und acht weitere Männer, es geht um das Schicksal zweier von insgesamt 50, vielleicht gar 60 Ringvereinen – es geht um das Sein oder Nichtsein der organisierten Kriminalität in Berlin. Im Laufe des fünftägigen Sensationsprozesses ziehen die meisten Zeugen ihre Aussagen zurück. Die wenigen Standhaften werden von der Verteidigung als unglaubwürdig dargestellt. Die Anklage wegen Körperverletzung mit Todesfolge wird fallen gelassen, denn es lässt sich nicht nachweisen, wer genau wen getötet hat. Muskel-Adolf wird zu zehn Monaten Haft auf Bewährung verurteilt, wegen einfachen Landfriedensbruchs, sein Mitbruder »Mollen-Albert« erhält fünf Monate. »Immertreu« und »Norden« müssen als Vereine wieder zugelassen werden. Sicherheitshalber hatte Muskel-Adolf auch noch einen Drohbrief verfasst, an den »sehr geehrten Herrn Direktor« Köhler vom Amtsgericht Lichtenberg. Darin schreibt er, Zitat aus der Abschrift: »…Herrschaften das eine schwören wir euch gesteht ihr euch ein Schandurteil zu fällen. So kommen wir aber angerückt da kannst du feiger Kerl das ganze Polizeiamt Lichtenberg in Bewegung setzen. Wir erwarten alle einen Freispruch und zwar aus Mangel an Beweisen …« Das hat aufgrund der hervorragenden Strategie der Verteidigung auch weitgehend geklappt: Die Strafverfolgungsbehörden haben auf ganzer Linie versagt.

Als im Januar 1933 die Nationalsozialisten die Macht übernehmen, geraten die Ringvereine endgültig unter Druck. Die Nazis lösen die Vereine auf und lassen die meisten Mitglieder inhaftieren. Viele von ihnen werden später »auf der Flucht erschossen«. Der Autor Werner W. Malzacher stellt in seinem Buch »Berliner Gaunergeschichten« zum Ende der Ringvereine abschließend fest: »Auch für die Unterwelt hatten 1933 schlechte Zeiten begonnen.« Selbst die hartgesottenen Männer der Ringvereine waren der Brutalität und dem Staatsterror des nationalsozialistischen Regimes nicht gewachsen.

»ICH BIN BABEL, DIE SÜNDERIN«:
DAS WILDESTE NACHTLEBEN DER WELT

Berlin ist in den zwanziger Jahren die Stadt, die niemals schläft. Nach dem Krieg haben Hunderte Lokale ihre Türen geöffnet und locken die Stadtbewohner und immer mehr Besucher aus aller Welt an. In all den Bars, Spelunken, Theatern, Varietés, Kneipen, Cafés und Restaurants schwingt fast immer eine ganz spezielle Note mit: Erotik liegt in der Luft. Nackte Haut, tiefer Ausschnitt, Kajal und Lippenstift für Männer wie Frauen und eine lange Zigarettenspitze. Sex wird enttabuisiert. Plakate an Litfaßsäulen werben für Varieté-Vorstellungen mit Schönheiten in verführerischen Kostümen. An jedem Kiosk kann man einen Blick auf Titelseiten mit verheißungsvollen Körpern von Frauen und auch Männern werfen, die Zensur ist gefallen, es gibt Bücher zur sexuellen Aufklärung.

Versteckt in einer Seitengasse am Alexanderplatz liegt zum Beispiel das Café Braun. Hier kann man – na klar – Essen und Trinken bestellen, dazu gibt es noch eine Tanzfläche, eine Bühne und

Hansi Sturm

Das »Eldorado« war nur eine von vielen Bars, in denen man sich – je nach Fasson – amüsieren konnte.

eine Bar. Ein ganz normales Lokal also? Nicht ganz. Denn im hinteren Teil befinden sich kleine Separees, Liebeslauben, in die sich Paare für intime Momente zu zweit zurückziehen können. Kostet dann zwei Mark extra.

Der Autor Mel Gordon hat für seinen prächtigen Bildband »Sündiges Berlin – Die zwanziger Jahre: Sex, Rausch, Untergang« 200 zeitgenössische Quellen untersucht und ein Verzeichnis des erotischen Nachtlebens erstellt. Mehr als 500 solcher Lokale soll es in der Hauptstadt demnach gegeben haben. 50 davon – für Reiche, Arme, Schwule, Lesben, Nudisten oder Unterweltler – beschreibt Gordon detailliert. Für jeden Geschmack ist etwas dabei.

Der Potsdamer Platz wird vom »Haus Vaterland« beherrscht, hell erstrahlt die mehrstöckige Fassade im Lichterglanz. In diesem gigantischen Amüsierpalast, der vom Hotel Kempinski betrieben wird, können 6000 Gäste gleichzeitig in einem Dutzend unterschiedlicher Themenrestaurants – Löwenbräu, Wildwest-Bar, spanische Bodega – speisen. Die Architektur ist bombastisch, es gibt Marmortreppen, Brunnen mit farbigen Lichtern, künstliche Seen und riesige Panoramabilder an den Wänden. Zwölf Kapellen spielen in dem Haus, 24 kostümierte Tänzerinnen zeigen ihre schönen Körper und 50 Kabarettkünstler ihre Nummern, halbseidene Damen hoffen hier auf zahlende Kundschaft. Wer als Tourist nach Berlin kommt, aus dem Inland oder aus dem Ausland – das »Haus Vaterland« muss man gesehen haben.

Wer selbst kein Geld hat, um es nachts für den Amüsierbetrieb auszugeben, der findet – bei entsprechender Gegenleistung – vielleicht einen spendablen Kavalier. Attraktive, aber leider nicht zahlungskräftige junge Männer und Frauen können sich trotzdem mitvergnügen, wenn sie bereit sind, sich dafür zu verkaufen: Insbesondere exquisite Lokale haben Hinterzimmer eingerichtet, für die verdeckte Prostitution mit den hübschen jungen Stammgästen. Garniert vielleicht noch mit einer Prise Koks, kann von hier die gemeinsame Reise durch das wilde Nachtleben der Hauptstadt beginnen. Und wenn es gut läuft, bringt der oder die Gelegenheitsprostituierte morgens auch noch für die Lieben daheim Geld mit nach Hause.

Einige Dutzend gut aussehende ehemalige Offiziere, jetzt allerdings arbeitslos, nehmen eine Sonderstellung im städtischen Amüsierbetrieb ein. Sie verdienen sich ihr Geld in den vornehmsten Etablissements als sogenannte Eintänzer. Ihre schneidigen Uniformen weisen sie als »Männer von Stand und Rang« aus, auch wenn sie alle militärischen Abzeichen von ihnen entfernen mussten. Dank ihrer geschliffenen Umgangsformen wirken die Offiziere a. D. auf die Damenwelt immer noch so anziehend, dass zahlreiche wohlhabende Frauen bereit sind, für ein paar Tänze im Arm des Galans bares Geld zu zahlen. Selbst im piekfeinen Adlon gehören Eintänzer zum guten Ton.

Am Kurfürstendamm, gegenüber der Kaiser-Wilhelm-Gedächtniskirche, liegt das glamouröse »Himmel und Hölle«. Hier verkehrt die Elite des Berliner Nachtlebens: aufstrebende Politiker, reiche Erben, Playboys, langbeinige Diven. Das Essen in den beiden Themen-Restaurants, in dem in hellblaues Licht getauchten »Himmel« und in der rot beschienenen »Hölle«, ist nur das Vorspiel. Jeden Abend um Mitternacht gibt es hier erotisch-knisterndes Cabaret vom Feinsten zu sehen: Bis zu 50 junge Schönheiten treten in einer raffinierten Nacktrevue auf. Die Choreografin namens Madeleine Nervi setzt dabei auf Abgründiges: Zum Beispiel auf »25 Aktbilder aus dem Leben des Marquis de Sade«, wie Plakate damals anpreisen. In den Genuss solch einer Vorstellung kommen jedoch nur ausgewählte Besucher: Das »Himmel und Hölle« ist nur für Besitzer von prall gefüllten Portemonnaies erschwinglich.

Wenn's deutlich günstiger sein soll, geht's zum Beispiel »Zum Hundejustav« an den Stettiner Bahnhof im Berliner Norden. Ab drei Uhr morgens wird es hier erst richtig voll. Viele der Gäste üben nicht ganz so ehrbare Berufe aus. Die Kneipe ist ein Treffpunkt der Berliner Unterwelt, von Gangstern aller Couleur, Taschendieben zum Beispiel, und Zuhältern, registrierten Prostituierten und einigen Obdachlosen. Auch deutschsprachige Afrikaner aus Kamerun zählen zu den Gästen. Doch auch Polizeibeamte und Strafverteidiger schauen hier nach Feierabend vorbei und sitzen an ihren Stammtischen. Musik gibt's beim »Hundejustav« natürlich auch: Gitarre, Banjo, der Piano- beziehungsweise Akkordeonspieler kann auch noch singen. Noch besser ist, wenn alle mitsingen und mit ihren Fingern auf die Holztische trommeln. Kneipenwirt Gustav soll früher Hundefänger gewesen sein und das Fleisch der Tiere gerne essen, daher der Name seiner Kneipe.

Noch eine Etage tiefer ist offenbar das Publikum im »Kabarett Rote Mühle« neben dem Schlesischen Bahnhofs angesiedelt. Hier verkehren stumpfe Unterweltgestalten, besonders Zuhälter, Prostituierte, Kokaindealer in ihrer »Freizeit« und den Angaben zufolge Heiratsschwindler. Jede Nacht soll es in dem alten, brechend vollen Kellerrestaurant zu Tumulten kommen. Das im

Namen des Lokals verkündete »Kabarett«-Programm scheint künstlerisch nicht besonders anspruchsvoll zu sein: Autor Gordon schreibt von einer benebelten, abgehalfterten Chanteuse, einem Stegreifdichter, einem Tanzpaar, das miteinander verheiratet ist, und einem Bauchredner aus der Nachbarschaft. Wegen des in Unmengen getrunkenen Alkohols sollen die »Künstler« vom Publikum derbe beschimpft worden sein, was wohl mit zum besonderen Charme dieses Etablissements gehörte.

Das »Kabarett Rote Mühle« sollte übrigens nicht verwechselt werden mit der Bar »Rote Mühle« in Friedrichshain, die wiederum ein sehr schickes Etablissement zu sein scheint und mit einem künstlerisch gestalteten Plakat für sich wirbt.

Wenn es dunkel wird, gehen überall in in den Restaurants, Cafés, Bars, Cabarets, Revuen, Tanzlokalen und Lasterhöhlen der Hauptstadt die bunten Lichter an, und die Musik spielt auf. Im Krieg galt noch ein totales Tanzverbot, das erst Silvester 1918 aufgehoben wird. Tags drauf meldet das »Berliner Tageblatt«: »Wie ein Rudel hungriger Wölfe stürzt sich das Volk auf die lang entbehrte Lust. Noch nie ist in Berlin so viel, so rasend getanzt worden.« Und seitdem tanzt Berlin jede Nacht auf dem Vulkan.

Das Nelson-Theater am Kurfürstendamm präsentiert am Silvesterabend 1925 eine Varieté-Sensation: Dort tritt ein aufstrebender Star aus der Pariser »Revue Nègre« auf, ein 19-jähriges, bisexuelles Tanzwunder aus Übersee – Josefine Baker. Die Berliner Zeitungen kriegen sich vor Begeisterung kaum noch ein. Baker wirbelt über die Bühne mit nackten Brüsten, lässt ihre mit roten und blauen Federn geschmückten Hüften kreisen, schneidet Grimassen, läuft auf allen vieren, trillert mit den Füßen und tanzt einen rasend schnellen Charleston. Die Zuschauer geraten in Ekstase. »Ihr Popo, mit Respekt zu vermelden, ist ein schokoladener Grieß-Flammerie an Beweglichkeit«, schreibt die Kulturzeitschrift »Der Querschnitt«. Atemberaubend ist Bakers erotischer Pas de deux mit ihrem Bühnenpartner, dem Senegalesen Joe Alex,

Im Berlin der zwanziger Jahre tanzt man Charleston und trinkt Champagner.

genannt »Danse sauvage« – wilder Tanz. Als sich die Tänzerin ab April 1926 den berühmten Gürtel aus Plüschbananen um die Hüften bindet, avanciert sie über Nacht zum ersten schwarzen Superstar. Die schlanke junge Frau mit den sinnlich-akrobatischen Bewegungen ist ein Sexsymbol und passt perfekt zum vergnügungssüchtigen Berlin der zwanziger Jahre.

In ihren Memoiren schreibt Josefine Baker später, dass sie in keiner anderen Stadt so viele Blumen und Geschenke bekommen habe: »Berlin, das ist schon toll! Ein Triumphzug. Man trägt mich auf Händen.« Sie feiert die Nächte durch und entdeckt in Berlin das beste Bier der Welt. Die gefeierte Künstlerin löst eine wahre Tanz-Manie aus.

Charleston, Shimmy und Foxtrott heißen die neuen Tänze aus Amerika. Lernste schnell! Hoch die Schampus-Gläser und hoch die Mollen! Die Stadt kann den Hals nicht voll genug kriegen. Berlinerinnen kappen die alten Zöpfe, tragen jetzt Bubikopf und dazu Seidenstrümpfe. Gemeinsam haut man sich die Nächte um die Ohren. Berlin flirtet, knutscht und hat Sex, auch Männer mit Männern und Frauen mit Frauen oder alle miteinander. Zugucken oder mitmachen – alles ist möglich. Berlin raucht Kette und zieht von einem Nachtlokal zum nächsten. Zig Millionenstädter leben mit ihrer Lebenslust, ihrem Lebenshunger und ihrer Lebensgier in »Sünde«. Weg mit den alten wilhelminischen Moralvorstellungen! Und weg mit der Angst, Angst vor Krieg, Armut und Ungewissheit, lasst uns lieber ins Vergnügen stürzen!

Der Schriftsteller Klaus Mann, Sohn des Nobelpreisträgers Thomas Mann, beschreibt in seiner Autobiografie »Der Wendepunkt« 1942, wie er die Hauptstadt in den zwanziger Jahren wahrgenommen hat:

> »Ich bin Babel, die Sünderin, das Ungeheuer unter den Städten. Sodom und Gomorra waren nicht halb so verderbt, nicht halb so elend wie ich! Nur hereinspaziert, meine Herrschaften, bei mir geht es hoch her, oder vielmehr, es geht alles drunter und drüber. Das Berliner Nachtleben, Junge-Junge, so was hat die Welt noch nicht gesehen! Früher mal hatten wir eine Armee, jetzt haben wir prima Perversitäten! Laster noch und noch! Kolossale Auswahl! Es tut sich was! Das muß man gesehen haben!«

Der britische Schriftsteller Netley Lucas, eine schillernde Persönlichkeit und selbst mehrfach verurteilter Trickbetrüger, zeichnet das damalige Berlin sogar in noch drastischeren Worten:

> »Und nun kommen wir zu der schäbigsten Unterwelt aller Städte – jener des Nachkriegs-Berlins. Seit der Friedenserklärung sucht Berlin sein Heil in den schlimmsten Ausschweifungen, die man sich nur vorzustellen vermag. Der Deutsche ist abstoßend in seiner Amoral, er wünscht seine

Halbwelt und seine zwielichtigen Vergnügungen ohne jegliche Kultur oder Verfeinerung; er genießt das Obszöne in einer Form, die nicht einmal die Pariser dulden würden.«

Mit dieser für Berlin wenig schmeichelhaften Meinung ist Lucas nicht alleine. Auch der damalige Auslandskorrespondent der »Chicago Daily News«, Ben Hecht, ist nicht angetan von den Ausschweifungen der Metropole. Er bezeichnet die Hauptstadt kurz und knapp als »erstklassige Brutstätte des Bösen«.

Ist Berlin in den Zwanzigern wirklich der tiefste Sündenpfuhl der Welt? Zeitzeuge Klaus Mann schreibt, dass »Millionen von unterernährten, korrumpierten, verzweifelt geilen, wütend vergnügungssüchtigen Männern und Frauen« versuchen, sich durch ihre Exzesse in einer auf den Kopf gestellten Welt der Realität des Alltags zu entziehen. Dafür bietet die Stadt eine Menge exzellente Möglichkeiten, von der einfachen Kaschemme bis zur kristalllüsternen Edelbar. Und überhaupt ist Berlin damals ja die Stadt der jungen, lebenshungrigen Menschen: Ein Drittel der Bevölkerung ist unter 18 Jahre alt.

DER BERÜHMTE STRAFVERTEIDIGER MIT
DEM MONOKEL: DR. DR. ERICH FREY

Einer der schillerndsten und bekanntesten Berliner der Weimarer Zeit ist ausgerechnet ein Strafverteidiger. Erich Frey macht sich durch seine Mandate in Sensationsprozessen einen Namen. Er verteidigt die beiden Massenmörder Friedrich Schumann und Carl Großmann, verhilft der Führungsriege des Ringvereins »Immertreu« zu Freisprüchen beziehungsweise lächerlich geringen Strafen und kann auch Deutschlands erste Nacktänzerin, Lola Bach, vor einem längeren Gefängnisaufenthalt bewahren.

Frey bereitet seine jeweilige Verteidigungsstrategie psychologisch klug vor und beherrscht das juristische Instrumentarium in seiner ganzen Breite. Noch dazu weiß er sich in den Medien gekonnt in Szene zu setzen. Seine Prozesse führt er mit einer Mischung aus notwendiger Ernsthaftigkeit und, wo es möglich ist, hintergründigem Humor.

Zu seinen Markenzeichen entwickeln sich ein schon fast dandyhafter Kleidungsstil – schwere Pelze, auffallend karierte

Dr. Dr. Erich Frey als Verteidiger während des Immertreu-Prozesses (1929)

Mäntel mit Riesenrevers, helle Weste zu dunklem Anzug – und natürlich sein Monokel. Dieses randlose Einglas trägt Frey vor sein rechtes Auge geklemmt. Wie ein Theaterrequisit kann er es während einer Zeugenbefragung oder eines Plädoyers mit hochgezogenen Augenbrauen in seine Hand fallen lassen – um es anschließend, vielleicht bei einer Auseinandersetzung mit dem Staatsanwalt, wieder einzusetzen und seine Augen streng zusammenzuziehen.

Sein Vater Siegfried war ein wohlhabender Kaufmann, der seinem Sohn ein Jura-Studium in Berlin, München und Lausanne ermöglichen konnte. Das Exportgeschäft seines Vaters möchte Frey jedoch lieber nicht übernehmen. »Mit Justitia als Weggenossin«, schreibt Frey später in seiner Autobiografie, scheint ihm der Weg offen zu stehen zu unzähligen Berufen: Reichsgerichtspräsident könnte er werden, Vorsitzender eines großen Aufsichtsrates oder Reichskanzler wie Bismarck. Und genau wie Bismarck fällt auch er durch das erste juristische Examen, bekennt er offen in seinem Buch. Die Uni sei nun mal viel weniger anziehend als die Mädchenpensionate rund um den Genfer See, und die weichen Sessel der Konditoreien verlockten mehr als die harten Holzbänke der puritanischen Hörsäle. Bekenntnisse eines Lebemanns, die er in seinen Memoiren blumig ausschmückt.

Zehn Jahre nach seinem Abitur hat Frey dann doch alle notwendigen Examina geschafft und sich sogar zwei Doktortitel erarbeitet – einen »Dr. jur.« und einen »Dr. phil.«. 1911 beginnt er seine Arbeit als Strafverteidiger in Berlin, er ist jetzt 29 Jahre alt.

Drei Jahre später heiratet Frey seine erste Frau, Marie-Charlotte Wetzel, ebenfalls Jüdin, die mit ihrem Bräutigam zum Protestantismus konvertiert. Im gleichen Jahr zieht der frisch gebackene Ehemann an die Front. 1914 meldet sich Frey freiwillig zum Kriegsdienst und dient als Offizier in der 1. Marine-Division in Flandern.

Seine Erfahrungen dort machen ihn zu einem unerbittlichen Kriegsgegner: Der Krieg stelle einen Massenmord dar und seine Verherrlichung durch die Politik trage zum Werteverfall und zur Brutalität der Gesellschaft bei, ist er überzeugt. Zurück von der Front, nach der Novemberrevolution von 1918, wirkt Frey in zahlreichen Prozessen gegen Mitglieder des marxistischen Spartakusbundes als Verteidiger mit. Die Kombination aus Kriegsgegner und Spartakus-Anwalt legen den Schluss auf einen linksliberalen Geist nahe.

In seiner sehr unterhaltsamen Autobiografie »Ich beantrage Freispruch« schildert Frey viele seiner beeindruckendsten Fälle mit einem emotionalen Blick. In seinen Gesprächen mit den Angeklagten – in ihrer Gefängniszelle oder in ihrem privaten Umfeld – sucht er nach strafmildernden Umständen im persönlichen Schicksal der Menschen, die dann im günstigsten Fall zum Freispruch führen können. Das gelingt natürlich nicht immer. Mit seinem Buch möchte Frey, wie er schreibt, Verständnis für seine

Mandanten wecken und zeigen, »daß selbst im unbegreiflichsten Verbrecher ein Mensch steckt«.

Neben den Massenmördern Schumann, Großmann und Haarmann und »Gaunern in Frack und Pullover« ist ein Kapitel den »Frauen in Moabit« gewidmet, dem Berliner Bezirk, in dem sich das Kriminalgericht befindet. Fünf besondere Damen hat Frey vor Gericht vertreten, darunter Deutschlands erste Nackttänzerin, deren Geschichte den Strafverteidiger tief berührt hat.

Sein Kapitel über Lola Bach leitet Frey mit den nachdenklichen Worten ein:

»Jede Nachkriegszeit bringt Verbrechen mancher Art hervor. Nicht nur die schrecklichsten Auswüchse, die Massenmörder, verlangten Beistand. Als Rechts-Anwalt, als unabhängiger Diener der Gerechtigkeit und des Rechtes, mußte ich auch anderen helfen, die die Unruhe der Zeit zugrunde zu richten drohte.
Von einigen solchen Fällen will ich nun berichten. Frauenschicksale sind es. Sie sind verschieden wie das Leben selbst, doch gleich in einem: in Not geratene Menschen.«

Lola ist als Teenagerin eine talentierte Ballettschülerin in Dresden, als sie dort noch während des Krieges den wesentlich älteren »Privatgelehrten Dr. Römer« kennenlernt. Der Name ist ein Pseudonym, das Frey gewählt hat, um mögliche Regressforderungen dieses Herrn zu vermeiden. Lola jedenfalls verfällt dem als Playboy geschilderten »Dr. Römer«, fliegt aus der Ballettschule, und auch ihre Eltern setzen sie vor die Tür.

Die junge Frau folgt »Dr. Römer« nach Berlin, der sie ermutigt, ihr eigenes naturalistisches Tanz-Theater zusammen mit anderen jungen Schönheiten auf die Bühne zu bringen – nackt. »Dr. Römer« sorgt für die entsprechenden Räumlichkeiten und das zahlende Publikum. Im Frühjahr 1921 feiert das »Lola-Bach-Ballett« unter

Anzeige für den Auftritt Lola Bachs mit ihrem »Schönheits-Ballett« (1925)

rasendem Applaus Premiere. Doch hinter Lolas Rücken verkauft der geschäftstüchtige Galan Lolas Tänzerinnen an reiche Gönner, wie sie herausfindet. »Dr. Römer« dämpft Lolas Wut und Enttäuschung mit Kokain, vom dem sie genauso abhängig wird wie von ihrem skrupellosen Geliebten.

Ihre ehemalige Mittänzerin und Freundin Marlen ist inzwischen die Geliebte eines älteren, reichen Verlegers, doch als Marlen durch den Kokainkonsum deutlich an Reizen einbüßt, verliert ihr Gönner die Lust an ihr. Marlen ist so verzweifelt, dass sie sich umbringt. Und Lola muss sie anschließend im Leichenschauhaus identifizieren. Für die 21-Jährige bricht eine Welt zusammen. Sie schämt sich, fühlt sich am Tod ihrer Freundin mitschuldig – kann aber einfach nicht die Kraft aufbringen, sich von »Dr. Römer« und dem Kokain zu trennen.

Im August 1921 kommt zu ihrem Unglück eine Anklage wegen »Erregung öffentlichen Ärgernisses« dazu. Polizeispitzel haben ihre Tanzvorstellung besucht, jetzt droht Lola eine Gefängnisstrafe. In dieser Zeit lernt sie Anwalt Frey kennen, der sie verteidigen soll.

Wie sehr Frey seine erste Begegnung mit Lola bei ihrer Aufführung im Tanztheater beeindruckt, macht seine leidenschaftliche Erinnerung deutlich:

>Was dann kam, war Magie. Es war kein Tanz mehr. Es war eine berauschende, übergangslose Folge von allem, was je irgendwo auf der Welt getanzt worden war. Vom Kasotschok der russischen Steppe zum spanischen Flamenco, vom balinesischen Tempeltanz zum Liebestanz des Harems, zum Walzer, zum Tango … Ich war wie verzaubert, wie benommen.«

Diese Kunst soll ein strafbares öffentliches Ärgernis sein? Anwalt Frey überredet die 6. Strafkammer des Landgerichts in Berlin-Moabit zu einem Ortstermin. Sein Kalkül ist, dass die beteiligten Männer erkennen, dass Schönheit nie unsittlich sein kann. Lola führt mit ihrem Ensemble einen Schleiertanz auf, ein »Mode-Ballett« mit Hüten und Stöckelschuhen und zum Abschluss ihre Spezialität, »Die Nonne«, komplett nackt.

Lola kommt dank Frey mit einem blauen Auge davon: Sie erhält einen Monat Gefängnis mit Bewährung. Sie berichtet Frey von einem Kind, das sie zu ihren Eltern gegeben hat. Was aus ihm geworden ist, ist nicht bekannt. Später tourt sie mit ihrer Tanztruppe durch Deutschland, ihre Kokainsucht wird sie jedoch offenbar nicht mehr los. Sie erkrankt an Tuberkulose und stirbt mit nur 30 Jahren.

Lola Bach ist in dieser Zeit nicht die Einzige, die mit dieser verhängnisvollen Sucht zu kämpfen hat. Frey beschreibt die Verfügbarkeit von Kokain in der Hauptstadt Anfang der zwanziger Jahre vor allem in den schickeren Gegenden:

»Koks bitte gefällig!« So raunte, flüsterte es ringsum, wenn man sich nach Anbruch der Dunkelheit durch das Menschengewühlt der Straßen schob. Am Alexanderplatz, unterm U-Bahnbogen der Bülowstraße und rund um die Gedächtniskirche waren die Hauptmärkte, die Kokain-Börsen. Von da aus schwärmten die Verkäufer aus, durchstreiften die Lokale, versorgten Schankkellner, Barfrauen, Garderobieren und Portiers mit kleinen Briefchen, in denen das weiße Pulver erhalten war – Kokain. (…) Wie viele habe ich bei meinen Streifzügen durch das nächtliche Berlin gesehen. Da saßen sie vor einer Tasse Kaffee mit zitternden Händen und leeren, angstvoll suchenden Augen, zählten ihre letzten Geldscheine, wieder und immer wieder, und hofften, daß ein barmherziger Kokainschieber ihnen eine Prise zum halben Preis geben würde. Denn die Preise stiegen mit der sprunghaften Nachfrage und dem rapiden Verfall der Mark …«

Erich Frey ist ein guter Beobachter und treibt offenbar häufig selbst durch das ausschweifende Berliner Nachtleben. Er beschreibt seine Stadt als »Rummelplatz Europas, das zum Zentrum einer erotischen Internationale geworden war«.

Er besitzt ein Zehn-Zimmer-Haus in der Villenkolonie Teltow-Seehof, das er mit seiner ersten Frau Marie-Charlotte und seiner Schwiegermutter bewohnt. Im vornehmen Seehof kennt ihn fast jeder, und im eleganten Restaurant »Waldschlösschen« ist er Stammgast. Die Familie besitzt außerdem in Berlin noch eine Wohnung in der Bellevuestraße 21/22, im Haus des Café Josty. Hier befindet sich auch seine immer größer werdende Kanzlei, die Frey mit zunehmendem Erfolg und sprudelnden Anwaltshonoraren ganz nach seinem exquisiten Geschmack ausstattet: Smyrna-Teppiche, »in denen der Fuß des Besuchers versank, zahlreiche hübsche Sekretärinnen, die in meiner Kanzlei ihr geschäftiges Unwesen treiben«. Seine Mandanten lässt Frey durch einen »Boy« empfangen, auf dessen lichtgrüner Livree ein gesticktes F prangt. Der Medienliebling genießt seinen Ruhm, seine Präsenz in der Presse und lebt seine exzentrische Egomanie ganz ungeniert. Dabei beschreibt Frey sich selbst als auch Arbeitstier, das besessen ist vom Kriminalgericht Moabit: »Aber ich konnte dem Ziehen, dem Drängen nicht widerstehen. Wie mit magischer Gewalt riß es mich an den Ort, der zum Schauplatz und Inbegriff meines Denkens geworden war.« Neben dem Verfassen von juristischen Schriften schreibt Frey auch Theaterstücke. Aufgrund seiner öffentlichen Bedeutung soll er zudem für verschiedene Politiker als Berater tätig gewesen sein.

Die Leser der Tageszeitungen, die Journalisten und die Juristen sind sich einig über die besondere Relevanz von Strafprozessen. Wie unter einem Brennglas treten gesellschaftliche Zustände und Veränderungen vor Gericht plastisch hervor, auch die Bevölkerung nimmt daran regen Anteil. Bei sogenannten Sensationsprozessen vermeldet die Berliner Presse regelmäßig »tumultartige Szenen«, bei denen das Gerichtsgebäude großräumig abgesperrt werden muss. Ehrfürchtig teilt sich die Menschenmenge, und die Absperrungen werden zur Seite geschoben, wenn der dandyhaft herausgeputzte Staranwalt Dr. Dr. Frey zum Hauptportal schreitet, das Monokel vors rechte Auge geklemmt, die bestmögliche Verteidigung seiner Mandanten fest im Blick.

Bereits vor der Machtübernahme der Nationalsozialisten hat sich Frey mit seiner Berufspraxis Feinde in rechten Kreisen gemacht. Nach dem Januar 1933 gerät er immer stärker unter Druck, auch wegen seiner jüdischen Herkunft. Die Nationalsozialisten haben einen anderen Blick auf Verbrecher als die Demokraten der Weimarer Republik: Das Verbrechertum soll am besten ganz ausgelöscht werden. Für versierte Strafverteidiger hat man daher im »Tausendjährigen Reich« wenig Verwendung. Im letzten Kapitel seiner Memoiren mit der Überschrift »Schlussplädoyer« beschreibt Frey seine Flucht, die ihm nur um Haaresbreite gelungen ist:

»Am 30. Januar 1933 sprach ich am Sender Breslau über das
Thema ›Neben dem Recht‹. Die ehemals hochkonservative
›Schlesische Zeitung‹ begrüßte mich mit einem kräftigen
Angriff. Es war harmlos im Vergleich zu dem, was dann im
›Völkischen Beobachter‹ und in dem ›N. S. Rechtsspiegel‹
stand (…). Immerhin wurde mir dabei die Erwähnung
zuteil, ich sei ›bis zum Umbruch führender Advokat in Berlin‹ gewesen … Man tat mir also die Ehre an, mich als Gegner ernst zu nehmen, was bald einen Haftbefehl gegen mich
heraufbeschwor.

Die Rettung verdanke ich einem Rechtskollegen, einem Mitglied des Kriminalbeamten-Verbandes, dessen Syndikus ich
war. Am 20. Oktober 1933 fragte er mich, was ich einem politisch unerwünschten Mandanten raten würde, gegen den in
dieser Zeit ein Haftbefehl ausgesellt werde. Und die Art, wie
er mich dabei anblickte, war unmißverständlich.

Hoffentlich liest er diese Zeilen und weiß, daß ich ihm heute
noch dankbar bin. Meine Wohnung suchte ich gar nicht mehr
auf, denn dort würde man mich schon erwarten; ich fuhr mit
einem Taxi zum Anhalter Bahnhof, um über Zürich nach
Paris zu gelangen. Auch der Deutsche Eisenbahner-Verband
hatte mich zu seinem Syndikus gemacht.

Der Schaffner an der Bahnsteigsperre kannte mich. Er flüsterte mir zu: ›Sie Glücklicher können abhauen!‹ Mit einer
Bahnsteigkarte für 10 Pfennig betrat ich den Zug. Das war
der Abschied von Berlin.«

Bei seiner Flucht aus Deutschland ist Frey 54 Jahre alt. Sein Weg
führt ihn nach Santiago de Chile, wo er bis zu seinem Tod mit
82 Jahren lebt. In seinem geliebten Beruf als Strafverteidiger kann
er nie wieder arbeiten. Und im Exil, schreibt er, sehnte er sich nach
seiner Heimat.

DER »EINSTEIN DES SEX«:
EIN WISSENSCHAFTLER KLÄRT AUF

Während der Kaiserzeit gibt es in Deutschland eine sehr klare gesellschaftliche Vorstellung davon, wie Männer und Frauen zu leben haben, wie sie sich kleiden müssen und welche Rolle ihnen im Leben zugewiesen ist. Und natürlich auch davon, mit wem sie sich wann sexuell einlassen dürfen. Homosexualität steht unter Strafe, zunächst nur für Männer. Ab 1909 soll bei der Neufassung des »Unzucht-Paragrafen« auch die lesbische Sexualität mit einbezogen werden. Nach Recht und Gesetz muss die Polizei gemäß dem berüchtigten Paragrafen 175 des Strafgesetzbuches diese »Delikte« verfolgen. Im Volksmund werden Homosexuelle deswegen häufig als »175er« bezeichnet.

Das Gesetz, das Tausende Homosexuelle kriminalisiert hat, stammt aus dem Jahr 1871 und hat folgenden Wortlaut:

»Die widernatürliche Unzucht, welche zwischen Personen männlichen Geschlechts oder von Menschen mit Thieren begangen wird, ist mit Gefängniß zu bestrafen; auch kann auf Verlust der bürgerlichen Ehrenrechte erkannt werden.«

Als einem der ersten Sexualwissenschaftler weltweit gelingt es dem Berliner Arzt Dr. Magnus Hirschfeld während der Weimarer Zeit, die Homosexualität zumindest für kurze Zeit jenseits einer Kriminalisierung in die öffentliche Diskussion zu bringen. Mehr noch: Mit seinen wissenschaftlichen Arbeiten zum Thema der gleichgeschlechtlichen Liebe und zu den von ihm propagierten »sexuellen Zwischenstufen« schafft Hirschfeld die Grundlage einer Sexualpolitik, die weltweit »die volle Verwirklichung der sexuellen Menschenrechte« zum Ziel hat. Hirschfeld selbst ist ebenfalls schwul.

Magnus Hirschfeld in seinem Berliner Institut (1920)

Anfang der zwanziger Jahre lernt er bei einem Vortrag Karl Giese kennen, der bis zu seinem Tod sein Geliebter ist. 1931 trifft Hirschfeld in Shanghai seinen zweiten Geliebten, den 23-jährigen Medizinstudenten Tao Li. Ab diesem Zeitpunkt führen die Männer eine *ménage à trois.*

Neben dem Recht auf sexuelle Selbstbestimmung geht es dem engagierten Forscher um eine positive Einstellung zum Sex, er will die Beziehungen zwischen den Menschen fördern und damit die Lebensqualität der heranwachsenden Generationen verbessern. Hirschfeld macht das Thema Sex salonfähig. Er klärt auf, er holt »das Natürlichste von der Welt« aus der verschämten Flüsterecke und stellt es in ein wissenschaftliches und damit öffentliches Licht.

Hirschfeld fordert, dass sexuelle Minderheiten wie Homosexuelle, Transvestiten (diese Bezeichnung hat Hirschfeld 1910 erschaffen), Hermaphroditen und Transsexuelle ohne staatliche Verfolgung und ohne gesellschaftliche Ächtung leben dürfen. Das freizügige, liberale und rote Berlin ist damals die ideale Stadt für Hirschfelds Engagement. Die linken Parteien unterstützen seine Forderungen, besitzen jedoch für die rechtliche Umsetzung nicht die notwendigen Mehrheiten.

Doch neben dem Kampf gegen die rechtliche Diskriminierung ist für den Forscher auch die Stärkung des Selbstwertgefühls der Homosexuellen wichtig. Hirschfeld möchte vermeiden, dass sich Betroffene aus einem Gefühl der Wertlosigkeit und der gesellschaftlichen Ächtung heraus das Leben nehmen. Seinen Therapie-Ansatz beschreibt er damals so:

> »In diesem Falle werden wir die homosexuelle Persönlichkeit – gleichviel ob Mann oder Weib – in erster Linie zu beruhigen haben; wir werden ihr erklären, dass es sich um eine eingeborene unverschuldete Triebrichtung handelt, die nicht als solches, sondern durch die ungerechte Beurteilung, die sie erfährt, ein Unglück darstellt, daß sittlich hoch-

stehende Homosexuelle, worunter nicht nur völlig abstinente zu verstehen sind, ›mehr Unrecht leiden, als Unrecht tun‹; wir werden weiterhin auseinandersetzen, daß das Unglück, homosexuell zu sein, sehr oft überschätzt wird, daß es viele keineswegs als solches empfinden, und die Homosexualität niemanden hindert, wenn auch gegenwärtig noch vielfach unter erhöhten Schwierigkeiten, ein tüchtiger Mensch, ein sozial nützliches Glied der Gesellschaft zu werden.«

Ein »nützliches Glied der Gesellschaft« – das ist der Arzt zweifellos selbst. 1868 wird Magnus Hirschfeld im westpommerschen Kolberg geboren, sein Vater ist ebenfalls Arzt, die Familie ist jüdisch. In Berlin wird Hirschfeld als 26-Jähriger zum Doktor der Medizin promoviert. Bis zum Ersten Weltkrieg gründet er zusammen mit anderen modernen Denkern ein Komitee, um sexuelle Handlungen zwischen Männern zu entkriminalisieren und um den Paragrafen 175 am besten gleich ganz abschaffen zu lassen. Doch das wird noch fast 80 Jahre dauern: Erst 1994, nach der deutschen Wiedervereinigung, wird der Paragraf 175 auch aus dem Strafgesetzbuch ersatzlos gestrichen werden.

Der Mediziner gibt eine regelmäßig erscheinende Zeitschrift mit dem Titel »Jahrbuch für sexuelle Zwischenstufen« heraus und veröffentlicht schon 1910 eine Forschungsarbeit zu einem unerhörten Thema: »Die Transvestiten: Eine Untersuchung über den erotischen Verkleidungstrieb«. Vor Gericht fungiert er als Gutachter für »sexualkundliche Fragen«.

Während des Krieges arbeitet Hirschfeld als Lazarettarzt, seine wissenschaftliche Arbeit muss ruhen. Doch gleich nach Kriegsende richtet er 1918 die »Dr. Magnus Hirschfeld-Stiftung« ein, im Jahr darauf gründet er das berühmte »Institut für Sexualwissenschaft«. Die weltweit erste »Internationale Tagung für Sexualreform auf sexualwissenschaftlicher Grundlage«, die 1921 mit mehr als 3000 Teilnehmern aus aller Welt, von Japan über Russland bis in die USA, stattfindet, organisiert Hirschfeld ebenfalls.

Das Institut für Sexualwissenschaft hat seinen Sitz in der ehemaligen Villa Joachim im Berliner Tiergarten, Ecke Beethovenstraße/In den Zelten. Die Räumlichkeiten sind großzügig: Es gibt Vortragssäle, Labore, mehrere Kliniken, Beratungs- und Studienräume sowie ein Museum der Sexualpathologie. Die größte Sammlung sexualspezifischer und auch pornografischer Bücher Europas ist in der Bibliothek des Instituts untergebracht und steht allen Lesern frei zur Verfügung.

Das Institut entwickelt sich zu einer ambulanten Einrichtung bei Sexualproblemen und dient der Untersuchung, Begutachtung und Behandlung sämtlicher Sexualstörungen. Die ärztliche Beratung in dem Institut ist kostenlos. Geschlechtskrankheiten werden hier behandelt und auch Schwangerschaftsabbrüche durchgeführt. So

Hirschfeld im Garten des Instituts mit zwei Transvestiten

wird die Villa im Tiergarten zum Zufluchtsort für Menschen in sexueller Not und ist dabei Hospital und freie Universität zugleich. Über 1000 Ärzte besuchen das Institut jährlich, um sich zu informieren. Hirschfeld und sein Team bieten den Medizinern Filmvorführungen, Diskussionen und Vorträge an. Schon beim Betreten der Räumlichkeiten kommen sie aus dem Staunen nicht mehr heraus: Hirschfeld hat seine Fallstudien auf Holztafeln illustriert, die er »Galerie der sexuellen Triebstörungen« nennt. Ein Vergewaltiger hat seine Taten aufgemalt, ein erst 12-Jähriger seine masochistischen Neigungen als blutiges »Hinternversohlen am Fließband« zeichnen lassen. Dazu stellt Hirschfeld eine umfangreiche Fetischsammlung und alle erdenklichen erotischen Hilfsmittel in Glaskästen aus, von afrikanischen Dildos bis zu Folterinstrumenten aus einem deutschen Bordell. Auf besonderes Besucherinteresse stößt Spitzenunterwäsche, die gefallene Offiziere unter ihren Uniformen im Krieg getragen haben sollen. Sexmaschinen sind ebenso zu besichtigen wie Masturbationsgeräte. Eines weiß der Besucher anschließend ganz sicher: Beim Thema Sex gibt es offenbar nichts, was es nicht gibt.

Ab 1926 bietet das Institut jeden Montagabend Informationsveranstaltungen zur menschlichen Sexualität an, zugänglich für jedermann. Außen an der Villa ist ein Kasten angebracht, in den der Besucher oder die Besucherin anonym Zettel mit Fragen einwerfen kann. In der abendlichen Versammlung werden diese Fragen dann von den Mitarbeitern des Instituts beantwortet. Die meisten drehen sich offenbar um das Thema Empfängnisverhütung. Welche nachteiligen Folgen der regelmäßige *Coitus interruptus* für einen Mann habe, will ein Schleswig-Holsteiner gerne erfahren. Diese Praxis sei bei ihm auf dem Land und in seiner Familie weit verbreitet. Auch das Thema der versiegten Lust einer jungen Frau auf ihren Partner nach zwei Jahren Geschlechtsverkehrs und trotz »guten Einvernehmens« wird angesprochen. Ob er oder sie die Frage gestellt hat, ist aufgrund der Anonymität nicht bekannt – genauso wenig wie die damalige Antwort. Die Montagabende im Institut sind so etwas wie ein öffentliches »Dr. Sommer«-Format. Mutig und wissbegierig sind die Menschen damals, die dieses Angebot annehmen.

Hirschfeld gilt als Menschenfreund. Er möchte, dass sich Männer und Frauen sexuell entfalten können, wenn sie damit niemandem Schaden zufügen. Nicht nur die Homosexualität möchte er entkriminalisieren, auch die Empfängnisverhütung soll seiner Meinung nach zum grundlegenden Recht werden. Schon die Werbung für empfängnisverhütende Mittel ist in der Weimarer Reichsverfassung von 1919 verboten worden. Kondome, Pessare und »chemische Spülungen« gibt es zwar, doch nur für teures Geld und auf ärztliches Rezept. Mit diesen Forderungen verbindet Hirschfeld seine Wissenschaft mit seinen politischen Aktivitäten. In seinem Institut ist der Leitspruch »Per scientiam ad justitiam« zu lesen, »Durch Wissenschaft zur Gerechtigkeit«. Diese Philosophie beschreibt Hirschfelds Ideale auf den Punkt.

Von radikalen Rechten wird der Wissenschaftler massiv bekämpft. Als Hirschfeld im März 1920 Vorträge in Hamburg hält, werfen Unbekannte – sehr wahrscheinlich Freikorpsmitglieder – Feuerwerkskörper in den dicht besetzten Zuschauerraum. Bei ähnlichen Veranstaltungen in Köln kann der Mediziner nur unter Polizeischutz auftreten. Vorträge in Stettin und Nürnberg müssen wegen Drohungen sogar ganz abgesagt werden. In München muss Hirschfeld einen hohen Preis für sein Engagement zahlen. Nach einer Veranstaltung 1920 wird er auf dem Rückweg ins Hotel so brutal zusammengeschlagen, dass er blutend und schwer verletzt auf dem Gehweg zusammenbricht. Die Angreifer können nicht ermittelt werden. Zeitungen vermelden bereits seinen Tod, die »New York Times« schreibt: »Dr. Magnus Hirschfeld, der bekannte Sexualforscher, starb heute in München aufgrund von Verletzungen, die ihm durch einen judenfeindlichen Mob zugefügt wurden.«

Hirschfeld wird zum Hassobjekt der radikalen Rechten, wie der Historiker Robert Beachy in seinem Buch »Das andere Berlin« beschreibt. Die NSDAP sieht in dem »Schwulen-Freund« eine treibende Kraft für die »Zersetzung« Deutschlands durch die Juden. Auch Adolf Hitler schießt sich früh auf Hirschfeld ein. Bei einem Auftritt des Agitators im Münchener Hofbräuhaus, wenige Tage nach dem Hirschfeld-Angriff, wütet er gegen Hirschfeld und die deutsche Justiz. Sie lasse zu, dass ein solches »Judenschwein« die deutsche Kultur verderbe.

Besonders im Nazi-Blatt »Der Stürmer« bleibt Hirschfeld ein Ziel nationalsozialistischer Hetzkampagnen, seine Vorträge werden regelmäßig von Schlägertrupps gestört. Dabei sollen einige Nationalsozialisten seine Patienten gewesen sein.

Während Hirschfeld sich ab 1930 seines Lebens in der Heimat nicht mehr sicher gefühlt haben soll, ist er im Ausland hin-

Nach der Verwüstung des Instituts suchen Nazis nach »abartigem« Material für die Bücherverbrennung (1933).

gegen ein hoch geschätzter Wissenschaftler. Er reist auf Einladung der UdSSR nach Moskau und Leningrad, später in die USA, nach Asien und in den Orient. Nach entsprechenden Warnungen beschließt er, im Ausland zu bleiben. Mit seinen beiden Geliebten lebt er bis zu seinem Tod 1935, an seinem 67. Geburtstag, im Exil in der Schweiz und in Frankreich.

1933 wird sein Berliner Institut geschlossen und von nationalsozialistischen Studenten geplündert und zerstört. Die zahlreichen Bücher aus der berühmten Bibliothek werden bei der Bücherverbrennung am 10. Mai 1933 auf dem Berliner Opernplatz ins Feuer geworfen. Den Paragrafen 175 verschärfen die Nationalsozialisten nochmals, Schwule werden massiv verfolgt, zu hohen Haftstrafen verurteilt oder in Konzentrationslager deportiert, wo sie auf der Sträflingskleidung einen rosa Winkel tragen müssen.

Seit Oktober 2017 ist die Bundesrepublik das 24. Land weltweit, in dem Homosexuelle heiraten können. Dazu hätte Magnus Hirschfeld vielleicht gesagt: Besser spät als nie.

EINE KRIMINALPOLIZEILICHE REVOLUTION: ERNST GENNAT UND DIE GRÜNDUNG DER BERLINER MORDINSPEKTION

Während der Weimarer Zeit erlangt die Berliner Kriminalpolizei auch international hohe Anerkennung. Besonders bei Kapitalverbrechen wie Tötungsdelikten können die Ermittler eine glänzende Aufklärungsquote vorweisen: Bei über 90 Prozent der Mord- und Totschlagsfälle ermitteln die Beamten den oder die Täter.

Eine zentrale Rolle spielt dabei der beeindruckende Mann, der die Arbeit der Berliner Polizei revolutioniert, der Kriminalist Ernst Gennat. Bis heute gilt er als außergewöhnlich begabter und erfolgreicher Ermittler. Zwischen 1918 und 1939 gelingt es dem engagierten Polizisten, die unglaubliche Zahl von 298 Morden aufzuklären. Seine Ermittlungserfolge sind schon zu Lebzeiten legendär.

Was macht den Mann so erfolgreich auf seinem Gebiet? Gennat gilt als überaus fähiger Psychologe, was sich nicht nur bei der Beurteilung von Tätern, sondern auch bei der Auswahl seiner Mitarbeiter bemerkbar macht. »Profiling« betreibt Gennat schon, lange bevor der Begriff 40 Jahre später erfunden wird. Wie ein Wissenschaftler geht Gennat an seine Ermittlungen heran – jeden Winkel der Haupt- und Nebenspuren erforscht er akribisch und erstellt so psychologische Profile der Täter. Noch dazu ist der »Kriminalist aus Leidenschaft« hartnäckig und ausdauernd und verfügt über ein phänomenales Gedächtnis. Gennat hat sich seinem Beruf mit Haut und Haar verschrieben. Das einzige Hobby, von dem man weiß, soll die Lektüre lateinischer Klassiker sein, in denen er fließend im Urtext schmökert.

Gennat macht in der Berliner Polizei eine beeindruckende Karriere: Der Kriminalkommissar steigt auf bis zum Regierungs- und Kriminalrat (1934) und Ständigen Vertreter des Leiters der Berliner Kriminalpolizei (1935). Den Leitungsposten selbst wird Gennat nie übernehmen, dafür ist er viel zu demokratisch gesinnt und tritt im Gegensatz zu vielen Kollegen nicht in die NSDAP ein. Doch absägen können die Nazis einen Mann mit so einer umwerfenden Erfolgsbilanz auch nicht.

Im Präsidium trägt Gennat viele Spitznamen, die alle auf seine Körperfülle anspielen: »der volle Ernst«, »Buddha«, oder schlicht »der Dicke«. Doch das schert den 2,5-Zentner-Mann mit der Berliner Schnauze wenig. Der Arbeit bei der Polizei widmet er sein Leben, das lässt sich ohne Übertreibung sagen. Unter drei

Kommissar
Ernst Gennat

Systemen – Kaiserreich, Weimarer Republik, Nationalsozialismus – erledigt er seine Aufgaben scharfsinnig und leidenschaftlich. Dem Klischee des engstirnigen preußischen Beamten entspricht er dabei ganz und gar nicht.

Ernst Gennat ist einfach ein Berliner Original: Menschenfreund und Menschenkenner, Arbeitstier, Kuchenvertilger und dazu ein überzeugter Demokrat, auch wenn ihn Politik als solche herzlich wenig interessiert. Gewalt gegenüber Tatverdächtigen lehnt er ab. »Wer mir einen Beschuldigten anfasst, fliegt! Unsere Waffen sind Gehirn und Nerven«, ermahnt er seine Mitarbeiter.

Schon von Kindesbeinen an ist Gennat mit dem Thema Verbrechen konfrontiert. Sein Vater August Gennat ist der Gefängnisdirektor von Plötzensee, der neu errichteten großen Strafanstalt im Tegeler Forst. Mehr als 1400 Gefangene können hier untergebracht werden. Ernst August Ferdinand Gennat wird auf dem weitläufigen Gelände der Anstalt geboren, am 1. Januar 1880, kurz nach Inbetriebnahme des neuen Gefängnisses. Die Anstalt besteht aus Gefängnistrakten, Beamtenwohnhäusern, Küchenbauten und einem Kessel- und Maschinenhaus. Auch eine Anstaltskirche befindet sich im Haupthaus. Die Strafanstalt Plötzensee ist eine autarke, abgeschiedene kleine Welt für sich.

Hier, in einer Personalwohnung im Gefängniskomplex, verbringt Ernst Gennat seine Kindheit und Jugend mit Vater August, Mutter Clara Luise und einem Bruder. Viele Gleichaltrige werden die beiden Gennat-Jungen auf dem abgelegenen Gelände nicht zum Spielen gefunden haben – und so prägt das Thema Verbrechen und Justiz die Brüder von klein auf. Während Ernst sich für die Polizeilaufbahn entscheidet, wird sein Bruder Staatsanwalt – Strafverfolgung als Familientradition. »Meene Kunden bleiben stets bei mir in der Familie. Ick fang se, meen Bruder verknackt se, und Papa sperrt se inn«, pflegte Kommissar Gennat zu sagen.

Früh kommt Ernst Gennat auch schon mit der sozialen und wirtschaftlichen Misere der untersten Bevölkerungsschichten in

Berührung. Die Historikerin Regina Stürickow beschreibt in ihrem lesenswerten Buch »Kommissar Gennat ermittelt«, dass der spätere Kriminalist schon als Schüler aus Interesse Gerichtsprozesse besucht habe. Insofern hat er bereits ein umfangreiches Vorwissen angesammelt, als er später sein Hobby, seine Leidenschaft zum Beruf macht. Gennat studiert in Berlin acht Semester Jura, verlässt die Uni dann allerdings ohne Abschluss, schon 1904 tritt er in die Kriminalpolizei ein. Im August 1905 wird er bereits zum Kriminalkommissar ernannt.

Gennats Arbeitsplatz ist nun das Polizeipräsidium in Berlin-Mitte, ein gewaltiger roter Backsteinbau am Alexanderplatz, der Hunderte uniformierte und zivile Beamte beherbergt. Koordinierte Mordkommissionen gibt es damals noch nicht, lediglich einen »Mordbereitschaftsdienst« innerhalb der Kriminalpolizei. Über Gennats erste Fälle ist leider nichts überliefert, aber es wird sich nicht nur um Todesfallermittlungen gehandelt haben, sondern auch um Raub, Betrug, Einbruch, Diebstahl und Sexualdelikte. Der junge Kommissar sammelt so grundlegende Erfahrung in allen möglichen Bereichen der Kriminalität.

Über eine Eigenart Gennats berichtet der Polizeihistoriker Harold Selowski: Am Tatort hat Gennat die Angewohnheit, Tatwerkzeuge und schriftliche Beweismittel zunächst unter einer alten Lupe ganz genau in Augenschein zu nehmen. Das Vergrößerungsglas führt er ständig mit sich.

Aus dem jungen Kommissar mit der alten Lupe wird Berlins fähigster Mordermittler. An Pfingsten 1913 gelingt es Gennat, den Sexualmord an dem 12-jährigen Botenjungen Otto Klähn aufzuklären, der die Menschen der Stadt beschäftigt und besorgt. Täter ist der aus Österreich stammende 40-jährige Diener Josef Ritter. Bemerkenswert ist das milde Urteil in dem Fall: Ritter erhält nur fünf Jahre Haft wegen Totschlags, das Mordmerkmal »niedere Beweggründe« sei nicht erfüllt, es läge eine Affekthandlung und damit Totschlag vor, verfügt das Landgericht.

Mit Beginn des Ersten Weltkrieges 1914 werden über die Hälfte der Polizisten zunächst eingezogen, die Polizei ist ab August stark ausgedünnt. Gennat muss offensichtlich nicht an die Front, schon damals gilt er als hervorragender Mordermittler und bleibt an der »Inneren Front«, so ein Buchtitel der damaligen Berliner Polizei. Außerdem gehört der Kommissar nicht zu den sportlichsten Typen, bereits in jungen Jahren ist er stark übergewichtig.

1915 wird die 35-jährige Ladenbesitzerin Martha Klauß in ihrem Kolonialwarengeschäft getötet. Auch diesen Raubmord kann Gennat aufklären. Auf der Suche nach Zeugen spannt er die Zeitungen mit ein und lässt Fahndungsplakate drucken. Bald darauf kann der Kommissar den 20-jährigen Hausdiener Herbert Junge der Tat überführen. Der Mörder hat einen sonderbaren Fetisch: Er ist uniformsüchtig.

Beim Mord an der 32-jährigen Martha Franzke in einem Friseurladen konzentrieren sich die Ermittlungen zunächst auf die Falsche. Doch Gennat entdeckt Widersprüche, die verdächtige Helene Bahl kann nach seiner Auffassung nicht die Täterin gewesen sein. Schließlich überführt Gennat zwei andere Frauen des gemeinschaftlichen Mordes: die 26-jährige Johanna Ullmann, Friseurin, und die 24-jährige Arbeiterin Anna Sonnenberg. Ihr Motiv war Habsucht.

Als die Kriminalbeamten 1918 den Totschlag an der 35-jährigen Schankwirtin Ella Hoffmann in Berlin-Rosenthal aufklären und den Schneider Karl Paulus als Täter ermitteln, kann die Polizei gleich noch einen fünf Jahre alten Doppelmord mit zu den Akten legen: 1913 hat der Mann auch seine Ehefrau und sein Kind ermordet, wie er dem Ermittlerteam rund um Gennat in der Vernehmung gesteht.

Der Kommissar behandelt jeden Fall mit der gleichen Hingebung und Akribie. Dasselbe erwartet er von seinen Mitarbeitern. Es wird berichtet, dass Gennat oft bis tief in die Nacht in seinem Dienstzimmer im Polizeipräsidium sitzt und arbeitet. Misserfolge unterzieht er einer genauen Analyse. Was ist schiefgelaufen, was hätten wir besser machen können? Gennat bündelt seine Auswertungen und entwickelt daraus neue standardisierte Vorgehensweisen. Eine davon ist: Am Tatort wird nichts angeordnet, sondern bereits Angeordnetes durchgeführt. Wer von den Kriminalbeamten am Tatort was und wann zu tun hat, wird schon vorher exakt festgelegt. Diese Lehre ist bis heute gängige Polizeipraxis.

Doch bei aller akribischen Vorbereitung, Planung und Standardisierung, für die Gennat sich einsetzt: Eine wichtige Erfahrung, die er im Laufe der Jahre macht, ist, dass »jedem Täter eine verhängnisvolle Zufälligkeit wie ein treuer Hund nachläuft«. Diesen Zufall müsse sich die Polizei gezielt zunutze machen, so der scharfsinnige Kriminalist.

Schon früh mahnt er in der Behörde Verbesserungen an. Dass er das so unverblümt tut, ist einigen altgedienten Vorgesetzten womöglich ein Dorn im Auge. Außerdem gilt er als »demokratisch bis auf die Knochen«, was so kurze Zeit nach dem Umsturz der wilhelminischen Ordnung des Kaiserreichs in vielen Behörden noch nicht selbstverständlich ist. Zudem ist Gennat der – in damaligen Polizeikreisen seltenen – Auffassung, dass Verbrecher auch bloß Menschen seien. Dass der Kommissar seinen ganzen Ehrgeiz in die Aufklärung der Fälle und die Verbesserung der Polizeiarbeit steckt und nicht in das Erklimmen der Karriereleiter, ist ebenfalls ungewöhnlich.

Woran immer es auch liegt: Jedenfalls muss der erfolgreiche Kriminalkommissar 20 lange Jahre auf seine nächste Beförderung zum Kriminalpolizeirat warten, bis 1925. Erst in diesem Amt kann er die »Kriminalinspektion A« für »Mord/Todesermittlungen« aufbauen und auch gleich die Leitung der 1926 neu gegründeten »Mordinspektion« übernehmen. Etwas Besseres hätte der Berliner Polizei nicht passieren können.

Gennats Ziel ist eine hochqualifizierte Bearbeitung der Fälle und somit eine Steigerung der Aufklärungsquote. Der Kriminalist entwickelt moderne Richtlinien und Arbeitsmethoden, bildet entsprechende Spezialisten heran und vervollkommnet die technischen Apparaturen. Er bildet auch Kommissare anderer Dezernate wie Raub oder Einbruch in seinen Mordkommissionen aus, die bei ihm die Tatbestandsaufnahme und Katalogisierung lernen und ihre Erfahrungen dann in ihren Dienststellen anwenden und weitergeben können. In der neuen Mordinspektion lässt Gennat Informationen aus der kriminalpolizeilichen Dienststelle im Leichenschauhaus, aus der Zentralstelle für Vermisste und unbekannte Tote und aus einer neuartigen Zentralkartei für Morde und Todesermittlungen zusammenlaufen.

Aus jedem Einzelfall will Gennat Methoden und Erfahrungen dokumentieren und damit für die Zukunft nutzbar machen. Also wird ab nun das gesamte Material einer Ermittlung erfasst und ausgewertet – die »Zentralkartei für Mord/Todesermittlungssachen«, so tauft Gennat seine Schöpfung, wird 1926 eingerichtet. Nicht nur Berliner Verbrechen sammeln sich hier, Fälle aus ganz Deutschland und aus dem Ausland wandern in die Zentralkartei. Manchmal soll Gennat dabei »vergessen« haben, entsprechende Akten zurückzugeben. Wird national oder international nach einem Kapitalverbrecher gefahndet, kann die Zentralkartei, falls entsprechende Datensätze vorhanden sind, erkennungsdienstliches Material und wichtige Informationen über das persönliche Umfeld und mögliche Aufenthaltsorte von Opfern und Tätern an die anfordernde Dienststelle liefern. Bis 1945 soll keine andere Polizeibehörde der Welt eine derart umfangreiche Sammlung an Fallbeschreibungen besessen haben wie die Berliner.

Neben der Fahndungsunterstützung können mithilfe der Zentralkartei Straftaten mit ähnlichem oder gleichem Modus Operandi erkannt werden. Die Auswertung der einzelnen Fälle mit allen Erfolgen und auch Misserfolgen eignet sich darüber hinaus ganz hervorragend für Lehrzwecke. Mit seiner Zentralkartei ist Gennat der Pionier der modernen Datenkriminalistik.

Das »Mordauto« im Einsatz

1927 lässt der Ausnahmekriminalist nach seinen Vorgaben einen »Spezialwagen der Mordkommission« entwickeln, der zur Unterstützung der Ermittlungen am Tatort beziehungsweise Fundort eingesetzt werden kann. Die Berliner nennen das Gefährt ganz praktisch »Mordauto«. An Bord sind alle vor Ort benötigten Materialien – versenkbare Tische im Auto, Klapptische zum Aufstellen am Tatort, Schreibmaterialien, Schreibmaschine, Kartenmaterial, Wegmesser, Kompass, Scheinwerfer und Handlampen. Außerdem Handwerkszeug wie Spaten, Axt, Hacke, Drahtschere und Brecheisen sowie alles Erforderliche zur Spurensicherung: Markierungspfähle und -tafeln sowie eine Fotoausrüstung. Ein Arztkoffer ist mit dabei, mit Gummischürze, Gummihandschuhen, Sonden, Pinzetten, Scheren, Mundsperrer. Für Beweisstücke sind entsprechende Behältnisse vorhanden.

Das Mordauto bietet natürlich auch genügend Sitzplätze für die Beamten. Gennats Platz ist rechts hinter dem Fahrer, hier ist vorsorglich die Bodenplatte verstärkt worden, mit Rücksicht auf das beträchtliche Gewicht des Ermittlers. Hersteller der weltweit einmaligen Sonderanfertigung für die Berliner Polizei ist die Daimler-Benz AG. Über die Kosten für das fahrbare Ermittler-Labor finden sich leider keine Angaben.

Wie sieht nun die Bearbeitung eines konkreten Mordfalls nach Gennats Grundsätzen aus? Auch dafür hat der Ausnahmepolizist einen genauen Plan entworfen. Wird von einem Polizeirevier ein neuer Fall gemeldet, tritt die aktive Mordkommission in Aktion. Sie besteht aus einem älteren und einem jüngeren Kommissar, dazu vier bis zehn Kriminalbeamten, einer Stenotypistin, einem Hundeführer nach Bedarf und dem Erkennungsdienst. Schon vor Abfahrt zum Tatort oder Fundort kennen alle genau ihre Aufgabe.

Gennat katalogisiert die Tatbestandsaufnahme in acht aufeinanderfolgenden Schritten, die genau einzuhalten sind. Als einer der ersten erkennt er die immense Bedeutung einer ebenso gründlichen wie vorsichtigen Spurensicherung am Tatort.

Vor Gennats Zeit konnte es schon mal passieren, dass die als Erstes eintreffenden Schutzmänner den Tatort erst Mal ein wenig aufräumen und auch die Leiche pietätvoll aufbahren. Statt den Toten unwürdig gekrümmt am Boden liegen zu lassen, kommt er

An einem Berliner Tatort werden Gipsabdrücke genommen.

doch besser ordentlich aufs Sofa. Unmissverständlich bläut der Kriminalist allen Schutzmännern auf den Revieren ein: nichts anfassen und nichts verändern!

In einer Todesfallermittlung informiert das zuständige Revier als Erstes die Mordkommission, die mit ihrem Eintreffen dann auch die Verantwortung übernimmt. Der leitende Kommissar verschafft sich einen ersten Überblick. Im zweiten Schritt wird besonders bei Tatorten im Freien der Polizeihund eingesetzt. Als Drittes sucht ein Beamter den Tatort oder Fundort ab und markiert Anhaltspunkte. Im vierten Stadium wird der gesamte Bereich fotografiert. Standardbilder sind Gesamtaufnahmen, Nahaufnahmen der Leiche, besonders wichtige Einzelheiten wie Verletzungen. Fünftens folgt die Spurensicherung – Schuhabdrücke, Fahrzeug- und Werkzeugspuren sowie die Sicherung von Fingerabdrücken (in Deutschland 1903 zuerst in Dresden eingeführt). Im sechsten Schritt untersucht anschließend der »Kriminalarzt«, heute Gerichtsmediziner, die Leiche und stellt ein vorläufiges Gutachten. Siebtens folgen das Kennzeichnen und Aufbewahren von Beweisgegenständen, dafür sorgt ein Spezialbeamter. Zum Abschluss wird achtens noch vor Ort der Tatbestandsbericht gefertigt und der Stenotypistin – der einzigen Frau vor Ort – in die Maschine oder in den Block diktiert.

Frauen, das sei an dieser Stelle kurz eingeschoben, dürfen damals in der Polizei lange Zeit nur den Kaffee kochen und die Berichte abtippen. Eine weibliche Kriminalpolizei, »WKP«, wird in Berlin erst 1927 aufgebaut, nach erheblichem Widerstand. Die WKP ist vor allem zuständig für minderjährige Straftäter, Opfer und Zeugen, kooperiert mit Fürsorgeeinrichtungen und wirkt bei der Einleitung von erzieherischen und fürsorgerischen Maßnahmen mit. Ganz allgemein ist die weibliche Kriminalpolizei für kriminell und sexuell gefährdete Minderjährige zuständig. Alle anderen Kriminalitätsbereiche sind noch viele Jahrzehnte lang ausschließlich Männersache.

Gennat selbst hat im Präsidium eine Frau an seiner Seite, die als Sekretärin all die Jahrzehnte treu für ihn arbeitet. Gertrud »Trudchen« Steiner ist ebenfalls Junggesellin und eine Frau von Gennats körperlichem Format, allerdings bevorzugt sie herzhafte Speisen, weswegen sie auch den Spitznamen »Bockwurst-Trudchen« trägt. Wenn ihr Chef etwas zu essen bestellt, denkt er auch an die Vorlieben seiner Vorzimmerdame: »… und Bockwürstchen für Fräulein Steiner.« Diese schätzt und verehrt ihren Chef offenbar sehr und ist eine strenge Wächterin – um zum Leiter der Mordinspektion vorgelassen zu werden, muss man erst mal Trudchen überzeugen.

Gennat ist in der Regel ein wenig nachlässig gekleidet, Eitelkeit ist seine Sache nicht. Seine äußerliche Unordnung steht im deutlichen Widerspruch zu seiner inneren Strukturiertheit, mit der er seine Arbeit präzisiert. Eine sauber geführte Akte, in der die Ermittlungsergebnisse übersichtlich dargestellt und systematisch geordnet sind, trägt entscheidend zum Erfolg der Polizeiarbeit bei, davon ist Gennat überzeugt. Deswegen wird die Aktenführung in jedem neuen Fall einem besonderen Beamten übertragen. In manchen Fällen wird sogar ein Ermittlungs-Tagebuch geführt. Es gibt eine Hauptakte, Nebenakten, ein Sonderband für polizeiliche Maßnahmen, Sonderhefte für die Spurenbearbeitung, eine Lichtbildmappe und natürlich ein Inhaltsverzeichnis. Gennat ist auch der Meister der präzisen Ablage.

Sein Büro entspricht so gar nicht einer klassisch-preußischen Amtsstube, wie Regina Stürickow schreibt, vielmehr bietet sich dem Besucher eine »unvergleichliche Mischung aus plüschig-gemütlichem Wohnzimmer und Gruselkabinett«. Plüschig ist das durchgesessene grüne Sofa mitsamt den beiden ebenfalls durchgesessenen grünen Sesseln, gruselig wirkt der präparierte Frauenkopf auf einer Konsole oben an der Wand über den Sesseln. Der abgetrennte Kopf ist einst aus der Spree gefischt worden, in der er in Papier eingewickelt dümpelte. Von Kriminalbeamten ist das

Gennat bei der intensiven Arbeit mit seinen Kollegen von der Mordkommission

Leichenteil dann zu einem Zigarettenspender umfunktioniert worden. Neben dem grünen Sofa lehnt eine Axt in der Ecke, Tatwaffe in einem Tötungsdelikt. Neben einem Stadtplan zieren Fotografien von männlichen und weiblichen Mördern die Wände.

Mit zunehmendem Alter fällt es Gennat immer schwerer, sein Büro zu verlassen und sich selbst zu Tatorten zu begeben. Er wird immer dicker, das Gehen bereitet ihm Mühe, die Präsidiumstreppen hinauf- und hinabzusteigen erst recht. Die einzige Undiszipliniertheit, die sich der berühmte Ermittler leistet, ist sein wohl maßloses Essen von fetten und süßen Leckereien.

Doch Gennats Arbeit leidet nicht unter dieser Einschränkung. Hinter seinem Schreibtisch sitzend verhört er nun Zeugen und Beschuldigte, er gilt als »Meister des Verhörs«, wie der Polizeihistoriker Harold Selowski berichtet. Von seinem Dienstzimmer aus kümmert er sich um den polizeilichen Nachwuchs, organisiert Ermittlungen, schreibt Fachaufsätze. Gerät die Arbeit der Polizei an einem Fall ins Stocken, brütet er bis tief in die Nacht darüber und findet in der Regel den Fehler. Die Kollegen im Präsidium wissen, was für eine Koryphäe ihr Gennat ist, im In- und Ausland genießt er einen hervorragenden Ruf.

1929 bittet die Düsseldorfer Polizei die Berliner um Hilfe. In der Stadt am Rhein treibt ein grausamer Sexualmörder sein Unwesen, der »Vampir von Düsseldorf«, wie ihn die Presse getauft hat. Allein zwischen Februar und November 1929 begeht der Unbekannte acht Morde. Trotz 12 000 eingegangenen Hinweisen aus der Bevölkerung bleiben die Ermittlungen erfolglos, was eine regelrechte Hysterie zur Folge hat. Eine Sondermordkommission wird eingerichtet, zu der auch Kriminalrat Ernst Gennat hinzugerufen wird.

Doch an diesem Fall beißen sich auch Gennat und sein Team die Zähne aus, nach drei Monaten müssen die Berliner ohne Lösung wieder abreisen. Erst ein Zufall kann den Mörder 1930 überführen – der Täter ist Peter Kürten, später mit dem Fallbeil hingerichtet wegen neunfachen Mordes und achtfachen Mordversuchs. Seine Düsseldorfer Erfahrungen fasst Gennat später in einem Aufsatz zusammen, in dem er als Erster den Begriff »Serienmörder« prägt.

Dem Erfolg seiner Mordinspektion in Berlin tut der ungelöste Düsseldorfer Fall keinen Abbruch. Im Jahr 1931 können die Berliner von 114 Tötungsdelikten 108 aufklären – das ist eine Quote von 94 Prozent, etwa die polizeiliche Aufklärungsquote von heute. Allerdings ist die moderne Spurensicherung dank Gentechnik, Handyortung, Überwachungskameras und digitalem Fußabdruck um Quantensprünge weiter. Das belegt, wie meisterhaft Ernst Gennat und sein Team schon damals vorgehen. Viele standardisierte Ermittlungsschritte internationaler Polizeiarbeit fußen noch immer auf Regeln und Abläufen, die sich vor etwa hundert Jahren Herr Gennat im Berliner Polizeipräsidium ausgedacht und in die kriminalistische Arbeit eingeführt hat.

Regelmäßig veröffentlicht der Kriminalpolizeirat Texte für Kriminalbeamte. Er schreibt zum Beispiel darüber, welche persönlichen Voraussetzungen ein erfolgreicher Kriminalist mitbringen muss. Gennat muss es ja wissen! Der nachfolgende Text stammt aus seiner Feder:

»Kriminalistik läßt sich nur bis zu einem gewissen Grade erlernen. Die Beherrschung der Technik – die Kenntnis der einschlägigen Bestimmungen allein – machen den Kriminalbeamten noch nicht zum Kriminalisten in des Wortes bester Bedeutung. Gerade dieser Beruf stellt in jeder Beziehung besonders hohe Anforderungen. Entsprechen kann ihnen nur derjenige, der Neigung, weiterhin aber auch Eignung besitzt. Nur ein solcher Beamter kann sich zu seinem Beruf und damit zugleich auch zu seiner jeweiligen Einzelaufgabe richtig einstellen. Er ist es ja letzten Endes selbst, der Umfang, Art und Tempo seiner Arbeit bestimmt. Er muß Freude an seinem Beruf, an seiner Arbeit im Einzelnen und einen gesunden – sozusagen sportlichen – Ehrgeiz besitzen, der ihn zu Höchstleistungen anspornt und befähigt.

Verfügen muß er weiter über ein kritisches, sachliches Urteil – insbesondere auch seiner eigenen Person und Arbeit gegenüber. Schließlich – und das ist das Wichtigste – muß er beherrscht sein von einem tiefgründigen Verantwortungsgefühl. So weit die allgemeinen persönlichen Eigenschaften, die ein Kriminalbeamter besitzen muß!

Um sich aber erfolgreich betätigen zu können, muss er entsprechende Erfahrungen haben. Jedes Spezialgebiet erfordert noch besondere Spezialkenntnisse bzw. Spezialerfahrungen. Vor allem gilt dies, wie ja obige Ausführungen zur Genüge erkennen lassen, für das Gebiet der Kapitalverbrechen (Todesermittlungssachen).

Eine der Hauptaufgaben der Mordinspektion ist es denn auch, allen in Frage kommenden Beamten, das erforderliche Wissen zu vermitteln.«

Statt »nur« selbst zu ermitteln, liegen Gennat insbesondere die Ausbildung des Nachwuchses und die Weiterbildung der Kollegen am Herzen. Wissen ist Macht, Macht für die Staatsmacht.

Und sich ständig auf dem neuesten Stand der kriminalistischen Forschung zu halten ist nach Gennats Meinung auch deswegen wichtig, weil unzählige Kapitalverbrechen gar nicht erst als solche erkannt werden. Ein Untersuchungsrichter soll dazu gesagt haben: »Wenn auf den Gräbern all derer, die eigentlich ermordet worden sind, Lichter brennen würden, dann wären unsere Friedhöfe heller erleuchtet als der Kurfürstendamm.«

Als 1933 die Nationalsozialisten die Macht übernehmen, versucht sich Gennat aus allen politischen Angelegenheiten möglichst herauszuhalten. Er erledigt einfach weiter seine Arbeit, undogmatisch und unbestechlich. Dass er dabei ein liberaler Demokrat bleibt, zeigt sich gleich mehrfach: Für die persönlichen Rechte des Einzelnen tritt er weiterhin ein, die strikt rechtsstaatliche Amtsführung behält er bei, während er die neue, martialische und diskriminierende Sprache der Nazis nicht übernimmt. Auch die »verschärften Vernehmungen«, die das nationalsozialistische Regime nun anwendet, lehnt der Anfangfünfzigjährige ab, Geständnisse werden bei ihm nicht durch Folter erpresst.

Ende der dreißiger Jahre erkrankt Gennat an Darmkrebs. Völlig überraschend heiratet der Schwerstkranke noch kurz vor seinem Tod. Seine Braut ist eine Kollegin aus der Weiblichen Kriminalpolizei, Elfriede Dinger. Ein Eheleben können die beiden Frischvermählten nicht mehr führen, aber das war von Ernst Gennat wahrscheinlich auch nie vorgesehen. Will er damit der jüngeren Kollegin ermöglichen, den Dienst im nationalsozialistischen Polizeiapparat zu quittieren – und ihr mithilfe ihres Anspruchs auf Witwenrente ein finanziell unabhängiges Leben bieten? Denkbar ist es. So ein Motiv würde gut zu ihm passen. Am 20. August 1939 stirbt Ernst Gennat. Ein ehemaliger Kollege des Kriminalisten und späterer SPIEGEL-Autor, Bernd Wehner, beschreibt dessen Beerdigung so:

»Hinter dem Sarg schritten, wie zum Hohn des humanen Mannes, die inzwischen großgewordenen Kriminalbeamten vom Werderschen Markt und der Leitstelle Berlin, seine einstigen Schüler, zumeist in SS-Uniform. Weit hinten in der Reihe erst kamen seine Mord-Kommissare mit ihrem Inspektionsleiter Werneburg. Alle im Zylinder. Keiner von ihnen war bisher für würdig befunden, die Uniform zu tragen. Unübersehbar folgten die Beamten.«

Insgesamt 2000 Berliner Kriminalbeamte folgen dem Sarg ihres berühmten Kollegen. Die von Ernst Gennat neu gegründete Mordinspektion hatte da schon längst internationale Anerkennung erreicht – und die Polizeiarbeit revolutioniert.

DER FALL BARMAT:
EIN INSTRUMENTALISIERTER SKANDAL

Julius Barmat ist 33 Jahre alt, als er im Jahr 1922 von Amsterdam nach Berlin zieht. Der niederländische Unternehmer ist bestens mit Deutschland vertraut, denn während des Ersten Weltkriegs und in der Nachkriegszeit hat er in großem Umfang Lebensmittel ins Nachbarland geliefert, unter anderem an verschiedene staatliche Einrichtungen. Schon seit 1919 ist Barmat dabei ausgezeichnet vernetzt: Als Mitglied der niederländischen Sozialdemokraten pflegt er bald auch Kontakte zur deutschen SPD, und zwar auf höchster politischer Ebene.

Der engagierte Sozialdemokrat Barmat stellt während der »II. Internationale« großzügig anderen Genossen sein Haus in Amsterdam zur Verfügung. Dabei lernt er den SPD-Chef Otto Wels und den späteren Reichskanzler Hermann Müller kennen. Wels verschafft Barmat daraufhin ein Dauervisum für Deutschland. Der sozialdemokratische Polizeipräsident Richter und der ehemalige SPD-Reichskanzler Gustav Bauer sorgen dann freundlicherweise dafür, dass es auch mit der Einreise für die Familie klappt. Doch das ist erst der Auftakt der wohlmeinenden Politiker-Gefälligkeiten. Es folgt ein Empfehlungsschreiben, das Julius Barmat Kreditwürdigkeit bescheinigt – von einem Regierungsmitglied der Zentrumspartei, dem Postminister Anton Höfle.

Als Neu-Berliner laufen Julius Barmats Geschäfte zunächst so vielversprechend, dass er auch seine Brüder Henri und David nach Deutschland holt. Ihre Vornamen haben sie zu diesem Zeitpunkt schon auf »west-europäisch« getrimmt – denn die Familie stammt ursprünglich aus der Ukraine und ist jüdisch. So wurde aus »Judko« Julius und aus »Herschel« Henri. Doch schon bald müssen sich die Brüder Kredite beschaffen, ihrem »Konzern«, bestehend aus Lebensmittelhandel, einer Papier- und einer Terracottafabrik, einem Braunkohle- und einem Eisenwerk sowie einer Eisgießerei und Maschinenfabrik, geht das Geld aus. Von insgesamt 14 000 Beschäftigten ist damals die Rede.

Julius Barmat mit Frau und Sohn (1928)

Einen Kredit zu beschaffen, nach der Hyperinflation und bei der aktuellen Geldknappheit nach der Währungsreform? Das ist so gut wie unmöglich, es sei denn, man lässt sich auf unanständig hohe Zinsen ein. Wie gut, dass Julius Barmat mächtige Freunde in der Regierung hat. Er nutzt seine Kontakte und besticht Beamte. Mit Erfolg: Fast 35 Millionen Mark erhält Barmat aus öffentlicher Hand, vor allem durch Kredite der Reichspost in Höhe von 14,5 Millionen Mark und der Preußischen Staatsbank, die 10,3 Millionen Mark zur Verfügung stellt.

Aber auch mit guten Beziehungen gibt es Kredite selbstverständlich nur gegen Sicherheiten. Doch das, was Barmat den Geldgebern als Sicherheit präsentiert, ist offenbar nicht korrekt angegeben. Anscheinend schaut man nicht so genau hin, die Sicherheiten werden für ausreichend befunden.

Doch schon kurz nach den Millionenzahlungen bricht der Konzern Ende 1924 überschuldet zusammen. Die Gesamtverluste betragen 39 Millionen Mark, darunter fast 35 Millionen nicht gesicherte Kredite öffentlicher Geldgeber. Alle staatlichen Kreditanstalten haben offenbar gleich beide Augen fest zugekniffen: Erst bemerken sie nicht, dass das Barmat'sche Geschäftsmodell schon ordentlich Schieflage hatte und es keine Grundlage dafür gab, schlechtem Geld auch noch gutes hinterherzuwerfen – und dann akzeptieren sie Sicherheiten, die einfach keine waren.

Zur gleichen Zeit wie Julius Barmat handelt der aus Litauen stammende jüdische Kaufmann Iwan Kutisker ähnlich betrügerisch: Er hintergeht hohe Beamte und kann sich so elf Millionen Mark beschaffen. Dieses Geld stammt auch aus öffentlicher Hand: genau wie bei Barmat von der Reichspost und der Preußischen Staatsbank. Wieder hatten die Geldhäuser bei den Angaben zu den Sicherheiten nicht so genau hingeschaut, die von Kutisker gefälscht worden waren.

Die beiden Fälle haben nichts miteinander zu tun, sie sind völlig unabhängig voneinander eingetreten. Doch einige rechte und rechtsextreme Journalisten konstruieren den »Barmat-Kutisker-Skandal«: Sind nicht die beiden Haupttatverdächtigen fast gleichzeitig festgenommen worden? Haben sich nicht beide Kredite von Volkes Eigentum erschlichen, angeblich für ihre Unternehmen, und es sich dann mit dem Geld gut gehen lassen? Leisten sie sich nicht beide eine Wohnung auf dem noblen Kurfürstendamm? Und sind sie nicht beide osteuropäische Juden, der Barmat und der Kutisker? Haben die nicht die Korruption nach Deutschland gebracht und damit ein »verjudetes Verrätersystem« im Staat aufgebaut – und dann mischt da auch noch die SPD mit?

Die Fälle Barmat und Kutisker ziehen immer weitere Kreise, auch eine österreichische Prostituierte spielt plötzlich eine Rolle. Angeblich sollen der SPD-Polizeipräsident Wilhelm Richter, der jüdische SPD-Politiker Ernst Heilmann und Julius Barmat ihre Dienste in Anspruch genommen haben. Als die käufliche Dame beginnt, mit ihrer prominenten Kundschaft öffentlich zu prahlen, soll ihr Barmat so viel Geld gezahlt haben, dass sie Berlin als wohlhabende Frau in Richtung österreichische Heimat verlässt.

Antisemiten und Antirepublikaner kübeln ihre Ablehnung und ihren Hass jetzt gleich über die gesamte Weimarer Republik aus. Die NSDAP versucht, den Skandal für den Wahlkampf zur anstehenden Wahl des Reichspräsidenten zu instrumentalisieren, bei der Paul von Hindenburg als Vertreter des antirepublikanischen »Reichsblocks« antritt. Alle »Deutschen« sollen für Hindenburg stimmen, alle »Juden und Judenknechte« würden den »Barmat-Block« wählen. Die DVNP spricht vom »Barmat-Sumpf«.

Die Deutsch-Nationale-Volkspartei (DNVP) beantragt einen Parlamentarischen Untersuchungsausschuss. Als im Reichstag über den Antrag debattiert wird, beschwert sich der SPD-Abgeordnete Wilhelm Dittmann noch einigermaßen humorvoll darüber, dass auch sein Name von der rechten Presse mit dem Barmat-Fall verknüpft werde – obwohl er rein gar nichts damit zu tun habe. Er wendet sich in seiner Rede an Albrecht von Graefe von der rechtsextremen Nationalsozialistischen Freiheitspartei (NF), der solches offenbar behauptet hat. Die entsprechenden Wortbeiträge im Parlament sind damals protokolliert worden:

»Reichstag – 4. Sitzung. Freitag, den 9. Januar 1925
Dittmann (SPD), Abgeordneter
(…) Ich will dem Herrn v. Graefe an einem weiteren Beispiel zeigen, wie die deutschnational-völkische Presse verfährt. Auch mein Name ist in diesem Zusammenhang genannt worden, auch ich soll in Amsterdam mit den Barmats verkehrt haben. Ich bedaure, in meinem Leben nie in Amsterdam gewesen zu sein.
(Heiterkeit bei den Sozialdemokraten und in der Mitte.)
Es soll eine sehr schöne Stadt sein, nach dem, was ich gehört und gelesen habe. Ich habe auch nie die Barmats gesehen, ich kenne sie nicht.
(Hört! Hört! bei den Sozialdemokraten.)
Trotzdem geht durch die ganze völkisch-deutschnationale Presse ebenso wie der Name des Herrn Fehrenbach auch mein Name. An diesen Beispielen ist, glaube ich, die ganze verlogene Art der völkisch-deutschnationalen Presse, Namen in diese Debatte hineinzuziehen, gekennzeichnet.
(Zurufe rechts.)«

Auch Reichspräsident Ebert wird von den rechten Blättern unterstellt, in den Skandal verwickelt zu sein – die Anschuldigungen erweisen sich als haltlos.

Im Dezember 1924 werden Julius und Henri Barmat verhaftet, der Prozess gegen die Brüder zieht sich über mehrere Jahre bis März 1928 hin. Beweisen lässt sich vor Gericht letztlich nur die aktive Bestechung, nicht aber Betrug. Daher fallen die Strafen für die Barmats gering aus: Julius erhält elf Monate Gefängnis, Henri noch weniger, bei ihm lautet das Strafmaß sechs Monate.

Blick auf die Anklagebank bei der Urteilsverkündung im Barmat-Prozess (1928)

Die beteiligten Politiker werden schon gleich 1925 zur Rechenschaft gezogen: Die SPD-Politiker Bauer und Heilmann geben ihre Reichstagsmandate ohne viel Federlesens auf. Postminister Höfle, der im Gegenzug zum Bankkredit ein persönliches Darlehen der Brüder erhalten hat, muss zurück- und eine Haftstrafe antreten. Er stirbt im Gefängnis. Polizeipräsident Richter, der von den Barmat-Brüdern Geschenke angenommen hat, wird zunächst beurlaubt und dann in den vorzeitigen Ruhestand versetzt. Zum Nachfolger bestellt die preußische Staatsregierung nun Albert Grzesinski, ebenfalls SPD.

Das öffentliche Interesse am Fall Barmat hält nicht so lange an, wie der Prozess dauert, doch Zweifel an der Rechtschaffenheit der Demokratie sind bei vielen Menschen – auch weit entfernt von der Hauptstadt – gesät. So verfasst etwa die Bayerische Staatsregierung am 10. Februar 1925 eine Denkschrift »über Mißstände auf dem Gebiet der Bewirtschaftung und der Verwendung von Reichsgeldern«. Die Bayern stellen »in der Bevölkerung eine tiefgehende und gefährliche Empörung« nach dem Barmat-Kutisker-Skandal fest. Auszug aus dem Bericht:

»Solche Empfindungen über die hier obwaltende Ungerechtigkeit werden verstärkt durch die Erbitterung über die gleichzeitig zutage getretene Korruption, von der unser ganzes öffentliches Leben, insbesondere in der Reichszentrale, wo Wirtschaft und Politik die engste Verbindung eingegangen haben, bedroht erscheint. Dieses Bewußtsein läßt sich nicht dadurch unterdrücken, daß man auf die Notwendigkeit verweist, zuerst die Ergebnisse der eingeleiteten Untersuchung abzuwarten. Es wird ohnedies schon genügend in Rechnung gestellt, daß ein großer Teil der in der Presse erscheinenden Nachrichten tendenziös unrichtig oder übertrieben ist. Aber das, was nicht bestritten wird und nicht bestritten werden kann, ist für sich allein heute schon ausreichend, um diese Wirkungen auszulösen. Mit großem Mißtrauen steht man den parlamentarischen Maßnahmen zur Bereinigung dieser Fragen gegenüber, und selbst das Vertrauen in die gerichtliche Untersuchung ist nicht mehr so unerschüttert wie ehedem.

Dabei herrscht die Meinung vor, daß es sich hier nicht um vereinzelte Ausnahmefälle, sondern um Symptome einer Erkrankung handelt, unter der der ganze öffentliche Organismus, namentlich in der Zentrale des Reiches, leidet und die zum Teil auch schon auf die übrigen Teile übergegriffen hat und weiter überzugreifen droht.«

So entwickelt sich der »Barmat-Kutisker-Skandal« zu einem der bedeutsamsten politischen Skandale der Weimarer Republik. Dass hohe Kreise der SPD in die Korruptionsaffäre der Barmats verstrickt sind, erschüttert das Ansehen, das Vertrauen und den Glauben in die Demokratie insgesamt. Genau das ist das Ziel vor allem der rechten Kräfte, die die beiden Fälle mit antisemitischen Veschwörungstheorien unterfüttern und den Skandal für ihre Zwecke instrumentalisieren.

Gegen Ende der Weimarer Republik tritt die NSDAP propagandistisch hier noch mal kräftig nach: Für sie dient der »Barmat-Kutisker-Skandal« zusammen mit dem im übernächsten Kapitel beschriebenen »Sklarek-Skandal« als Beleg für eine »Juden- und Schieberrepublik«.

MORD IM ZUGABTEIL:
DIE SCHWIERIGE SUCHE NACH
DEM REISENDEN TÄTER

Mittwoch, der 21. Dezember 1927, ist in Berlin ein eisig kalter Tag. Nachts ist das Thermometer fast auf minus 20 Grad gefallen, auch tagsüber herrscht mit minus zehn Grad strenger Frost. Trotz der Kälte macht sich die 21-jährige Dora Perske frühmorgens auf den Weg, um ihrer Tante und ihrem Onkel in Hessenwinkel, einem der östlichsten Ortsteile Berlins, die Weihnachtsgeschenke zu bringen.

Dora Perske ist eine hübsche junge Frau mit Bubikopf, die in Wilmersdorf bei ihren Eltern lebt. Die Familie betreibt eine »Schlächterei« und verkauft Fleisch und Wurstwaren. Seitdem Dora 20 Jahre alt ist, hilft sie im Geschäft mit: Sie bedient die Kunden und fährt drei bis vier Mal in der Woche morgens zum Zentralviehhof, um dort für das elterliche Geschäft einzukaufen.

Doch an diesem bitterkalten Morgen, drei Tage vor Heiligabend 1927, hat Dora frei und möchte ihre Verwandten besuchen. Um kurz vor neun verabschiedet sie sich von ihren Eltern und macht sich mit einem Päckchen Wurstwaren in der Tasche auf den Weg zu

Onkel und Tante. Gegen die Kälte trägt sie ihren braunen Winter-
mantel mit Fellkragen, ein braunes Schaltuch, ihren modischen,
dunkelblauen Topfhut mit der nach unten gebogenen Krempe
und hohe schwarze Stiefel. Ihre Hände stecken in einem Pelzmuff.
Wer Dora Perske in dieser Garderobe sieht weiß: Die junge Frau
mit dem kecken Haarschnitt ist offensichtlich wohlhabend, sonst
könnte sie nicht vom Scheitel bis zur Sohle so fein gekleidet sein.
Bevor sie zum Bahnhof geht, kauft Dora Perske noch weitere
Weihnachtsgeschenke ein: eine Schürze für die Tante, ein Kästchen
Zigarren für den Onkel und für beide zusammen eine Vase. Um
9.23 Uhr fährt ihr Vorortzug pünktlich am Bahnhof Zoo ab, knapp
eine Stunde später, an der Endstation Friedrichshagen, will sie um
10.21 Uhr aussteigen und mit dem Bus weiterfahren. Je näher der
Zug der Endstation kommt, desto leerer werden die Abteile.

Als der Zug seinen Zielbahnhof erreicht, ist Dora Perske nicht
mehr in der Lage auszusteigen. Ein Bahnmitarbeiter, der die ver-
lassenen Abteile um kurz vor elf für die Rückfahrt des Zuges kon-
trolliert, entdeckt die junge Frau, leblos auf dem Boden liegend,
in einer großen Blutlache. Offenbar ist sie am Kopf schwer verletzt. Um sie herum im Abteil verstreut liegen Gegenstände aus
ihrer Handtasche. Zu diesem Zeitpunkt lebt Dora Perske noch.
Mit lebensgefährlichen Verletzungen und einem hohen Blutver-
lust wird sie ins Krankenhaus Cöpenick eingeliefert.

Vom Täter gibt es weit und breit keine Spur. Ein Bahnhof bietet
dem Täter natürlich die Möglichkeit, schnell und in der Anonymität der Mitreisenden unerkannt zu verschwinden. Für die Polizei bedeutet das schwierige Ermittlungen. Der Bahnbeamte
macht Meldung beim Polizeirevier 242. Das wiederum informiert umgehend die Kriminalpolizei im Polizeipräsidium, die
Dienststelle A. 5., das Raubdezernat unter Leitung des Kriminal-
kommissars Dr. Ludwig Werneburg.

Doch der muss den Fall wegen Arbeitsüberlastung abgeben, sein
Team ist vollauf mit einem kürzlich begangenen »Raubanfall« auf

die Zoo-Betriebe beschäftigt. So betraut Polizei-Kriminalrat Gennat den jungen Kriminalkommissar Pippo mit den Ermittlungen.

Als Erstes bittet die Kriminalpolizei die ein Jahr ältere Schwester Charlotte zum Friedrichhagener Bahnhof. Charlotte soll anhand der aufgefundenen Gegenstände erklären, ob etwas von Doras Sachen fehlt. Die Polizei will so ermitteln, mit welcher Art von Verbrechen sie es tun hat. Liegt hier ein Raub vor? Oder ein Sittlichkeitsverbrechen? Eine Beziehungstat? Charlotte, die nicht mehr bei den Eltern, sondern bei ihrem Ehemann wohnt, gibt zu Protokoll, »dass ihrer Auffassung nach sämtliche im Besitz ihrer Schwester befindlichen Gegenstände vorhanden seien«, wie es im Ermittlungsbericht einen Tag nach dem Angriff auf die 21-Jährige heißt. Angeblich ist also nichts geraubt worden. Für ein versuchtes oder vollendetes Sittlichkeitsverbrechen liegen auf den ersten Blick allerdings auch keine Anhaltspunkte vor.

Zusammen mit Ernst Gennat höchstpersönlich fährt der junge Kommissar Pippo ins Krankenhaus Cöpenick, begleitet werden die beiden von Professor Dr. Strauch, einem überaus fähigen Gerichtsarzt. Das Team will sich Klarheit über die Verletzungen verschaffen. Doch Doras Kopf ist inzwischen verbunden, sie selbst befindet sich »in vollkommener Bewusstlosigkeit«. Gennat, Pippo und Strauch lassen sich die Verletzungen von Oberarzt Dr. Lufft schildern. Der Mediziner ist überzeugt davon, dass es sich um ein Verbrechen handelt: Er hat »etwa 8 bis 9 Hiebe- bzw. Schlagverletzungen auf der VorderSeite des Schädels« festgestellt und eine Verletzung unterhalb des rechten Auges. Für die Polizei hat der Arzt eine Skizze davon angefertigt.

Gennat koordiniert die weiteren Schritte. Noch im Krankenhaus trifft man sich mit der zuständigen Eisenbahn-Überwachungsabteilung, mit Eisenbahn-Oberinspektor Heldt, der zu diesem Zeitpunkt bereits Vernehmungen am Bahnhof durchgeführt hat. Sie verabreden eine gemeinsame Untersuchung des inzwischen sichergestellten Waggons.

Das Opfer: Dora Perske   Der Tatort: Zugabteil mit Blutspuren

Da sich die Untersuchungen und Gespräche zu dem Fall über den gesamten Tag hinziehen, kann die Delegation den Tatort erst um Mitternacht besichtigen. Auszug aus dem Bericht von Ernst Gennat:

»Gegen 12 Uhr nachts trafen wir auf dem Abstellbahnhof Grunewald ein. Beleuchtung der betreffenden Abteile, die seitens der Bahn ordnungsmässig verschlossen waren, liess erkennen, dass die beiden vorderen Abteile (…) stark mit Blut befleckt waren. (…) Blutflecke fanden sich dann an Polstern und Wänden – insbesondere aber auf dem Fußboden des 2. Abteils. (…) Im Hinblick auf die – namentlich durch strenge Kälte bedingten – grossen Schwierigkeiten einer korrekten Tatbestandsaufnahme wurden die Feststellungen dann gegen 1 Uhr nachts abgebrochen und auf den nächsten Morgen vertagt.«

Doch Fingerabdrücke können auch am nächsten Tag nicht sichergestellt werden. Auch Dora Perske kann nicht mehr befragt werden. Sie erlangt das Bewusstsein nicht wieder und entwickelt
hohes Fieber. Kurz darauf stirbt sie. Beim Anblick der Fotos der
Gerichtsmedizin stellt sich die Frage, wie das Herz der jungen
Frau nach dem brutalen Angriff überhaupt noch weiterschlagen
konnte – der Täter hatte ihr mit mehreren Schlägen die Schädeldecke bis auf das Gehirn tief gespalten.

Jetzt fahndet die Polizei nach einem Mörder. Am 22. Dezember, dem Tag nach der grausamen Tat, setzen sowohl die Reichs-
bahn als auch das Polizeipräsidium je 1000 Mark Belohnung für
die Ergreifung des Täters aus. Die insgesamt 2000 Mark sind viel
Geld in der damaligen Zeit.

Gennat beschreibt in seinem Bericht genau, warum der Fall
Perske so hohe Ansprüche an die Ermittlungsarbeit stellt. Mit der
Erfahrung vieler Hundert Kriminalfälle im Hintergrund weist der
Kriminalist in seinem Bericht auf die Schwierigkeiten hin – und
welche Maßnahmen hoffentlich zur Aufklärung führen:

»Die Ermittlungen nach dem oder den Tätern waren
außerordentlich erschwert dadurch, dass ein unbegrenzter
Personenkreis in Frage kam. Andererseits war zunächst nicht
mit Sicherheit festzustellen, welches Motiv den Täter überhaupt geleitet hatte. (…)
Bei dem Fehlen jeglicher bestimmter bezw. konkreter Spuren mussten in erster Linie die kriminaltechnischen Mass-
nahmen getroffen werden. Hierzu gehörten vor allem Aus-
schreibungen in der polizeilichen Fachpresse – weiterhin in
der großen Tagespresse. Die Veröffentlichungen in der letz-
teren mussten dazu dienen, das Interesse des Publikums zu
erwecken, damit durch sachdienliche Mitteilungen die Arbeit
der Kriminalpolizei erleichtert wurde. Zu dem gleichen
Zweck wurden Plakate in grosser Auflage hergestellt, die ein-

mal an den Säulen Groß-Berlins an einer Reihe von Tagen zum Anschlag gelangen, andererseits in grossem Umfange zur Versendung an alle, nur irgendwie in Frage kommenden Behörden und polizeilichen Dienststellen dienen sollten.«

Selbst im »Unterhaltungsrundfunk« wird der Fall Dora Perske geschildert, die Hörer werden um sachdienliche Hinweise gebeten. Parallel wird in den Dienststellen geforscht, ob bereits ähnliche Verbrechen in Zügen registriert sind – Schwerpunkt Raub oder Sexualdelikte.

Beide Ansätze bringen die Ermittler weiter. Ein Jahr zuvor ist – ebenfalls in den Morgenstunden und ebenfalls in einem Abteil der zweiten Klasse – eine junge »Frauensperson auf dem Boden liegend bewusstlos aufgefunden« worden. Die 23-jährige Dora Nix überlebt den Überfall und kann sich später an einen jungen, besser gekleideten Mann erinnern, der – als sie alleine im Abteil sitzen – zudringlich geworden sei. Er habe einen unangenehmen Geruch gehabt, dann weiß sie nichts mehr.

Die Ärzte auf der Rettungsstelle in Charlottenburg benötigen eineinhalb Stunden, um die Frau ins Bewusstsein zurückzuholen. Die Mediziner tippen auf eine Betäubung mit Chloroform. Als sie vernommen werden kann, bemerkt Dora Nix, dass sie ihre kleine braune Handtasche vermisst, in der sie eine Mark, ihren Fahrausweis und ein weißes, besticktes Taschentuch bei sich hatte. Ist es derselbe Täter gewesen?

Im Fall von Dora Perske gehen auch aus der Bevölkerung zahlreiche Hinweise ein. Zwei Tage nach dem Überfall im Zug meldet sich ein anonymer Hinweisgeber und spricht einen direkten Tatverdacht aus. Auszug aus dem Polizei-Bericht vom 23. Dezember:

»Von vertraulicher Seite wurde darauf hingewiesen, dass als Täter wahrscheinlich in Frage käme ein gewisser Horst Kiebach, der Pappelallee 39 wohnhaft sein sollte. Die Verdachtsgründe gegen ihn bestanden darin, dass er – obwohl sonst stets ohne Geld – am Tage der Tat Anschaffungen gemacht – im Übrigen auch verdächtige Äusserungen geführt haben sollte. Die Täterschaft des Kiebach hatte von vorneherein eine gewisse innere Wahrscheinlichkeit insofern, als er bereits einmal wegen Gepäckdiebstahls, begangen in einem (...) Zug, bestraft worden war.«

Drei Kriminalassistenten werden angewiesen, Kiebach festzunehmen und dabei auch mögliche Beweismittel sicherzustellen. Sie wissen, wie der Verdächtige aussieht, denn da er bereits aktenkundig geworden ist, gibt es ein Foto. Am frühen Abend geht ihnen Kiebach dann vor dem Obdachlosenheim in der Fröbelstraße ins Netz. Bei seiner Festnahme kommt es zu einem Gerangel, bei dem ein eigenartiger Gegenstand zu Boden fällt: ein in Zeitungspapier gewickeltes, 35 Zentimeter langes, dreikantiges Eisen. Genau so muss die Tatwaffe beschaffen gewesen sein, mit der der Täter Dora Perske die Schädeldecke gespalten hat.

Jetzt schlägt die Stunde des genialen Vernehmers Gennat. Er lässt den 21-jährigen Horst Kiebach in seinem Dienstzimmer Platz nehmen, mit im Raum sind noch Gennats »Schreibmaschinendame« Frl. Steiner, die Kiebachs Antworten protokolliert, Kriminalkommissar Pippo und mehrere Beamte. Ganz bewusst spricht Gennat den Mord an Dora Perske nicht an. Er will dem Verdächtigen keine Vorhaltungen machen, damit dieser nicht sofort auf Abwehr schaltet. Deswegen geht es zunächst ausschließlich um Kiebachs Lebenssituation – seine »Geldverhältnisse«, »Beschäftigungsverhältnisse« und »privaten Verhältnisse«. Der Zweck der Vernehmung – die Aufklärung des Mordes an Dora Perske – wird nicht erwähnt. Und Kiebach fragt auch nicht danach.

Der Tatverdächtige berichtet, beruflich helfe er seinem Vater, der Tierpräparator sei, in Heimarbeit. Doch so ganz bei der Sache sei er da nicht, manchmal bummele er. Vorbestraft sei er wegen

Der Täter: Horst Kiebach

Sittlichkeitsverbrechen, Diebstahls und Betrugs. Wie es zu den Straftaten gekommen sei, will Gennat wissen. Das wisse er selbst nicht, sie seien zum Teil im Unterbewusstsein geschehen. Dann geht es eine Weile darum, wie viel Geld Kiebach in dieser Woche zur Verfügung gehabt habe und woher es stammt. Danach soll der Tatverdächtige zunächst abgeführt werden. Doch als er gerade aus der Tür heraus ist, kehrt er noch einmal um und fragt Gennat unvermittelt, ob »verbrecherische Anlagen auch auf dem Wege der Vererbung übertragen würden«. Der Kriminal-Polizeirat bewertet das als »außerordentlich auffallend« und antwortet mit einer Gegenfrage: Warum er das denn wissen wolle? Weil sein Vater neun Mal vorbestraft sei, so Kiebach.

Nach einer Pause wird der Verdächtige dann erneut in Gennats Zimmer geführt. Der Polizist redet eindringlich mit ihm: Falls Kiebach irgendetwas auf dem Gewissen habe, solle er dics angeben. Jetzt hat ihn Gennat so weit: Der Verdächtige bittet, mit dem beleibten Mann hinter dem Schreibtisch allein sprechen zu dürfen. Alle bis auf Gennat und Pippo verlassen den Raum. Auszug aus dem Polizeibericht:

»Kiebach stützte dann den Kopf – liess den Kopf auf den Tisch sinken und erklärte dann nach verhältnismässig kurzer Zeit: ›Ich bin der Täter!‹ Bis dahin war dem Kiebach überhaupt nicht mitgeteilt worden, um welche Tat es sich handele. Kiebach gab dann zunächst mündlich in etwas stockender Weise eine Darstellung des Verlaufes seiner Tat.«

Das nächste Dokument in der Akte »Mord im Vorortzug« ist das ausführliche schriftliche Geständnis des jungen Mannes. Daraus geht hervor, dass der Mord an Dora Perske durch einen unbeteiligten Fahrgast im selben Abteil fast vereitelt worden wäre – doch der junge Mann steigt aus, und nun sitzt die 21-Jährige bis zur Endstation allein mit ihrem Mörder im Abteil. Als Dora Perske ihre Handtasche öffnet und Kiebach ihre Geldbörse sehen lässt, verspürt er angeblich »furchtbaren Hunger und auch Durst«. Dann beschreibt er den Moment, in dem er die junge Frau tötet:

> »Und ich schlug mit der dreikantigen Eisenschiene, welche ich bei mir trug, zu. Da die P. aber zu schreien anfing, mußte ich notgedrungen noch öfter zuschlagen, wenn ich mich nicht selbst ausliefern wollte. Daraufhin flüchtete die P. in das Nebenabteil, wo sie aber meines Dafürhaltens aber nicht die Notbremse ziehen, sondern sich nur in Sicherheit bringen wollte. Ich versetzte ihr nun noch mehrere Schläge auf den Kopf, und als sie in sich zusammen sank und ruhig wurde, ging ich ins erste Abteil zurück und nahm die Geldbörse mit Inhalt an mir.«

Kurz darauf läuft der Zug im Bahnhof ein, Kiebach steigt aus und gleich wieder in einen wartenden Zug zurück in die Stadtmitte. 55 Mark sind in Doras Portemonnaie. Kiebach gibt das geraubte Geld gleich mit vollen Händen aus – in Kneipen, in Restaurants, beim Friseur, beim Herrenausstatter (seine Kleidung war zum Teil blutbefleckt) und bei einer Prostituierten.

Ursprünglich habe er Geld gebraucht, um seine 19-jährige Verlobte Elly, von Beruf »Kontoristin«, zu beeindrucken. Die beiden

Die Tatwaffe: eine Eisenstange

sind schon länger ein Paar. Ihr gegenüber fantasiert Kiebach von großen Einnahmen, unter anderem von einem gewonnenen und auch schon wieder verkauften Pferd. Um nicht als Lügner dazustehen, ist ihm sogar der Raubmord an einer fast Gleichaltrigen recht.

Die eiserne Stange, die Kiebach als Mordwaffe verwendet hat, hat er während seiner (später abgebrochenen) Schlosserlehre selbst gefertigt und Elly als Lineal geschenkt. Ihr ist die Stange aber zu schwer, und so gibt sie ihm das Geschenk zurück.

Aus dem Gefängnis heraus schreibt Kiebach einen Brief an die 19-Jährige, der ebenfalls der Akte beiliegt. Auszug:

»Elly! Elly! Verdamme mich nicht, wenn ich dieses Verbrechen beging, aber ich tat es für Dich und hatte der Herr Kriminal-Polizeirat ›Gennat‹ schon recht wenn er sagte: ich habe mir nur eine falsche Ausdrucksweise für meine Liebe zur Dir gewählt!«

Hätte die Kripo nach der öffentlichen Fahndung nicht den anonymen Hinweis auf Horst Kiebach erhalten, wer weiß – dann hätte Elly vielleicht einen unentdeckten Mörder geheiratet.

DIE BRÜDER SKLAREK:
KORRUPTION UND BETRUG BIS IN HÖCHSTE KREISE

Die Brüder Max, Leo und Willi Sklarek kennt ab 1927 fast jeder Berliner. Die drei Söhne eines russisch-jüdischen Einwanderers reüssieren in der Millionenstadt als sagenhaft reiche und überaus spendable Bekleidungsunternehmer. Fotos aus der damaligen Zeit zeigen alle drei Brüder stets in bestem Zwirn, mit kleiner, gedrungener Statur und deutlicher Körperfülle. Auch gesellschaftlich gehören sie zu den gern gesehenen Schwergewichten. Die Lebemänner auf großem Fuße finden regelmäßige Erwähnung in den Klatschspalten der Zeitungen. Insbesondere die beiden jüngeren Brüder, Leo und Willi Sklarek, genießen ihr dandyhaftes Playboy-Leben in vollen Zügen. Wie auch schon der Wettbetrüger Max Klante und der bücherbesessene Meisterdieb Karl Bernotat haben sie eine Schwäche für edle Rennpferde. So leisten sie sich einen eigenen Rennstall und unterhalten obendrein ein kostspieliges Gestüt. Nur Max, der älteste der Sklarek-Brüder, lebt etwas bescheidener. Fast so, als misstraue er dem eigenen Reichtum.

Tatsächlich entpuppen sich die Sklareks als die wohl raffiniertesten Betrüger der Weimarer Republik. Sie stehen für den mutmaßlich größten Korruptionsskandal, den es bis dahin in Europa gegeben hat. Der finanzielle Schaden für die öffentliche Hand beträgt damals mehr als zehn Millionen Mark. Erst durch eine planmäßige Revision bei der Berliner Stadtbank fallen die Betrüger mit ihren faulen Krediten auf, im September 1929 werden die drei zeitgleich verhaftet.

Weil sie – ähnlich wie Julius Barmat einige Jahre zuvor – unter anderem mehrere Politiker, Verwaltungsmitarbeiter und Banker bestochen haben, trägt der Fall zu einem massiven Vertrauensverlust in die noch junge Republik bei. Keine Partei instrumentalisiert den Korruptionsskandal gegen DDP, SPD und Kommunisten so heftig wie die Nationalsozialisten. Die NSDAP-nahe Presse stilisiert die in Berlin geborenen Sklarek-Brüder als jüdisch-osteuropäische Geschäftemacher, ihre familiäre Herkunft – »Ostjuden« – liefert den Nazis willkommene Munition für ihre antisemitische Propaganda. Im Fahrwasser des Skandals gelingt es der NSDAP, die bis dahin noch nicht in der Berliner Stadtverordnetenversammlung vertreten gewesen war, mit 5,8 Prozent der Wählerstimmen 1929 erstmals ins Stadtparlament einzuziehen.

Wie konnte es so weit kommen? Noch Anfang der zwanziger Jahre plagen die drei Sklarek-Brüder große finanzielle Sorgen. Schon während des Krieges ist das Geschäft mit Textilien schwierig geworden, nach Kriegsende spitzt sich die Lage immer weiter zu. Und so beschließt Max Sklarek in seiner Not, eine Berliner Wahrsagerin aufzusuchen – »die Seidler«. Vielleicht kann sie den Brüdern einen entscheidenden Tipp geben, wie es geschäftlich wieder bergauf geht. Max muss diese Begebenheit damals jemandem ausführlich geschildert haben, denn sie findet sich detailliert beschrieben in den »Berliner Gaunergeschichten« von Autor Werner W. Malzacher wieder.

Demzufolge sucht Max die hellseherische Dame zwar verzweifelt, aber dennoch mit großem Misstrauen auf. Sie errät mithilfe geschickter Fragen tatsächlich seinen Beruf – Textilkaufmann – und sagt ihm auf den Kopf zu, dass die Aufträge seit einiger Zeit ausbleiben. Richtig! Wobei es unzähligen Kleinunternehmern gerade genauso ergeht. Dann bittet die Wahrsagerin Max um Ruhe, damit sie sich konzentrieren könne. Sie hat tatsächlich eine Eingebung. Max müsse sich nun auf den Weg machen, nach den Straßen von Neukölln. Dort werde er auf einen Mann treffen, an einer Straßenecke, der vor einem Kiosk steht. Ihn müsse er um Rat bitten.

Max geht los in Richtung Neukölln. Und tatsächlich trifft er an einer Ecke vor einem Kiosk auf einen Mann, der Waffeln aus einer Tüte isst. Er stellt sich ihm als Textilkaufmann vor, der in beruflichen Schwierigkeiten stecke. Ob der Herr hier ihm vielleicht einen Rat geben könne?

Den Schilderungen zufolge kann der Herr das tatsächlich. Er stellt sich als Felix Kieburg vor, Leiter einer städtischen Bekleidungsstelle in Neukölln. So wollen sich die beiden Männer angeblich kennengelernt, erste berufliche Kontakte geknüpft und dann auch Freundschaft geschlossen haben.

Schon wenig später steigt Herr Kieburg in den städtischen Textilbetrieben zum Hauptgeschäftsführer für ganz Berlin auf. Ein Hauptgewinn für Max Sklarek. Denn die städtische Kleidervertriebsgesellschaft, kurz KVG, beliefert alle Dienststellen der Stadt mit Berufskleidung – die Polizei, die Krankenhäuser, Altenheime, Verkehrsbetriebe, Fürsorgeämter und, und, und.

Diesen wertvollen Kontakt bringt Max mit in die Firma seines Bruders Willi ein, die ihren Sitz am Hausvogteiplatz hat. Der dritte Bruder, Leo, steuert 100 000 Mark in bar bei, heißt es. Von nun an steigt der unternehmerische Stern des Trios kometenhaft auf. Die Firma »Gebrüder Sklarek« wird alleinige Lieferantin von Kieburgs städtischem Kleiderbetrieb. Kieburg selbst gerät zwar

Leo Sklarek (links) mit seinem Verteidiger Julius Meyer nach der Zeugenvernehmung

1924 in Schwierigkeiten, doch die Brüder distanzieren sich rechtzeitig von ihm. Als der städtische Betrieb pleitegeht, heißen die drei Hauptgläubiger Sklarek, Sklarek und Sklarek.

Mit ein bisschen »Augenzudrücken« und einem auf zweifelhafter Grundlage gewährten Kredit übernehmen die Brüder den städtischen Betrieb als Privatunternehmer in den alten Räumen, in der Kommandantengasse 80/81. Es ist eine Lizenz zum Gelddrucken. Sämtliche Dienststellen der Stadt Berlin kaufen nun bei ihnen Kleider, Hosen, Hemden, Blusen, Mäntel, Schürzen, Mützen, Hüte, Schals ... ganze Uniformen, Kittel, Banner und Fahnen.

Und die Sklareks bringen das viele Geld, das sie verdienen, auch wieder unter die Leute, zeigen aller Welt, wie blendend es ihnen geht. Bald schon gehören sie zur Hautevolee. Mit palastartigen Villen im vornehmen Westen, in denen bekannte Künstler und Sportler verkehren, die Spitzen der kommunalen Verwaltung sind gern gesehene Gäste, selbstverständlich auch die Funktionäre der politischen Parteien – darf's noch'n Schampus sein, der gnädige Herr? Ein vornehmes Jagdhaus in Mecklenburg wird gekauft, damit mit man außerhalb der Stadt auf den legendären Wochenendpartys der Sklarek-Brüder mal so richtig auf den Putz hauen kann. Offenbar hält es nahezu jeder Berliner für eine Auszeichnung und Ehre, wenigstens einmal zu Gast bei den erfolgreichen Kleiderhändlern zu sein, schreibt Chronist Malzacher.

Leo und Willi Sklarek sollen alle Freuden ausgekostet haben, die das Leben in diesen turbulenten Jahren für wohlhabende Playboys bereithält. Nur Max, dem der Erfolg wesentlich zu verdanken ist, hält sich zurück. Ihn plagt ein schweres Nierenleiden. Der Wahrsagerin Frau Seidler aber hält er die Treue. Sie soll all die Jahre über Beraterin der erfolgreichen Brüder gewesen sein. Max versorgt sie mit wöchentlich 200 Mark, mit Blumen und wertvollen Geschenken.

Das kostspielige Hobby von Leo und Willi aber toppt alle anderen Ausgaben. Sie sind Pferdenarren, Rennpferde sind ihre Leidenschaft. Sie leisten sich einen eigenen Rennstall mit exzellenten vierbeinigen Athleten. Die Sklareks verstehen etwas vom Renngeschäft: Bei vielen klassischen und hochdotierten Prüfungen jagen ihre Pferde mit den Jockeys in weißer Jacke mit altgoldener Schärpe als Erste durchs Ziel. Zusätzlich kaufen sie noch die gesamte Aufzucht des angesehenen, ehemals königlich-bayerischen Gestüts Leutstetten auf. Ach was, nicht kleckern, sondern klotzen, am besten gleich die ganze Anlage pachten und in Eigenregie führen! So wird es dann gemacht.

1928 ist das bis dahin erfolgreichste Jahr für den Sklarek-Stall. Ihr selbst gezüchteter dreijähriger Hengst Lupus rennt allen davon. Sieger im Union-Rennen in Hoppegarten, 30 000 Mark Siegprämie. Sieger beim Deutschen Derby in Hamburg, Preisgeld 70 000 Mark,

Willi Sklarek mit Pferd Lupus nach dem Hamburger Derby (1928)

Bemerkung des Renn-Richters »sehr sicher«, was bedeutet, dass Lupus mit großem Abstand gesiegt hat. Sieger im Kartellrennen der Dreijährigen in Krefeld, 15 000 Mark. Und dann noch mal siegreich beim St. Leger in Grunewald – Siegprämie 30 000 Mark. Bei den anderen bedeutenden Rennen des Jahres wird das Spitzenpferd zweimal Zweiter und zweimal Dritter. Im Sattel sitzt immer Everett Haynes mit 58 Kilo Gewicht. Die Distanzen von 2200 bis 2800 Meter überwindet Hengst Lupus in gut zweieinhalb Minuten – die Durchschnittsgeschwindigkeit auf dem Turf beträgt bis zu 56 Kilometer pro Stunde. Die Sklareks müssen trunken vor Pferdeglück gewesen sein: Acht Starts, davon vier Siege, vier Platzierungen. Ihr Hengst ist der beste Galopper des Jahres!

Im nächsten Jahr, 1929, sind Leo und Willi natürlich auch bei allen bedeutenden Rennen vor Ort, mittenmang, an der Rennbahn. Doch als am 29. September das mit Spannung erwartete Hauptrennen zum krönenden Abschluss gelaufen wird, wundert sich das Publikum. Wo sind denn die Rennstallkönige? Gar nicht anwesend? Ihre Stute Windspiel gewinnt das Rennen trotzdem. Noch am selben Tag verbreitet sich der Grund für das überraschende Fernbleiben der Sklareks wie ein Lauffeuer: Alle drei Brüder sind frühmorgens um sechs Uhr verhaftet worden.

Von nun an erfahren die Berliner über Monate und sogar Jahre aus der Zeitung, wie die Brüder zu ihrem vielen Geld gekommen sind. Wovon sie ihre rauschenden Feste, ihre schicken Häuser, ihre edlen Pferde und ihren luxuriösen Lebenswandel bezahlt haben: durch Betrug. Denn selbst mit Monopolstellung hätte das Geschäft mit der Dienstkleidung für Berlin ein so sattes Vermögen nicht abwerfen können.

Den Stein ins Rollen bringen zwei Buchprüfer der Berliner Stadtbank mit Namen Fabian und Seidel. Bei ihrer routinemäßigen Überprüfung stoßen sie Anfang September auf Unterlagen der Firma Sklarek sowie auf Kredite in Höhe von 9 664 000 Mark. Das macht die Prüfer stutzig. So hohe Kredite? Warum und wofür? Die Direktoren der Stadtbank wiegeln ab. Alles in Ordnung, alles gedeckt, gibt ja für alles entsprechende Auftragsbelege.

Schon wollen es Fabian und Seidel dabei bewenden lassen. Doch dann machen sie noch eine letzte Stichprobe. Sie fischen sich einen Beleg aus dem Bezirksamt Spandau heraus – und kommen jetzt erst recht ins Grübeln. Wofür soll das Amt, namentlich Herr Stadtinspektor Hennig, eine Bestellung in Höhe von 69 000 Mark aufgegeben haben? Vielleicht steht da einfach eine Null zu viel? Nein, kein Versehen. Genau diesen Betrag hat die Kasse der Stadtbank vorgestreckt.

Man ruft im Bezirksamt Spandau an. Der Revisor dort kommt auch zu dem Schluss, dass etwas faul sein müsse. Nur was bloß? Fabian und Seidel werden vorstellig beim Bürgermeister in Spandau. Der lässt in seinem Hause nachforschen. Das Ergebnis ist schockierend: Dieser und ähnliche Aufträge sind gefälscht. Entweder sind sie gleich komplett aus der Luft gegriffen oder deutlich erhöht worden.

Jetzt wird jede Buchung, jeder Auftrag, jeder Kreditauszahlung genauestens unter die Lupe genommen. Die Hauptprüfungsstelle beschlagnahmt das gesamte Aktenmaterial der Sklarek-Kredite. Den Prüfern bleibt die Spucke weg: Die vorgelegten Aufträge übersteigen die tatsächlichen Bestellungen um das Fünfzigfache. Der gigantische Betrug beläuft sich auf knapp zehn Millionen Mark. Rückzahlung – leider sehr unwahrscheinlich.

Nachdem der erste Schock überwunden ist, wird nach den Hintermännern auf den Chefsesseln der Stadtbank gesucht. Der Korruptionsskandal zieht immer weitere Kreise: Stadtverordnete, ehemalige Direktoren der Textilgesellschaften, Direktoren der Berliner Verkehrsgesellschaft und der Berliner Hafen- und Lagergesellschaft, namhafte Politiker, der Magistrat Berlins, zwei Bürgermeister – und sogar der Oberbürgermeister der Stadt. Täglich berichten die Zeitungen in großer Aufmachung. Das böse Wort »Sklarek-Stadt« macht die Runde. Gibt es eigentlich irgendjemanden von Rang und Namen in dieser Stadt, aus Verwaltung und Politik, der bei diesem Betrug nicht selbst mitgemacht, die Hand aufgehalten oder im Gegenzug für luxuriöse Annehmlichkeiten die Augen verschlossen hat?

Die Staatsanwaltschaft tritt auf den Plan. Die Ermittlungen eines Untersuchungsausschusses erscheinen ihr zu lasch, sie schiebt den Ausschuss beiSeite und macht sich lieber selbst an die Arbeit, das ganze Ausmaß des Skandals aufzudecken. Auch der preußische Landtag traut dem Magistrats-Ausschuss nicht, der untersuchen soll, was er selbst mit verbockt hat. Der Landtag wird mit einem eigenen Untersuchungsausschuss aktiv, der »die Mißwirtschaft in der Berliner Stadtverwaltung« überprüfen soll. Es geht ans Eingemachte.

Nun kommt ans Licht, dass der Vertrag, der dem Sklarek-Unternehmen eine Monopolstellung einräumt, vom kommunistischen Stadtrat Gäbel eigenmächtig bis 1935 verlängert wurde. Auch sein Parteifreund, Stadtrat Degner, gerät ins Visier der Ermittlungen. Die beiden Linksaußen-Politiker sind seit Jahren gut mit den Sklareks befreundet und auf ihren Feiern gern gesehene Gäste, wie jeder weiß. Schnell distanziert sich die kommunistische Partei von ihren kapitalistenfreundlichen Stadträten. Gäbel muss Amt und Mandat unverzüglich niederlegen, fordert die Partei öffentlich. Sein Verhalten sei »parteischädigend« und »unproletarisch«, heißt es.

So schlau ist die SPD nicht. Tatsächlich sind viele Sozialdemokraten in den Skandal verwickelt, sie spielen ja auch eine dominante Rolle in der Stadtregierung. Insbesondere die freundschaftliche Sklarek-Verbindung von SPD-Stadtrat Wilhelm Benecke ist vielen Menschen bekannt. Doch anders als die KPD pochen die Sozialdemokraten lange auf die Unschuld ihrer Mitglieder. Dadurch befindet sich die SPD in einer permanenten Verteidigungssituation, die sich in der öffentlichen Wahrnehmung schädlich auf die Partei auswirkt. Sie verliert sowohl an Vertrauen als auch in der Wahl von 1929 ganz konkret an Mandaten – neun Sitze weniger im Stadtparlament. Die politischen Mitbewerber sprechen von der »Sklarek-Sozialdemokratie«. Auch bei der Reichstagswahl 1930 rutschen die Sozialdemokraten um 5,3 Prozent ab. Politisch trägt die SPD den größten Schaden davon.

Leo und Willi Sklarek sind seit 1928 Mitglieder der SPD. Max gehört der linksliberalen Deutschen Demokratischen Partei (DDP) an – die auch den beliebten Oberbürgermeister Gustav Böß stellt. Bekannt werden bald auch Spenden an die nationalkonservative Deutschnationale Volkspartei (DNVP) und die kommunistische Rote Hilfe. Der Chefredakteur des »Berliner Tageblatts« schreibt dazu am 13. Oktober 1929: »Die drei Brüder Sklarek kannten ... keine Parteien mehr. Oder ... sie kannten alle ... es wurde bei ihnen republikanisch soupiert, deutschnational und völkisch gesoffen, kommunistisch mit Knallbonbons geknallt.«

Erste Warnschüsse hat es gegeben, doch die wollte anscheinend niemand hören. 1927 kommt die Handelskammer in einem Gutachten zu dem Schluss, dass die Stadt den Sklareks überteuerte Preise für ihre Kleidung zahlt. Ein Mantel, der im Großhandel

14 Mark 75 kostet, wird von den Sklareks mit 31 Mark 50 verrechnet. Pah! Kinkerlitzchen. Darüber setzt sich der Magistrat kühn hinweg. Statt, wie von der Handelskammer vorgeschlagen, einen ehrenamtlichen Sachverständigen einzuschalten, zahlt die Stadt lieber weiter erhöhte Preise.

Die Sklareks haben ihr betrügerisches System instinktsicher mit menschlicher Schwäche abgesichert. Wichtige Funktionäre oder Beamte nehmen von den Brüdern Geld oder Kredite an – Rückzahlung nicht so wichtig! –, oder sie lassen sich und ihre Familien bei ihnen neu einkleiden. Politikern werden Autoreisen finanziert, hohe Nachtklubspesen übernommen, ganz besonders wichtigen Menschen Sonderkonten zur freien Verfügung eingerichtet. Diesen goldenen Händedruck auszuschlagen ist offenbar kaum jemandem gelungen. Die Raffgier scheint größer als das Interesse, die Stadt im Sinne ihrer Bewohner zu verwalten. Und wer einmal die »Großzügigkeit« der Sklarek-Brüder angenommen hat, hängt nun selbst drin und hilft mehr oder weniger bewusst mit, den Riesenschwindel zu vertuschen. Am 29. September 1929, dem Tag, an dem die drei Brüder verhaftet werden, liegen jedenfalls fingierte Rechnungen über 19 Millionen Mark bei der Stadtbank vor.

Nachdem die Sklarek-Bombe geplatzt ist, werden die kommunistischen Stadträte Gäbel und Degner als Erste verhaftet. Ihnen gehören zwei Geheimkonten, »Gabriel« und »Dolch«. Für standesgemäße Sonntagsausflüge hat sich Gäbel auch ein Auto bezahlen lassen und auf Sklarek-Kosten in Luxus-Lokalen ordentlich geprasst. Dabei wollte der feine Marxist sich bestimmt ein Bild vom Verfall der kapitalistischen Gesellschaft machen, schreibt Werner Malzacher süffisant.

Neben den beiden Stadträten, den beiden Stadtbankdirektoren, und Bürgermeister Kohl ist der prominenteste Beteiligte an der Affäre der bis dahin beliebte Oberbürgermeister von Berlin, Gustav Böß. Böß führt seit 1921 die Regierungsgeschäfte und gilt als einer der fähigsten Politiker der Hauptstadt. Dank der Sklareks stolpert er über den Pelzmantel seiner Frau. Das edle Stück ist ihm von den Brüdern geradezu aufgedrängt worden, sagt er später, zu einem auffällig niedrigen Preis von 400 Mark. Der Pelz sei eine besonders günstige Gelegenheit, erklären die Lieferanten, weil man die Felle zum Schleuderpreis bekommen habe. Das kommt ihm nicht richtig vor, und so finanziert er mit der angenommenen Differenz zum tatsächlichen Wert – 6000 Mark – den Ankauf eines Gemäldes für die Öffentlichkeit, quasi als Wiedergutmachung. Und den »aufgedrängten« Pelz behält er.

Als die Betrügereien Stück für Stück ans Licht kommen, ist Böß auf Amerika-Reise. Dort soll ihm unter anderem die große Anerkennung widerfahren, zum Ehrenbürger New Yorks ernannt zu werden. Die besorgten Telegramme aus der Heimat, dass in der Sklarek-Affäre auch sein Name falle, schiebt er beiseite. Noch am 24. September nimmt er ergriffen die Ehrenbürgerwürde entgegen. Doch schon eine Woche später haben sich die Ereignisse zu Hause überschlagen: Bei seiner Rückkehr demonstrieren Tausende Berliner wütend. Ein aggressiver Mob empfängt den Noch-Bürgermeister am Zoologischen Garten, einige wollen Böß sogar lynchen. Ein starkes Polizeiaufgebot muss für Sicherheit sorgen. Seine Frau und er werden mit »Schieber, Verbrecher, Lump, Gesindel, Judenknecht, schlagt ihn tot« niedergebrüllt, berichtet tags drauf die »Berliner Zeitung« und schreibt weiter, dass Böß von dem Pöbel so erschüttert gewesen sei, dass er auf dem Gang zu seiner Wohnung fast ohnmächtig wurde und gestützt werden musste. Joseph Goebbels, NSDAP-Gauleiter in der Hauptstadt, schreibt dazu am 1. November 1929 in sein Tagebuch: »Böß ist gestern von uns Nationalsozialisten empfangen worden. Mit Schmähungen und Pfeifkonzert. So ist's recht.«

Der einst so beliebte Oberbürgermeister lässt sich beurlauben. 1930 wird er aus dem Dienst entlassen. Die Berliner dichten zum Abschied ein Spottlied auf Böß, seine Frau und den luxuriösen Mantel: »Schöner Pelz, du gingst in Fransen«.

Insgesamt dauern die Ermittlungen der Staatsanwaltschaft gegen die Sklareks und die in den Korruptions-Skandal verwickelten Verdächtigen zwei Jahre. Im Oktober 1931 beginnt dann einer der größten Prozesse der Weimarer Zeit – 500 Akten, 14 Angeklagte, 23 Sachverständige, 614 Zeugen, 100 000 Mark Prozesskosten. Am 124. Verhandlungstag fällt Mitte 1932 das Urteil: vier Jahre Zuchthaus und fünf Jahre Ehrverlust für Leo und Willi Sklarek. Max Sklarek ist inzwischen zu krank, um vor Gericht erscheinen zu können. Angeblich werfen sich die beiden Brüder nach dem Urteil weinend vor dem Richter auf die Knie und betteln um ihre Freilassung. Mit einem verächtlichen »Lassen Sie mich in Ruhe« wendet dieser sich ab. Zwei Direktoren der Stadtbank, ein Bürgermeister, zwei Stadträte und der Sklarek-Buchhalter werden ebenfalls ins Gefängnis geschickt.

Der Korruptionsfall Sklarek hätte sich so oder ähnlich in jeder deutschen Großstadt ereignen können. Doch dass er ausgerechnet in der Hauptstadt passiert, zu Zeiten der Weltwirtschaftskrise – Hunderttausende Arbeitslose auf der einen Seite und feiste Rennstallbesitzer, die neben ihren Pferden auch zig Staatsdiener und

Nach Bekanntwerden des Skandals werden die Waren der Sklarek-Geschäfte als Konkursmasse verkauft (1929)

Politiker für sich haben laufen lassen, auf der anderen –, fügt der Glaubwürdigkeit der Demokratie weitere Risse zu. Die Historikerin Annika Klein zitiert dazu den sozialdemokratischen Journalisten und Reichstagsabgeordneten Friedrich Stampfer: »Es entstand in der Phantasie breiter Massen das Bild einer ungeheuren Korruptionswirtschaft, in deren Mittelpunkt die Sozialdemokratische Partei stand. Es war ein Zerrbild, in dem das viele Gute völlig verschwand, das Faule und Schlechte in ungeheurer Vergrößerung erschien.«

Der Fall Sklarek erweist sich als ein weiterer Sargnagel für die Weimarer Demokratie. Aus dem zerstörten Vertrauen können die Republikfeinde von der extremen Linken und der extremen Rechten Kapital schlagen. Das hatten die drei Brüder sicher nicht im Sinn, als sie die unzureichend gesicherten staatlichen Strukturen für sich nutzten und sich immer dreister selbst bereicherten.

Nach der Machtübernahme knöpfen sich die Nationalsozialisten die Sklareks noch einmal vor, obwohl sie 1933 die Gefängnisstrafen für ihre Taten längst abgesessen haben: Das nationalsozialistische Regime lässt den Prozess gegen die Brüder noch einmal aufrollen, wenig überraschend fallen die Urteile nun deutlich härter aus, unter anderem wird Ex-Oberbürgermeister Gustav Böß nun zu neun Monaten Einzelhaft verurteilt.

Für Leo und Max Sklarek endet die neuerliche Bestrafung tödlich. Leo wird 1942 im KZ Sachsenhausen erschossen, Max 1944 im KZ Ausschwitz ermordet. Willi Sklarek erlebt das nicht mehr mit. Er stirbt 1938 in Prag.

TEIL III

WIRTSCHAFTSKRISE UND STRASSENTERROR – DER UNTERGANG DER WEIMARER REPUBLIK

Den »goldenen Jahren« wird 1929 mit Beginn der Weltwirtschaftskrise jäh der Glanz genommen. Nach dem Börsencrash in den USA ziehen ausländische Banken ihre Kredite zurück. Die ohnehin immensen Reparationszahlungen treffen Deutschland jetzt besonders hart, was für Millionen Menschen fatale Folgen hat.

Die Zahl der Erwerbslosen steigt derart rasant, dass eine Massenarbeitslosigkeit entsteht. 1931 sind im Reich schon 4,3 Millionen Menschen arbeitslos, in Berlin sind es 564 000. Hunderttausende Menschen leben allein in der Hauptstadt in bitterer Armut. Die Parteien der politischen Mitte scheinen gegen diese alarmierenden Entwicklungen hilflos zu sein, in der Hoffnung auf radikale Lösungen gegen Armut und Arbeitslosigkeit erhalten die extremen Parteien am linken und rechten Rand immer mehr Zulauf.

Vor allem die NSDAP kann ab 1930 hohe Stimmenzuwächse verbuchen. In Berlin setzt Gauleiter Joseph Goebbels propagandistisch alles daran, dass aus dem »roten« Berlin eine »braune«

Aufmarsch der SA in Berlin-Spandau (1932)

Hauptstadt wird. Mithilfe der militanten SA prügeln die Nazis auf jüdisch aussehende Menschen und Kommunisten ein. Straßenterror wird allgegenwärtig, und politische Morde sind an der Tagesordnung.

Nicht nur die Nationalsozialisten wollen die Republik zerstören, auch die KPD wird zur erklärten Feindin der Demokratie. Ausgerechnet in dieser schwierigen Situation erweisen sich die demokratischen Weimarer Parteien als unfähig, stabile Koalitionen einzugehen. Alle Reichskanzler ab 1930 sind Minderheitenkanzler und von Reichspräsident Paul von Hindenburg abhängig. Politik, Gesellschaft und Institutionen sind tief gespalten. Viele Menschen wählen 1932 aus Protest gegen die Gesamt-Misere die NSDAP.

Die Berliner Polizei wird von verantwortungsvollen Demokraten geleitet. Doch schon 1932 verhängt die ultra-konservative Reichsregierung über das »demokratische Bollwerk« Preußen die Reichsexekution: Fast alle demokratischen Politiker und führende Beamten werden abgesetzt oder auf bedeutungslose Posten verbannt.

Damit läutet die Regierung unter Reichskanzler Franz von Papen ab 1932 das Ende der Weimarer Republik ein. Im Januar 1933 ernennt der zunächst zaudernde Reichspräsident Hindenburg dann Adolf Hitler zum Reichskanzler. Den Nationalsozialisten gelingt es, die für die Machtübernahme wichtigen Ministerposten und Ämter zu besetzen, und sie machen sich die preußische Polizei untertan.

Die Weimarer Republik ist damit nach nur gut vierzehn Jahren tot. Die erste Demokratie auf deutschem Boden endet im Terror der Nationalsozialisten.

JOSEPH GOEBBELS: HITLERS SCHARFMACHER FÜR DIE HAUPTSTADT

Politisch gesehen ist Berlin in der Weimarer Zeit eine tiefrote Stadt. Bei den insgesamt vier Reichstagswahlen von 1920 bis 1928 kommen Kommunisten und SPD zusammen stets auf satte 50 bis über 60 Prozent der Wählerstimmen – 1928 wollen sogar fast zwei Drittel der Berlinerinnen und Berliner den Reichstag in die Hände der klassischen Arbeiterparteien legen. Dagegen dümpelt die NSDAP mit ihren Stimmanteilen in der Hauptstadt ab 1924 im sehr niedrigen einstelligen Bereich. Reichsweit liegt der Anteil damals fast doppelt so hoch, in Berlin aber rangieren die National-sozialisten zunächst auf dem verlorenen Posten einer Splitterpartei.

Deswegen setzt Hitler in Berlin auf einen Mann, der für den Nationalsozialismus durchs Feuer gehen würde und im Auftrag seines »Führers« bereit ist, alles zu tun, um die Stadt den linken Parteien zu entreißen und auf braunen Kurs zu hetzen: Joseph Goebbels. Der Meister der Demagogie ist vollkommen skrupel-los und in höchstem Maße zynisch. Auf verhängnisvolle Weise

lässt Goebbels bereits vor der Machtübernahme der Nationalsozialisten erkennen, zu welchen Taten er fähig ist. Während der
NS-Diktatur wird er den Holocaust entscheidend mitentwickeln,
die Bevölkerung 1943 zum »totalen Krieg« aufrufen und ab 1944
mit seiner Rekrutierung für den Volkssturm in aussichtsloser
Kriegslage Tausende von Jugendlichen und alten Männern in den
sicheren Tod schicken.

Goebbels wächst als mittleres von fünf Kindern in einer
ärmeren katholischen Familie in der rheinländischen Kleinstadt
Rheydt auf. Um sich über Wasser zu halten, bessert die Familie ihr Einkommen mit Heimarbeiten auf, in die auch die Kinder
mit einbezogen werden. Die angespannte finanzielle Lage prägt
Goebbels' Kindheit. Als er vier Jahre alt ist, entzündet sich sein
Knochenmark. Dabei handelt es sich um eine Erkrankung, die in
der Regel mit großen Schmerzen einhergeht. Bei Goebbels führt
sie dazu, dass sein rechter Unterschenkel verkümmert und sich ein
Klumpfuß bildet. Mit dieser auffälligen körperlichen Deformation
wird er eingeschult, sicher muss er wegen seiner Behinderung viel
Spott und Hänseleien ertragen.

Seine körperlichen Defizite und seine bescheidene Herkunft
macht er als Schüler mit hervorragenden Leistungen wett. Nach
seinem Einser-Abitur 1917 möchte Goebbels unbedingt als Soldat in den Krieg ziehen, doch wegen seiner Behinderung wird er
als »dauerhaft ungeeignet« für den Militärdienst eingestuft. Größer
als 1,65 Meter wächst er nicht, er ist ein auffallend kleiner Mann,
der beim Gehen hinkt. In seinen Tagebüchern notiert er, seine
Behinderung sei »einfach ekelhaft«. Statt als Soldat an der Front
zu dienen, beginnt Goebbels, Germanistik und Geschichte zu stu-
dieren. Seine Eltern sind enttäuscht, sie haben sich gewünscht,
er würde sich für die Theologie entscheiden. Er verliebt sich in
eine Kommilitonin »aus gutem Hause«, deren wohlhabende Eltern
den mittellosen Studenten ablehnen. Ihre Trennung trifft ihn so
schmerzhaft, dass er an Selbstmord denkt.

Kurz nach seiner Promotion bei einem jüdischen Literaturwissenschaftler kommt er mit seiner nächsten Freundin zusammen, mit der Lehrerin Else Janke. Nun klappt es mit der Liebe, beruflich aber kann er nicht Fuß fassen – nicht als Schriftsteller und auch nicht als Journalist. Seine Bewerbungen werden auch von zahlreichen jüdischen Verlagshäusern abgelehnt. Freundin Else besorgt ihm deshalb 1923 eine Stelle bei der Dresdner Bank. Doch diese Arbeit hasst er angeblich, im »Tempel des Materialismus«, wie Goebbels es nennt, will er nicht arbeiten. Lieber kündigt er und meldet sich erneut arbeitslos.

1924 knüpft Goebbels erste Kontakte zu völkisch-nationalistischen Kreisen, am 21. August gründet er dann eine Ortsgruppe der »Nationalsozialistischen Freiheitsbewegung Großdeutschlands« in Mönchengladbach. Hierbei handelt es sich um eine Tarnorganisation der seit dem Hitler-Putsch verbotenen »Nationalsozialistischen Deutschen Arbeiterpartei« NSDAP. Vom 1. Oktober an ist er Schriftleiter der Wochenzeitung »Völkische Freiheit«. Nun, da er doch noch einer geregelten Arbeit als »Schreibender« nachgeht, teilt er gegen die, die ihn zuvor abgelehnt haben, kräftig aus: In seinen Artikeln attackiert er vor allem jüdische Verleger.

Schon 1925 steigt Goebbels in der Hierarchie der neu gegründeten Partei auf und gehört ab März zum Vorstand des Gaus Rheinland-Nord. Nachdem er zunächst gemeinsam mit den Strasser-Brüdern, Georg und Otto, Adolf Hitlers zentralistische Parteiführung kritisiert, ordnet er sich Hitler am 14. Februar 1926 auf einer »Führertagung« in Bamberg bedingungslos unter. Ein gutes halbes Jahr später folgt die Ernennung zum Gauleiter von Berlin-Brandenburg, das bisher lediglich 500 NSDAP-Mitglieder zählt. Sein privates Glück hält er in der neuen Funktion nicht mehr aufrecht: Nach fünf Jahren Beziehung mit der Lehrerin Else Janke trennt sich Goebbels von ihr, obwohl sie eigentlich die Frau ist, die Goebbels gerne geheiratet hätte. Doch sie trägt einen für ihn unüberwindlichen »Makel«: Ihre Mutter ist Jüdin und Else somit in Goebbels' antisemitischer Sichtweise eine »Halbblüterin« beziehungsweise eine »Halbjüdin«.

Welche Rolle spielen die vielen Zurückweisungen und Niederlagen in Goebbels' Leben, bis er, quasi als Gründungsmitglied, 1925 in die NSDAP eintritt? Woher stammt die Lust auf Zerstörung und Erniedrigung, auf Terror und Brutalität, die er im Namen der Partei und ihres »Führers« später so skrupellos inszeniert? Was hat seinen Hass auf Juden und andere Minderheiten so sehr geschürt, dass er zum entscheidenden Wegbereiter des Holocaust wird?

Historiker halten dafür unterschiedliche Erklärungen bereit: Viele Wissenschaftler gehen davon aus, dass Goebbels seine Minderwertigkeitsgefühle kompensieren muss – die Armut, den Klumpfuß, seine Ausmusterung, die Zurückweisung durch die reiche Freundin, seine Misserfolge als Autor und Journalist. Durch all dies sei bei ihm ein grenzenloser Hass auf die Gesellschaft entstanden, den er bei den Nationalsozialisten diabolisch ausleben kann. Andere Historiker nennen stattdessen »ein nie gestilltes Bedürfnis nach Anerkennung« und eine schwere narzisstische Persönlichkeitsstörung als Antrieb. Vielleicht ist es eine Mischung aus alldem, was Goebbels zu einem der schlimmsten Verbrecher des 20. Jahrhunderts macht: Hass auf andere, Sucht nach Macht und Anerkennung, Narzissmus.

Eine Art Erweckungserlebnis ist für Goebbels, zumindest laut seinen Tagebüchern, die erste Begegnung mit Hitler im Juli 1925. Er habe weinen müssen wie ein kleines Kind, schreibt er: »Alles hat dieser Mann, um König zu sein. Der geborene Volkstribun. Der kommende Diktator.« Von da an buhlt der Parteifunktionär um Hitlers Lob und Anerkennung, er betet den »Führer« an.

Schon bevor er Ende 1926 zum Gauleiter Berlin-Brandenburgs ernannt wird, hat Goebbels eine präzise Vorstellung davon, wie mit der »nach Moskau rötesten Stadt Europas« zu verfahren ist. Im Juni 1929 schreibt er: »Der Machtstaat beginnt auf der Straße. Wer die Straße erobern kann, kann auch einmal den Staat erobern.« Hierbei will er »Terror und Brutalität« einsetzen, um den Staat zu stürzen. Seine Pläne setzt er in den folgenden Jahren in blutige Tat um. Goebbels wird Berlin niederschlagen und aufrichten, verhöhnen und schmeicheln, erniedrigen und ermutigen. Goebbels ist brutal, wortgewaltig und hemmungslos. Sein giftiger Krawall sickert in die Stadt ein und beginnt, langsam zu wirken. Der Gauleiter erweist sich als Propaganda-Genie und als perfekter Statthalter Hitlers.

Zu seinem Stellvertreter ernennt Goebbels den Leiter der Berliner »Sturmabteilung«, Kurt Daluege. Die Schlägertrupps der SA werden in den kommenden Jahren eines der wichtigsten Instrumente der Nationalsozialisten, um die Hauptstadt mit dem angekündigten Doppelschlag aus »Terror und Brutalität« zu überziehen.

Schon wenige Tage nach seiner Ernennung Ende Oktober 1926 beginnt Goebbels mit der Umsetzung seines Plans: Er organisiert einen Marsch durch die Kommunisten-Hochburg Neukölln, der in einer Straßenschlacht endet. Im Februar 1927 folgt die nächste Provokation: Eine Großveranstaltung der Nationalsozialisten, die Goebbels in den Haus-Veranstaltungssälen der Kommunisten abhalten lässt, endet in einer brutalen Saalschlacht mit vielen Schwerverletzten. Die Braunen triumphieren, sie prügeln die Roten aus dem Saal. Im März 1927 schlagen Goebbels' SA-Männer jüdisch aussehende Menschen zusammen. Mit seinen fortgesetzten Straßenschlachten und immer stärker und größer werdenden »Sturmabteilungen« facht er fast bürgerkriegsähnliche Zustände an.

Durch den skrupellosen Einsatz der SA will Goebbels nicht nur Präsenz auf den Straßen der Hauptstadt zeigen, er will die NSDAP auch in die Schlagzeilen bringen: Jeder Berliner soll diese Partei wahrnehmen. Durch unzählige Plakate, Aufmärsche, Reden, Schlachten und Ausschreitungen gegen Kommunisten und Juden. Und diese Demonstration der Stärke entfaltet Wirkung: Tatsächlich gewinnt die Partei in Berlin immer neue Mitglieder.

Joseph Goebbels bei einer Rede im Berliner Lustgarten (1932)

Doch im Mai 1927 geht dem Berliner Polizeipräsidenten Karl Zörgiebel (SPD) das brutale Vorgehen der SA gegen einen Pfarrer, der sich gegen Goebbels gestellt hat, zu weit. Der preußische Geistliche Fritz Stucke war durch das Polizeiaufgebot vor dem Versammlungssaal neugierig geworden – und hatte sich Goebbels' Rede angehört. Inmitten der NS-Anhänger wagte es der mutige Pfarrer, laut dazwischenzurufen: »Ja, ja, Sie sind der richtige germanische Jüngling.« Der braune Mob schlägt ihn krankenhausreif. Zörgiebel verbietet daraufhin die NSDAP in Berlin mit allen Unterorganisationen. Gleichzeitig tritt ein Redeverbot für Goebbels in Kraft. Da diese Verbote jedoch schon nach wenigen Monaten wieder aufgehoben werden, bedeuten sie nur eine kurze Zäsur. Goebbels verhöhnt Polizei und Justiz in seinem Parteiblatt »Der Angriff«.

Insbesondere der jüdische Vizepräsident der Polizei, Bernhard Weiß, wird heftig attackiert. Goebbels verpasst dem unerschrockenen Kämpfer für die Demokratie den Spitznamen »Isidor« und lässt Weiß im »Angriff« in immer neuen Karikaturen verunglimpfen. In zahlreichen Prozessen wegen Beleidigung, bei denen Goebbels wegen seiner Attacken vor Gericht steht, kommt er meist mit geringen Strafen davon. Es gelingt nie, ihn mit einer Gefängnisstrafe aus dem Verkehr zu ziehen – auch weil er sich auf seine Immunität als Abgeordneter berufen kann und durch zwei Amnestiegesetze des Reichstags geschützt wird. Juristisch ist ihm anscheinend nicht beizukommen, auch weil es im politischen System der Weimarer Republik insgesamt schwierig ist, gegen jene vorzugehen, die die Demokratie untergraben und abschaffen wollen.

Um sein Ziel zu erreichen, Berlin zu einer »braunen Stadt« zu machen, setzt Goebbels auf eine Doppelstrategie: Er haut nicht nur drauf, er hofiert auch. Insbesondere die Menschen in den Berliner Arbeitervierteln. Gezielt wendet er sich an das große Heer der Arbeitslosen. »Arbeiter und Arbeiterinnen ohne Arbeit und ohne Hoffnung, der furchtbarsten Verzweiflung preisgegeben«, steht auf einem Flugblatt von 1931, in dem Goebbels verspricht, »das System des Kapitalismus zu zertrümmern und es durch eine neue sozialistische Ordnung zu zersetzen«.

Systematisch sät der Propaganda-Mann Zweifel an der Kraft der Linksparteien, Kommunisten und SPD: »An alle Erwerbslosen (…): Ihr, im Stich gelassen von Euren Verführern.« Die SPD nennt er die »Schamloseste Partei Deutschlands«, Kommunisten sind eine »russische Fremdenlegion auf deutschem Boden«. Sein Zeitungsblatt »Angriff« trägt die Unterzeile »Für die Unterdrückten – Gegen die Ausbeuter«, auch dies zielt auf Leser in der Arbeiterschaft.

Und wer trägt die Verantwortung für deren Misere? Darauf hat Goebbels eine einfache Antwort: »Die Juden sind schuld!«

Im »Angriff« drückt er sich 1929 noch deutlicher aus und spricht bereits von Vernichtung: »(Der Jude) ist ein Negativum, und dieses Negativum muss ausradiert werden aus der deutschen Rechnung. (…) Wer den Juden schont, versündigt sich am eigenen Volk.«

Auch die Demokratie »muss weg«. Bei einer Kundgebung im Berliner Lustgarten im Juli 1932 propagiert Goebbels offen die Zerschlagung des demokratischen Mehrparteiensystems – und damit der Weimarer Republik. Auszüge aus seiner Ansprache:

»Deutsches Volk von Berlin! Ich stehe als Vertreter der größten Millionenbewegung, die der deutsche Boden jemals getragen hat, nicht vor dir, um deine Stimme, deine Gnade oder deine Verzeihung zu erbetteln. Ich will nur, Volk, dass du gerecht bist. Du sollst ein Urteil abgeben über die vergangenen 14 Jahre der Schmach, der Schande, des Verfalls und der nationalen politischen Demütigung, und du sollst darüber entscheiden, ob die Männer und Parteien, die für diese 14 Jahre verantwortlich gemacht werden müssen, noch weiterhin das Recht besitzen, die Macht und die Verwaltung in ihren Händen zu behalten. (…)

Man hat in der Vergangenheit über uns gelacht, aber den Gegnern ist das Lachen gründlich vergangen. Wir fragen nicht nach Herkunft oder Stand. Eine große Gemeinsamkeit umschließt uns, und an uns ist das Dichterwort wahr geworden: Das Volk steht auf, der Sturm bricht los!

Die Parteien müssen weg! Die politischen Bonzen werden aus ihren Sesseln herausgejagt. Es wird kein Pardon gegeben. Aus dem Volk sind wir gekommen, und zum Volke werden wir immer wieder zurückkehren. Das Volk steht für uns im Zentrum aller Dinge. Für dieses Volk opfern wir, und für dieses Volk sind wir – wenn es einmal nötig würde – auch zu sterben bereit.«

Die Worte und Taten des kleinen Mannes mit dem Hinkefuß verfangen bei vielen Menschen in Berlin. Innerhalb von nur fünf Jahren kann er die läppischen 1,4 Prozent Reichstagswahl-Stimmen 1928 in Groß-Berlin für die NSDAP im Juli 1932 auf fast das Zwanzigfache steigern: Die Nationalsozialisten erreichen selbst »in der rötesten Stadt Europas nach Moskau« sensationelle 24,6 Prozent. Reichsweit liegt das Ergebnis bei 37,4 Prozent. Schon 1928 zieht Goebbels als einer von zwölf Abgeordneten der rechtsextremen Partei in den Reichstag ein, dem er bis 1945 angehören wird.

Mit seiner »Eroberung Berlins« hat sich Goebbels auch innerhalb der Partei für künftige Führungsaufgaben qualifiziert: Nach der Machtübernahme der NSDAP 1933 ist Joseph Goebbels einer der einflussreichsten Politiker im Nationalsozialismus und gehört zu den engsten Vertrauten des »Führers«. In den zwölf Jahren der nationalsozialistischen Gewaltherrschaft wird er weiter gegen Andersdenkende und Regimegegner hetzen und Deutschland mit in den Zweiten Weltkrieg führen. Nachdem er bis zuletzt an der Seite Hitlers ausgeharrt hat, wird er am 1. Mai 1945 im »Führerbunker« in Berlin Selbstmord begehen.

BERLINS BELIEBTESTE VERBRECHER:
DIE GEBRÜDER SASS

Franz Sass ist gerade elf Jahre alt und sein jüngerer Bruder Erich erst neun, als die beiden aufgeweckten Jungen aus dem Arbeiterviertel Moabit ihren vermutlich ersten Einbruch begehen. Mit von der Partie sind auch ihr älterer Bruder Max und ein Mitschüler. Die vier Kinder sind in eine Kantine eingebrochen, im Grunewald, im Januar 1916, mitten im Ersten Weltkrieg. Gelohnt hat sich der Bruch wohl nicht: Es gibt, soweit man weiß, nichts, was sie mitgehen lassen. Doch ab jetzt sind die Namen der Zweit-, Dritt- und Viertklässler polizeilich erfasst, denn die Kinderbande wird erwischt und ist damit aktenkundig.

Zwei der minderjährigen Einbrecher entwickeln sich in den kommenden zehn Jahren zu wahren Meistern für Einbrüche und das Aufbrechen von Geldschränken. Im Jahr 1929 gelingt Franz und Erich Sass sogar der aufsehenerregendste Bankeinbruch Berlins während der Weimarer Zeit. Dafür bewundern viele Berliner die Geldschrankknacker: Franz und Erich kommen »von unten«

und träumen von einem besseren Leben, das sie bei ihren Voraussetzungen und in dieser schwierigen Zeit über ehrliche Arbeit jedoch nie werden erreichen können. Deshalb setzen sie auf ihre hellen Köpfchen, um ihrem Hang zur Kriminalität zu fröhnen, »die Reichen« zu schröpfen und dabei niemandem auch nur ein Haar zu krümmen.

Die Sympathie der Berliner für die Gebrüder Sass drückt sich auch in zeitgenössischen Zeitungsberichten aus. Regelmäßig erscheinen Artikel über die gut aussehenden, tadellos gekleideten jungen Männer, die sich mit zunehmendem Erfolg eine lässige Eleganz zulegen – und an denen sich die Polizei während der Weimarer Zeit die Zähne ausbeißt. In der Hauptstadt, die gerne mit der Halbwelt kokettiert, gehören Franz und Erich zu den Topstars und werden regelmäßig zu den berühmten Bällen der Ringvereine eingeladen. Doch zu enge Kontakte zu den Ringbrüdern vermeiden die Brüder, sie wissen, dass dort eine Reihe polizeilicher Tippgeber sitzt. Ihre »Arbeit« erledigen sie stets nur zu zweit, höchstens hilft, wie bei ihrem ersten Einbruch als Kinder, Bruder Max mit aus.

Was hat die neun- und elfjährigen Knirpse damals dazu bewogen, in einer Kantine einzubrechen und danach immer wieder auf Diebestour zu gehen? Steckte dahinter ein Dummejungenstreich, eine Mutprobe oder Langeweile? Wahrscheinlicher ist, dass es sich um kindliche »Notkriminalität« handelte: Die Kinder wollten oder mussten wohl etwas »dazuverdienen«. Ob die erfindungsreichen, offensichtlich charmanten und attraktiven Gebrüder Sass auch eine kriminelle Karriere eingeschlagen hätten, wenn sie unter anderen Umständen aufgewachsen wären? Die Stationen ihrer nicht eben rosigen Kindheit und Jugend sind in Akten der Fürsorgeämter und Gerichte gut dokumentiert.

Familie Sass führt ein ärmliches Leben, oder, wie es ein Polizist später ausdrückt, »die häuslichen Verhältnisse in der Familie waren äußerst unglücklich«. Insgesamt fünf Söhne müssen ernährt werden, einer von ihnen, Paul, ist ein außereheliches Kind der Mutter. Vater Andreas ist Lohnschneider und zahlt zwar die Wohnungsmiete, mehr aber auch nicht. Mutter Marie muss deswegen als Wäscherin dazuverdienen, damit die Familie überhaupt etwas zu essen hat. Tagsüber ist sie nicht zu Hause, ihre fünf Jungs sind dann auf sich gestellt.

Die siebenköpfige Familie lebt in einer 40 Quadratmeter großen Einzimmerwohnung in einem Hinterhaus der Moabiter Birkenstraße 57, vierte Treppe. Zum Heizen ist kaum Geld da, für Beleuchtung reicht es auch nicht. Um der Enge und der düsteren Kälte in der Wohnung zu entfliehen, treiben sich die Jungs auf der Straße, in Warenhäusern und, so oft wie es geht, im Kino herum. In die Schule gehen sie selten, wohl auch deshalb werden Franz' schulische Leistungen als »äußerst mangelhaft« beschrieben, der zwei Jahre jüngere Erich ist ein etwas besserer Schüler.

Von den fünf Söhnen bleibt den Ermittlungsberichten zufolge nur der jüngste, Hans, straffrei. Er arbeitet später als kaufmännischer Angestellter. Auch mit Paul gibt es, auf Amtsdeutsch, »nicht unerhebliche Erziehungsschwierigkeiten«. Nach seinem Schulabschluss findet er jedoch den Weg »zu einem geordneten Leben«. Der Älteste, Max, hingegen stiehlt mit seinen Brüdern Franz und Erich von Kindesbeinen an. Als Erwachsener wird Max wegen mehrerer Diebstähle und Hehlerei im Gefängnis landen, wo er sich 1935 durch Erdrosselung das Leben nimmt.

Bereits wenige Wochen nach ihrem Kantineneinbruch drehen Franz und Erich zusammen mit Bruder Max und einem Mitschüler ihr nächstes Ding. Diesmal brechen die vier Jungs auf der Suche nach Brauchbarem mehrere Lauben in der Kolonie »Klein Kleckersdorf« in Hakenfelde auf. Dabei entwenden sie »geringwertige Gegenstände«, wie es die Polizei formuliert.

1917 und 1918, es herrscht immer noch Krieg, werden Max und Franz bei mehreren Diebstählen erwischt. Sie steigen in Büros ein, bei einem Eisenwarenhändler und, nach Einschlagen der Scheiben, in einen Zeitungskiosk. Max ist zu diesem Zeitpunkt eigentlich in einer Fürsorgeerziehung untergebracht, doch er ist mal wieder aus der Anstalt geflüchtet. Nach diesen Straftaten verurteilt das Landgericht Berlin den 14-jährigen Franz zu zwei Mal zwei Wochen Gefängnis. Anschließend wird auch er in eine Erziehungsanstalt eingewiesen, erst in den Lindenhof in Berlin-Lichtenberg und dann nach Großrosen, Bezirk Breslau. Aus beiden Einrichtungen türmt er wiederholt und lebt in Berlin auf der Straße.

Gemeinsam mit seinem jüngeren Bruder Erich feilt Franz an besseren Einbruchstechniken. 1921 beginnen die beiden damit, Wände zu durchbrechen, was sie später immer meisterlicher beherrschen. Die Beute wird zunehmend lukrativer. Bei einem Zigarrengeschäft in der Winterfeldtstraße allerdings gelingt es ihnen nicht, die dicke Wand zu durchbrechen – daraufhin biegen sie die Eisengitterstäbe am Fenster auseinander und zwängen sich in die Geschäftsräume, erbeuten Zigarren, Zigaretten und Geld.

1923 steht Franz erneut vor Gericht und wird zu einer Gesamtstrafe von einem Jahr und zehn Monaten Gefängnis verurteilt. Allerdings muss er davon nur sechs Monate verbüßen. Die Fürsorgeerziehung wird ausgesetzt, er darf wieder zu Hause wohnen und wird »Arbeitsbursche«. 1924, als Zwanzigjähriger, macht er sich heimlich auf den Weg nach Hamburg, um als Seemann anzuheuern. Doch Franz findet keinen Job als Matrose. Zurück in Berlin zieht er zu seiner Tante und hilft auf ihrem Marktstand aus.

Wegen einer günstigen Prognose bleiben Erich die Fürsorgeheime erspart. Er beginnt eine Lehre als Schlosser, was ihm ein solides Grundwissen für seine spätere Karriere als Geldschrankknacker beschert. Die Ausbildung bricht er jedoch vorzeitig ab und arbeitet von nun an als Laufbursche bei der »Deutschen Allgemeinen Zeitung«. Als pfiffiger Bursche kann er dabei interessante Dinge auf der Straße beobachten und daraus lernen.

Erich sitzt 1924 das nächste Mal auf der Anklagebank, wegen eines Bandendiebstahls, an dem auch Max und Franz beteiligt sind.

Franz und Erich Sass auf Helgoland (1926)

Erich gibt einige Dutzend Geldschrankaufbrüche zu. Die anderen Brüder bleiben aus Mangel an Beweisen straffrei und können ihre Arbeit ungestört fortsetzen. Anscheinend erfolgreich, denn in den Jahren 1927 und 1928 unternehmen Franz und der inzwischen wieder freigelassene Erich mehrere teure Reisen. Fotos zeigen sie am Meeresstrand in Liegestühlen, auf einem Flugplatz in einem Flugzeug und in Paris am Eiffelturm. Sie besuchen die Nordsee-Inseln Helgoland, Borkum und Sylt und lassen sich im eleganten Einspänner vor dem Leipziger Völkerschlachtdenkmal ablichten. In Frankreich besichtigen sie neben Paris auch Versailles, Toulon, Nizza und Monte Carlo. Anschließend reisen sie nach Calais und setzen, mit Ziel London, nach England über, bevor sie über Köln in ihre Heimatstadt zurückkehren.

Wenn man die Fotos betrachtet, die die Gebrüder Sass auf diesen Reisen von sich haben aufnehmen lassen, fragt man sich bei den selbstbewusst blickenden, elegant gekleideten und gut frisierten jungen Männern, ob sie von solchem Luxus schon als Kinder geträumt haben. War das ihr Plan, dass sie später als Gangster Karriere machen und sich dann, raus aus Berlin, von dem erbeuteten Geld die Welt anschauen und es sich so richtig gut gehen lassen würden? Wenn die Familie knapp bei Kasse war und sie in ihrer dunklen, kalten Hinterhofwohnung oder abwechselnd in einer Erziehungsanstalt oder im Gefängnis saßen? Gut möglich.

Das Geld für diese aufwendigen Reisen können sich Franz und Erich, diese vorbestraften, mittellosen Jungspunde aus der schäbigen Moabiter Hinterhofwohnung, wohl nur mit geglückten Diebstählen »verdient« haben. Dabei zeigen sie sich innovativ und erfinderisch und führen quasi eine neue Technik ein: Bisher war das Aufbrechen von Tresoren und Geldschränken eine »kalte« Arbeit, die große mechanische und körperliche Kraft erforderte – Brech- und Stemmeisen, Hammer und Zangen. Die Gebrüder Sass rücken den massiven Stahltüren mit Hitze zu Leibe: Sie sind die Ersten, die Schneidbrenner verwenden. An dieses Werkzeug zu gelangen gestaltet sich jedoch schwieriger als gedacht. Zunächst versuchen die Sass-Brüder zweimal vergeblich, bei der Firma Fernholz in der Potsdamer Straße Schneidbrenner zu stehlen. Dann betreten sie den Laden durch die Vordertür als Kunden. Sie lassen sich die Handhabung vor Ort zeigen und kaufen das Gerät ordnungsgemäß. Zu Hause üben sie dann weiter, bevor sie es bei ihren Einbruchstouren immer wieder verwenden.

1928 wird den Sass-Brüdern dann offenbar genau dieser Schneidbrenner bei einem missglückten Bankraub fast zum Verhängnis. Bei einem Einbruch in die Dresdner Bank in der Budapester Straße geht in der Nacht von Samstag auf Sonntag, dem 25. März, eine Kleinigkeit schief, haarscharf nur können die beiden entkommen. Denn nachdem die Brüder sich gerade mühselig durch eine Kellerwand zum Tresorraum gestemmt haben, setzt der Schneidbrenner versehentlich Akten in Brand. Der Brandgeruch alarmiert die Bewohner im Nachbarhaus, von denen einer der Kassenbote der Bank ist und einen Schlüssel hat. Er folgt dem Brandgeruch bis in den Tresorkeller – da springt ihm eine »schwarze Gestalt« entgegen und rast an ihm vorbei. Der andere Einbrecher flüchtet von der anderen Seite des Kellerlochs.

Umgehend alarmiert der Kassenbote die Polizei, die das Gebäude flugs umstellt. Eine filmreife Verfolgungsjagd über die Dächer der Tauentzienstraße und der Budapester Straße beginnt. Die Polizisten durchsuchen Haus für Haus, Dachboden für Dachboden. Doch die beiden Sassens verstecken sich in einer gut getarnten Dachkammer und beobachten ihre Verfolger anderthalb Stunden lang, bis diese endlich aufgeben und abziehen. Die beiden Gesuchten warten vorsichtshalber noch eine ganze Weile, bis sie dann über einige Dächer in die Tauentzienstraße gelangen. Doch dabei werden sie von aufmerksamen Anwohnern beobachtet, die erneut das Überfallkommando rufen. Zu spät! Franz und Erich sind längst über alle Berge.

Die Beamten hoffen, die geflüchteten Täter zumindest mithilfe des zurückgelassenen Schneidbrenners überführen zu können. Doch schlauerweise haben die Täter die Seriennummer des potenziell verräterischen Geräts entfernt, und die Firma Fernholz hat zu dem infrage kommenden Verkauf nur einen Herrn Schumann notiert, dessen Name und Adresse natürlich falsch sind. Die Käuferbeschreibung weist trotzdem auf einen Sass-Bruder hin. Erich und Franz werden festgenommen. Außerdem gibt es da noch weitere Taten, die exakt mit der gleichen Handschrift verübt wurden – erst das unterirdische Eindringen in die Tresorräume von außen und dann der Einsatz eines Schneidbrenners –, so geschehen etwa in der Filiale der Dresdner Bank am Savignyplatz und im Tresorraum der Reichsbahndirektion am Schöneberger Ufer.

Bei ihren Arbeiten unter Tage achten die Sass-Brüder darauf, dass der Lärm von Erdmassen gedämpft wird. Außerdem arbeiten sie vorzugsweise nachts, wenn die meisten Menschen tief und fest schlafen. Den entfernt grummelnden Lärm kann man auch für dringende Bauarbeiten halten, zum Beispiel an den neu entstehenden U-Bahn-Tunneln. Um verdächtigen Erdaushub oder Löcher in Kellerwänden zu tarnen, basteln die Einbrecher-Profis täuschend echt aussehende Attrappen aus Holz, die erst mit Kitt und anschließend mit Ölfarbe bestrichen werden. Bauschutt wie herabfallenden Putz, Mörtelteile und Staub fangen sie auf und nehmen ihn mit.

Gegenüber der Polizei leugnen die Geldschrankstrategen alles. Den zurückgelassenen Schneidbrenner in der Budapester Straße wollen sie nie besessen haben. Beweisen kann man ihnen nichts, sie müssen wieder auf freien Fuß gesetzt werden. Und natürlich machen sie sich nach den drei misslungenen Einbruchsversuchen sofort wieder an die Arbeit.

Als nächstes Ziel nehmen die Sass-Brüder im Mai 1928 die Oberfinanzkasse, in der Nähe der Moltkebrücke, ins Visier. Hier liegt aktuell ein gigantisches Vermögen im Tresor: Ein Teil der nächsten fälligen Rate für die Reparationszahlungen Deutschlands an die Siegermächte, die Rede ist von neun Millionen Reichsmark.

Dieses Mal müssen sich die Einbrecher nicht erst durch dicke Wände im Keller stemmen, sie nehmen den Weg über die Gleise des Lehrter Bahnhofs zu einem benachbarten Grundstück. Von dort gelangt man leicht in das Gebäude der Oberfinanzkasse. Der Tresorraum in dem Behördengebäude ist nicht übermäßig gesichert.

Um mit dem gleißend zuckenden Licht ihrer Schneidbrenner nicht aufzufallen, hängen die Brüder Sass die Fenster mit schwarzen Tüchern ab. Es gelingt ihnen, die 40 Zentimeter dicke Stahltür, gefüttert mit einem Betonkern, zu durchschneiden. Jetzt müssen sie nur noch eine Alarmsicherung überwinden. Erich knipst den Draht vorsichtig mit einer Zange durch, mucksmäuschenstill lauschen die Brüder anschließend, ob irgendwo hörbarer Alarm ausgelöst wird. Alles bleibt ruhig.

Die Oberfinanzkasse verfügt über einen Wachraum, in dem nachts ein alter Mann Dienst schiebt und sich damit seine Rente aufbessert. Das Durchschneiden des Drahtes löst ein kurzes Aufleuchten seiner Kontrolllampe aus. Statt die Polizei zu alarmieren, geht der Wachmann in den Hof und brüllt: »Einbrecher raus!« Als dann zwei junge Männer vor seinen Augen Reißaus nehmen und der Wachmann den Zustand des Tresors inspiziert, ruft er doch lieber die Polizei. Als die Polizisten am Tatort eintreffen, sind Erich und Franz längst über alle Berge. Sie waren ganz kurz davor gewesen, einen Coup zu landen, mit dem sie für immer ausgesorgt und Deutschland international ordentlich blamiert hätten.

Doch die Millionenstadt verfügt glücklicherweise noch über etliche andere gut gefüllte Geldhäuser. Als Nächstes wagen sich die Sass-Brüder an die vornehme »Disconto-Gesellschaft« am Wittenbergplatz, die ausdrücklich mit ihrer gut gesicherten Stahlkammer wirbt. Doch selbst die wird den geübten und hervorragend vorbereiteten Einbrechern nicht standhalten können.

Denn offenbar steht das Nachbarhaus der Bank leer. Und praktischerweise besitzt dieses Haus einen Keller. Wenn man sich nun aus diesem Keller herausgräbt, unter dem Gehweg entlang

Das Gebäude der Berliner »Disconto-Gesellschaft« am Wittenbergplatz

Richtung Bank, und sich von dort einen Gang schafft zu einem Belüftungsschacht, der in den Keller der Bank führt – dann muss man die 50 Zentimeter dicken Betonwände mit eingelassenen Stahlgittern gar nicht erst durchbrechen. Die Mauer des Lichtschachts ist nämlich nur 25 Zentimeter dick. Natürlich dauert das alles ein bisschen: das Graben des ein Meter hohen, 70 Zentimeter breiten und drei Meter langen Tunnels, das fachmännische Abstützen mit Holzpfeilern, damit der mühsam errichtete Stollen nicht einstürzt, das Stemmen eines 40 mal 40 Zentimeter großen Lochs in den Lichtschacht, durch den die Brüder hindurchpassen. Doch es lohnt sich. Nachdem die Brüder noch einen Ventilator aus dem Weg geräumt haben, stehen sie in der sogenannten Silberkammer, dem Vorraum zu den Schließfächern. Jetzt müssen sie nur noch eine Eisengittertür überwinden, dann gelangen sie endlich an ihre Beute. Bloß nicht das Schloss öffnen, wegen Alarmanlage! Lieber zwei Gitterstäbe rausschneiden, durchsteigen, fertig. Kinkerlitzchen!

In dem als besonders gesichert angepriesenen Tresorraum erwarten Erich und Franz knapp 200 prall gefüllte private Schließfächer. Hier schließen wohlhabende Berliner ihr Bargeld, ihre Devisen, ihren Schmuck und ihre Wertpapiere weg. Von vielen dieser privaten Vermögenswerte haben die Steuerbehörden keine Kenntnis, hier werden sie unsichtbar vor dem Zugriff der Finanzämter geparkt.

Als die Sass-Brüder in der Nacht zu Sonntag, dem 27. Januar 1929, nach nächtelanger Arbeit endlich die letzten Gitter aufgeschweißt haben und im Allerheiligsten ankommen, fühlen sie sich so sicher, dass sie erst einmal eine Pause zur Stärkung einlegen. Später aufgefundene Brotreste zeugen davon, dass Franz und Erich mitten im Tresorraum gegessen haben. Im Anblick der noch verschlossenen privaten Schließfächer vespern sie und trinken ihren mitgebrachten Kaffee. Schweißen, Buddeln und Stemmen ist außerordentlich anstrengend. Ein Mann alleine hätte die Arbeit

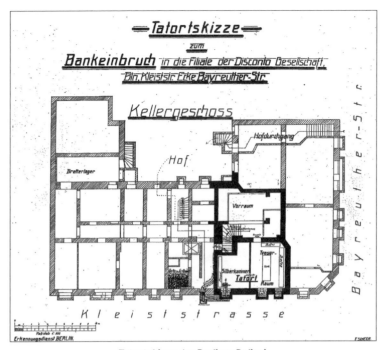

Tatortskizze der Berliner Polizei

gar nicht bewältigen können, stellen die Ermittler später fest. Sicherheitshalber haben die Brüder die riesige Tresortür von innen mit Metallplatten verkeilt, die sie von den Schließfächern abgerissen haben. Damit haben sie mögliche Wachleute oder Polizisten, die doch etwas von ihrem Tun mitbekommen haben sollten, von innen wirksam ausgesperrt. Tatsächlich aber werden sie von niemandem gestört.

Frisch gestärkt machen sich die Brüder dann über die Schließfächer her. Es geht wie am Fließband: Safe aufschweißen, Safe leerräumen, Inhalt sortieren und wegpacken, leere Kassette auf einen großen Haufen werfen. Schmuckstücke, Diamanten, Smaragde, frei verkäufliche Aktien werden in eine von zwei großen Taschen gepackt. Silber ist nicht wertvoll genug und landet achtlos auf dem Tresorboden. Wertpapiere, die sich nicht ohne Weiteres verkaufen lassen, kommen natürlich auch nicht infrage. Und beim Bargeld und den Devisen nimmt man nur die großen Scheine mit, die kleineren Werte flattern auf den Boden.

Franz, der Ältere, ist der Mann mit dem Sachverstand für Wertgegenstände, die sich später ohne Gefahr weiterveräußern lassen. Erich übernimmt das Schweißen. Mit der Zeit wird es sehr heiß in dem kleinen Raum. Schweißtreibende Arbeit! Erschöpft sollen die Brüder angeblich zwischendurch eine kurze Pause eingelegt und ein Nickerchen gemacht haben, bevor es mit dem Safe-Plündern munter weitergeht. Silber kann weg, Namensaktien aussortieren, sind da noch große Scheine? Ab dem sechzigsten, siebzigsten Schließfach stellt sich möglicherweise für einen kurzen Moment so etwas wie Routine ein – bis sich die beiden Meisterdiebe erneut bewusst machen, dass dies der größte Coup ihres Lebens ist. Zur Tatzeit ist Franz 23 und Erich 22 Jahre alt.

Auf was sind die Sass-Brüder in den privaten Schatullen alles gestoßen, neben all dem Schmuck, den Aktien und dem vielen Geld? Auf Liebesbriefe vielleicht, private Fotos, abgeschnittene Haarlocken von Kindern, Milchzähne? Welche ideellen Werte haben die reichen Kunden dort deponiert? Darüber wird nichts bekannt.

Nach 179 Schließfächern ist Schluss. Mehr passt einfach nicht mehr in die beiden prall gefüllten Taschen, die die Tresorknacker für ihre Beute mitgebracht haben. Die Gebrüder Sass verlassen den Tresor auf dem Weg, auf dem sie gekommen sind – zurück durch den Stollen, in den Keller, raus auf die dunkle Kleiststraße, aus dem aufgeheizten Tresorraum in die kalte Berliner Januarnacht. Feierabend ist immer noch nicht, denn die beiden schweren Taschen können sie unmöglich mit nach Hause nehmen. Sie müssen ihre Beute verstecken, wo sie die Polizei nicht findet und natürlich auch kein anderer, der zufällig darauf stoßen könnte. Solch einen gut getarnten Platz scheinen sie für sich entdeckt zu haben. Die Polizei jedenfalls wird ihre Beute nicht finden, und

Depotraum der »Disconto-Gesellschaft« mit aufgebrochenen Schließfächern

noch heute sind Schatzsucher mit Detektoren im Grunewald und auf Friedhöfen auf der Suche nach dem »Sass-Gold«.

Am Morgen nach dem spektakulären Einbruch, einem Sonntag, bleibt die Bank geschlossen, sodass niemand den Diebstahl bemerkt. Erst am Montagmorgen möchte der Hauptkassierer Nürnberg zum Tresor. Merkwürdig, die Tresortür lässt sich nicht öffnen. Scheint verkeilt zu sein ... Wahrscheinlich durch den nahegelegenen U-Bahn-Bau, wird gemeinsam mit dem Bankdirektor überlegt. Möglicherweise haben sich dadurch die Grundmauern ein Stückchen abgesenkt.

Als die ersten Kunden Zugang zu ihren Schließfächern begehren, werden eilig Spezialisten der Herstellerfirma herbeigerufen. Doch auch sie bekommen das vierzig Zentner schwere Türmonstrum nicht auf. Verdacht schöpft bis dahin niemand, denn von außen weist das Stahlungetüm keinen einzigen Kratzer auf.

Die Bankangestellten bemühen sich, die peinliche Tatsache, dass sie nicht in ihren eigenen Tresorraum kommen, geheim zu halten; Kunden werden beschwichtigt und vertröstet. Schließlich haben sie ihre Wertsachen bei der angeblich modernsten und sichersten Bank im ganzen Reich deponiert!

Auch am Dienstag gibt die Tür keinen Millimeter nach. Nun holt man Maurer, die die Seitenwand aufbrechen sollen. Noch immer vermutet niemand ein Verbrechen.

Am Mittwoch endlich ist die Wand durchbohrt. Die Maurer und die Bankdirektoren werfen einen Blick in das Innere des Tresors. Jeder versteht sofort: Der Banken-Super-GAU ist eingetreten. Fast alle Schließfächer rausgerissen! Fast alle Kundenwertsachen gestohlen! Jetzt endlich wird die Polizei informiert, sie rückt mit einem Großaufgebot an.

Die Sass-Brüder haben ihren erfolgreichen Bruch anscheinend direkt vor Ort gefeiert, die Beamten stellen eine Sekt-, zwei Wein- und eine Cognacflasche sicher. Die vier Flaschen sind alle ausgetrunken. An ihnen haftet kein einziger Fingerabdruck. Auch andere Gegenstände belegen, dass die Täter mit Handschuhen gearbeitet haben. »Die aufgefundenen Beweismittel reichen nicht für eine Täterermittlung aus«, muss die Polizei feststellen.

Wie hoch die Beute der Brüder ist, kann nicht mit Sicherheit ermittelt werden. Offiziell heißt es, es fehlten rund 150 000 Mark und Wertgegenstände, aber es wird von »schwarzen Steuermillionen« geraunt, die in den Fächern gelagert haben sollen und die nun, natürlich, niemand als gestohlen melden kann.

Selbstverständlich verdächtigt die Polizei sofort Erich und Franz Sass. Das Vorgehen trägt in vielen Punkten eindeutig ihre geniale Handschrift. Verschiedene Zeugen wollen sie und den älteren Bruder Max mehrfach in Tatortnähe gesehen haben.

Zwei Mal wird die elterliche Wohnung von Beamten durchsucht. Dabei können Einbruchwerkzeuge sichergestellt werden, Gummihandschuhe, dazu ein Golddollar, ein Zwanzigmarkstück und das Buch »Saling« – ein Börsenhandbuch mit Anleitung für Devisengeschäfte. Die Brüder werden zum Verhör mit aufs Revier genommen. Für alles haben sie eine Erklärung. Das Börsenhandbuch wollen sie für ihren kleinen Bruder, den 14-jährigen Hans, gekauft haben, der eine Banklehre machen soll. Die Gummihandschuhe sollen Mutters Hände faltenfrei bewahren. Den Golddollar habe man gefunden, in der Nähe vom Wittenbergplatz. Auf die kleinliche Frage nach dem 20-Mark-Stück gehen sie gar nicht erst ein. »Vielleicht verboten, so'n Ding zu haben?«, fragt Erich lässig.

Bei ihrer Entlassung aus der Untersuchungshaft mangels Beweisen werden sie gefeiert wie Stars, sind von Reportern, Fotografen und Schaulustigen umringt. Sie laden ein zur Pressekonferenz ins Nobelrestaurant »Lutter & Wegner« am Gendarmenmarkt, berichten dort über eingegangene Filmangebote.

Der kleine, blondgelockte Franz und der jüngere, hochgewachsene Erich, der bei Aufregung zu stottern beginnt, haben das geschafft, wovon so viele Berliner träumen: im Geld zu baden dank eines pfiffiges Gaunerstücks, ohne jegliche Gewaltanwendung, und dann noch obendrauf der Obrigkeit eine lange Nase zu drehen. Chuzpe nennt man das. Das Gerücht, dass die Sass-Brüder ärmeren Familien in der Nachbarschaft in Robin-Hood-Manier Geldbriefe unter der Tür durchgeschoben haben sollen, mehrt ihren Ruhm noch zusätzlich.

Die Lieblinge der Unterwelt pfeifen auf die alte Ganovenregel, sich still ins Kämmerlein zurückzuziehen, bis sich die Wogen geglättet haben – sie hauen auf die Pauke. Gehen aus, lassen es krachen, essen, trinken, feiern. Sie lassen sich modische Anzüge bei den besten Schneidern nähen, nehmen ihre Mahlzeiten in einem der teuersten Restaurants der Stadt, dem »Horchers« – und fahren schnelle und teure Autos. Sie denken gar nicht daran, ihren Traum vom Luxus, der nun in Erfüllung gegangen zu sein scheint, nicht zu leben.

Der Kriminalbeamte, der maßgeblich für den Fall Sass zuständig ist, ist Kriminalsekretär Fabich. Dass nun schon so häufig die Beweise gegen die Brüder nicht für eine Verhaftung und

Verurteilung ausgereicht haben, wurmt ihn. Geduldig bleibt er an den Brüdern dran, und ein Jahr später ergibt sich für die Kripo eine neue Möglichkeit, Berlins Meisterdiebe endlich zu überführen.

Im Dezember 1929 und Januar 1930 geschehen nachts seltsame Dinge auf dem Alten Luisenfriedhof, einem stillgelegten Gottesacker. Anwohner haben Klopfgeräusche gehört und beim Blick aus dem Fenster zwei Lichter gesehen, die wie ziellos über die Gräber irrten. Aus Aberglauben werden diese Beobachtungen aber nicht der Polizei gemeldet. Erst der Totengräber der Friedhofsverwaltung benachrichtigt die Kripo, als er am 9. Januar bereits zum zweiten Mal einen großen, frisch aufgeworfenen Erdhaufen mitsamt vermoderten Knochen vorfindet.

Die Kriminalpolizei untersucht das Gelände. Als ein Kriminalbeamter eine Leiter an eine Mauer anlegt, sackt der Boden plötzlich um zehn Zentimeter unter ihm ab. Sofort wird gegraben. Die Polizei entdeckt einen Stollen, der unter einem Lageschuppen beginnt und noch einen zweiten Ausgang hat. Ein Fluchtweg! Außerdem wird Werkzeug sichergestellt, darunter eine Stichsäge. Die braucht man nicht zum Stollenbau, aber genau so ein Werkzeug ist bereits im Fall Sass aufgefallen. Die Stollenarbeit ist offensichtlich noch nicht abgeschlossen. Und so hoffen die Polizisten, die cleveren Brüder endlich auf frischer Tat zu überführen.

Sie richten alles wieder her, wie sie es vorgefunden haben, und legen sich abends mit Verstärkung auf die Lauer. Ab 17 Uhr stehen an allen strategischen Punkten des Friedhofs Polizeibeamte schweigend im Dunkeln und frieren. Nicht einmal rauchen dürfen sie, wegen der aufglimmenden Glut. Um 21 Uhr durchbricht der Mond die Wolkendecke, es wird deutlich heller. Kommen die Brüder jetzt überhaupt noch, wo man sie so gut sehen könnte?

Um 22.15 Uhr taucht an der Seitenwand des Lagerschuppens plötzlich ein Kopf auf. Kriminalsekretär Fabich steht der Stelle am nächsten. Er erkennt sofort Franz Sass. Doch der zögert jetzt, stockt, den Blick auf die Laube geheftet. Jetzt sieht Fabich es auch:

Sie haben das Vorhängeschloss an der Laubentür nicht wieder geschlossen, es steht offen!

Franz wendet sich ab und läuft davon. Fabich hinterher. Doch für den Verfolger ist schnell wieder Schluss: Er stolpert über einen Komposthaufen und schlägt lang hin. Franz springt zu einer drei Meter hohen Mauer, hievt sich hoch – und wird von helfenden Händen auf der anderen Seite herübergezogen.

Tags darauf werden Franz und Erich festgenommen. Als Alibi geben sie an, zur fraglichen Zeit im Tiergarten am Großen Stern gewesen zu sein. Dort wollen sie die Folgen eines Unfalls beobachtet haben. Wieder muss die Polizei die beiden laufen lassen.

Nach ihrem großen Coup im Januar 1929 können die Brüder ihren Reichtum zwar insgesamt vier Jahre lang ohne Gefängnisstrafe genießen, aber nachdem sie im Januar 1930 nur haarscharf aus der brenzligen Friedhof-Situation entkommen sind, ziehen sie sich aus der Öffentlichkeit zurück. Auch Einbrüche scheinen sie keine mehr zu begehen, die nächsten Jahre hört man in Berlin von keinem spektakulären Bankraub. Doch als sich mit der Machtübernahme der Nationalsozialisten das politische Klima gegen Straftäter, verurteilt oder nicht, drastisch verschärft, wird den Brüdern Sass der Boden in Berlin zu heiß. Franz und Erich fliehen mit gefälschten Pässen nach Dänemark. In einer Pension in Kopenhagen beziehen sie als Kaufleute Quartier. Kurze Zeit später beginnt in der dänischen Hauptstadt eine Serie von Bankeinbrüchen.

Im Februar 1934 steigen die Gebrüder Sass in die Geschäftsräume des Zigarrenfabrikanten Wulff ein. Sie öffnen die Tresore mit Schneidbrennern und erbeuten umgerechnet 6000 Mark. Das Geld, ihre Handschuhe und das Einbruchswerkzeug verstecken sie in ihrem Pensionszimmer in einem Hohlraum der Wand.

Einem Zimmermädchen kommen die deutschen Gäste seltsam vor. Die beiden Herren verlassen ihr Zimmer nur selten, tragen häufig Handschuhe und scheinen kein Interesse daran zu haben, sich die Sehenswürdigkeiten der Stadt anzuschauen. In Dänemark geht damals eine große Angst vor Spionen um, deswegen stattet die dänische Polizei nach dem Hinweis des Zimmermädchens dem Pensionszimmer einen Besuch ab, als die Brüder nicht da sind. Die Beamten durchsuchen das Gepäck, die Kleidung und mögliche Verstecke. Sie stoßen auf eine Lücke unterhalb des Fensterbretts und entdecken darin neben Geld auch Einbruchswerkzeuge und Gold aus dem Zigarrenfabrikanten-Diebstahl, das in Zahnpastatuben und Batterien versteckt ist.

Im Gepäck stoßen die Ermittler zudem auf eine sonderbare Zeichnung. Undefinierbare Symbole und Zahlen. Später stellt sich heraus, dass es sich um einen detaillierten Plan der neu gebauten, noch nicht ganz fertiggestellten Kopenhagener Königlichen Bank handelt – mit Standortbestimmung der Safes im Tresorraum. Auf den Skizzen ist genau festgehalten, mit welchen Schlüsseln welche Türen geöffnet werden können. Die Brüder haben den Neubau genauestens ausgeforscht. Dieser geplante Coup hätte das Zeug gehabt, zum endgültigen Meisterstück der Brüder Sass zu werden: nachts in eine nagelneue Bank zu spazieren und einfach jede Tür mit nachgebauten Schlüsseln zu öffnen. Als genialer Kopf hinter dem Plan gilt Franz, der Ältere.

Doch statt in der Königlichen Bank landen die Sass-Brüder im Gefängnis. Beide müssen dort bis 1938 vier Jahre Haft absitzen, unter Aberkennung ihrer bürgerlichen Ehrenrechte. Schlimmer ist jedoch, was ihnen nach Ende der Haft droht: die Überstellung von Dänemark nach Deutschland. Dort gilt seit 1937 der »grundlegende Erlass über die vorbeugende Verbrechensbekämpfung durch die Polizei«. Die Sass-Brüder fürchten zu Recht um ihr Leben.

Im März 1938 ist es so weit. Kriminalsekretär Fabich und mehrere SS-Leute nehmen die Sass-Brüder an der deutsch-dänischen Grenze in Empfang. Die alten und ungelösten Fälle mit möglicher Sass-Beteiligung werden neu aufgerollt, Franz und Erich werden fast pausenlos verhört. Franz leugnet bis zum Schluss alles. Im späteren Urteil heißt es dazu in den Akten, dass »bei dem Angeklagten Franz Sass die verbrecherische Energie und Verstocktheit so weit geht, (…) dass er allen Bemühungen der Polizeibeamten, (…) des Gerichts, ihn zu einem Geständnis zu bringen, bis zuletzt den hartnäckigsten Widerstand entgegen gesetzt hat.«

Es ist anzunehmen, dass sowohl bei Franz als auch bei Erich »verschärfte Vernehmungen« vorgenommen werden, so der NS-Jargon. Das ist die Umschreibung von körperlicher und psychischer Folter, die bei polizeilichen Vernehmungen während des Nationalsozialismus routinemäßig angewandt wird. Die Maxime des Kriminalisten Gennat, dass »Verdächtige nicht angefasst« werden, ist seit 1933 passé.

Anders als Franz ist Erich den Verhörmethoden nicht gewachsen. Er gesteht alles, was man ihm vorwirft. Auch die Beteiligung seines

Franz und Erich Sass nach ihrer Überstellung von Dänemark nach Deutschland (1938)

Bruders Franz. Dieser bringt die Folter, mit denen die Geständnisse erzwungen werden sollten, vor Gericht zur Sprache. Dazu heißt es in der Urteilsschrift: »Dass von den vernehmenden Beamten hierbei auch nur der leiseste unzulässige Druck zur Erzwingung eines Geständnisses ausgeübt worden ist, wie der Angeklagte Franz Sass behauptet, wird von den vorgenannten Zeugen (hierbei handelt es sich um die Vernehmungsbeamten selbst, Anm. d. Autorin) auf das Entschiedenste in Abrede gestellt und auch von dem Angeklagten Erich Sass verneint.« Alle Verbrechen, die den Brüdern zur Last gelegt werden – im Wesentlichen gemeinschaftlicher schwerer Diebstahl in drei Fällen –, sind in der heute noch erhaltenen Anklageschrift nachzulesen.

Im Januar 1940 werden sie verurteilt. Franz erhält 13 Jahre Zuchthaus und Erich 11 Jahre. Zwei Wochen nach dem Urteil sollen sie in das Zuchthaus Brandenburg überstellt werden. Ab hier gibt es zwei Versionen der Sass-Geschichte: In der ersten Variante sitzen schwer bewaffnete Beamte mit den Brüdern im Gefängniswagen. Unterwegs halten sie auf freier Strecke. Die Brüder glauben an eine Pinkelpause und steigen bereitwillig aus. Sie werden an einen Baum gefesselt. Und dann mit Maschinengewehrsalven getötet.

In der zweiten Version erreichen Franz und Erich das Gelände des KZ Sachsenhausen, werden an die Pfähle der dortigen Hinrichtungsstätte gefesselt und dann erschossen. So beschreibt es der Kommandant dieses Hinrichtungskommandos später – sein Name ist Rudolf Höß. Für solche gezielten Tötungen von Gefangenen haben SS und Polizei im Nationalsozialismus eine euphemistische Umschreibung kreiert: »Sonderbehandlung«. Die Beteiligten wissen, was damit gemeint ist.

Wenige Monate nach der Ermordung der Brüder Sass steigt Rudolf Höß im Mai 1940 zum Kommandanten des Vernichtungslagers Auschwitz auf. 1947 wird er dort als Kriegsverbrecher hingerichtet.

DER »BLUTMAI« 1929:
BERLIN IM AUSNAHMEZUSTAND

Zum »Tag der Arbeit« am 1. Mai 1929 eskaliert der seit Jahren schwelende Machtkampf zwischen SPD und KPD in Berlin. Jede der beiden roten Parteien ist darauf erpicht, an diesem »Kampftag der Arbeiterbewegung« als »einzig wahre Interessenvertretung« die jeweils andere bei der Arbeiterschaft auszustechen.

Allerdings gibt einen gravierenden Unterschied zwischen SPD und KPD: Die SPD und ihre Spitzenpolitiker stehen unerschütterlich für die Demokratie in der Weimarer Republik ein. Die KPD dagegen ist eine totalitäre Partei nach sowjetischen Vorbild, unterstützt mit sowjetischem Geld und sowjetischer Logistik. Schon seit 1927 heißt der Alleinherrscher der Sowjetunion Josef Stalin. Der Diktator baut im russischen Riesenreich mithilfe von Unterdrückung, Verfolgung und Terror seine Gewaltherrschaft auf. Über die Unterstützung der KPD streckt er seine Fühler bis nach Deutschland aus. Vor diesem Hintergrund lässt sich vielleicht besser verstehen, warum sich die Fronten zwischen SPD und KPD vor den traditionellen Maikundgebungen so unheil-voll verhärten.

Infolge der vielen Auseinandersetzungen auf der Straße, bei denen Anhänger der Kommunisten und der Sozialdemokraten gewaltsam aufeinanderprallen, verhängt Berlins sozialdemokratischer Polizeipräsident Karl Zörgiebel bereits im Dezember 1928 ein allgemeines Demonstrationsverbot. Für den 1. Mai 1929 beantragen die Kommunisten eine Ausnahmegenehmigung – für die traditionellen Maikundgebungen, die die Kommunisten bereits seit Wochen vorbereiten. Dabei sind nach außen hin harmlose Demonstrationen geplant, wie selbst Zörgiebel weiß. »Die Demonstration soll einen friedlichen und unbewaffneten Charakter tragen«, schreibt der Polizeipräsident an den preußischen SPD-Innenminister Albert Grzesinski.

In Hamburg, München und Kiel sind die dort ebenfalls herrschenden Demonstrationsverbote aufgehoben worden. Doch der Berliner Polizeipräsident bleibt, entgegen den Ratschlägen von Polizeivizepräsident Bernhard Weiß und Staatssekretär Wilhelm Abegg, unnachgiebig. Die KPD will das Verbot nicht akzeptieren. Sie will zeigen, wer Herr der Straße ist, und ruft ihre Anhänger auf, trotz des Verbots zu demonstrieren. An die Polizei appelliert sie: »Schlagt nicht, schießt nicht.« Man marschiere unbewaffnet und nicht, um mit der Polizei zu kämpfen.

Zörgiebel bleibt stur: Wer demonstriere, beschwöre eine große Gefahr herauf. Er werde die Staatsautorität mit allen zur Verfügung stehenden Mitteln durchsetzen. 13 000 Polizisten hat der Polizeipräsident für den Einsatz am 1. Mai mobilisiert. Er ist fest entschlossen, die Stärke des Staates zu demonstrieren – und die politische Konkurrenz in die Schranken zu weisen.

Die Kommunisten verbreiten daraufhin eine Falschmeldung: Am Vortag des 1. Mai behaupten sie, dass das Demonstrationsverbot jetzt aufgehoben sei. Die Unnachgiebigkeit und Rücksichtslosigkeit beider Seiten werden für 33 meist unschuldige

Während der Mai-Unruhen beseitigt die Polizei Barrikaden, die von den Demonstranten errichtet worden sind.

Unbeteiligte tödliche Konsequenzen haben – sie sind zur falschen Zeit am falschen Ort und werden von völlig kopflosen Polizisten erschossen. Bei den Opfern handelt es sich hauptsächlich um harmlose Passanten oder um Frauen, die kurz vom Balkon ihrer Wohnung einen Blick auf die Straße werfen wollen. Alle Getöteten sind unbewaffnet.

Am Morgen des 1. Mai ziehen ab neun Uhr in der Früh verschiedene Demonstrationszüge in Richtung Stadtzentrum. Plakate mit politischen Forderungen sind zu sehen. Die Polizei beginnt, die Gruppen gewaltsam aufzulösen – schlägt mit Gummiknüppeln auf die Menschen ein, dreht die Wasserschläuche an Hydranten auf und gibt vereinzelt Warnschüsse ab. Doch die Schupos können nicht alle aufhalten, zig Protestierer gelangen ins Zentrum. Zwischen Alexanderplatz und Potsdamer Platz sollen sich Tausende Demonstranten befinden.

Gegen Mittag beginnt die Lage zu eskalieren. Als ein Mann, ausgerechnet SPD-Mitglied, sein Wohnungsfenster nach polizeilicher

Aufforderung nicht schnell genug schließt, wird er, noch immer am Fenster seiner Wohnung stehend und unbewaffnet, erschossen. Damit ist Max Gmeinhardt das vermutlich erste Todesopfer der Polizeigewalt beim »Blutmai«.

Nachdem von den Demonstranten kleinere Barrikaden auf der Straße errichtet werden sollen, setzt die Polizei gepanzerte Fahrzeuge mit Maschinengewehren ein. Als wähne sich die Polizei im Bürgerkrieg, schießt sie damit auf Gebäude mit roten Fahnen.

Am nächsten Tag ruft die KPD angesichts der Polizeigewalt während der Demonstration zum Massenstreik auf. Die Staatsmacht durchkämmt daraufhin die Arbeiterviertel, durchsucht Wohnungen und nimmt zahlreiche Menschen fest. Polizisten schießen in Hausflure und in Fenster. An verschiedenen Plätzen kommt es zu blutigen Zusammenstößen, auf Demonstrantengruppen wird wahllos geschossen.

Zörgiebel verhängt eine strikte Ausgangssperre, die die Stadt in Teilen Weddings und Neuköllns praktisch unter Ausnahmezustand stellt. Fenster zur Straße müssen geschlossen bleiben, und in Räumen zur Straße hin darf kein Licht gemacht werden. Die SPD-Zeitung »Vorwärts« verbreitet die restriktiven Verhaltensregeln außerhalb der eigenen vier Wände: »Personen, die sich ohne Ziel auf der Straße bewegen, werden festgenommen. Zusammengehen von drei und mehr Personen ist nicht gestattet. (…) Alle Personen, welche diese Anordnungen nicht befolgen, setzen sich Lebensgefahr aus.«

Im Reichstag kommt es zu Tumulten, ein KPD-Abgeordneter bezeichnet den Polizeipräsidenten als »Mordkerl«. Doch auch am 3. Mai gehen die brutalen und immer wieder in tödliche Gewalt ausartenden Polizeieinsätze weiter. Das letzte Todesopfer ist um kurz vor Mitternacht ein neuseeländischer Journalist, der vermutlich die polizeilichen Aufforderungen zum Verlassen der Straße nicht verstanden hat. Charles Mackay wird daraufhin von der Polizei erschossen. Nach ihren eigenen Angaben hat die Polizei während dieser drei Tage der Gewalt 11 000 Schuss Munition verbraucht.

33 Tote, 245 Verletzte, darunter 47 Polizisten, und mehr als 1200 Menschen in Haft – so lautet die bittere Bilanz des »Blutmai«. Die Schuld für die Eskalation der Gewalt sehen die staatlichen Stellen selbstverständlich bei den Kommunisten. Sie gehen weiter gegen die KPD und ihre Organe vor, mit dem Vorwurf, die Kommunisten hätten den Aufstand und die Unruhen provoziert. Der »Rote Frontkämpferbund« (RFB) wird reichsweit verboten.

Auffällig ist, dass die 33 Toten ausschließlich Zivilisten sind – aber kein einziger Polizist. Es wird während der gewaltsamen Auseinandersetzungen auch kein Polizist mit einer Waffe verletzt. Dabei behauptet die Polizei, die Demonstranten hätten mit Schusswaffen Gegenwehr geleistet. Doch dafür gibt es keinerlei Anhaltspunkte. Der einzige Polizist mit einer Schussverletzung hat sich diese schon vor den Unruhen selbst beigebracht – er hat sich beim Reinigen seiner Waffe versehentlich in die Hand geschossen.

Während sich für die getöteten Zivilisten kein einziger Polizist vor

Festnahme von Demonstranten nach den Straßenschlachten am 1. Mai 1929

Gericht verantworten muss, werden Hunderte der festgenommenen Arbeiter angeklagt. Das wollen vier politisch engagierte Männer aus dem linken Spektrum so nicht stehen lassen und gründen einen »Ausschuss zur Untersuchung der Berliner Maivorgänge«. Dazu gehören der Strafverteidiger Hans Litten sowie die Schriftsteller Alfred Döblin, Heinrich Mann und Carl von Ossietzky. Letzterer veröffentlicht am 7. Mai in der bürgerlich-linken »Weltbühne« seine Gedanken und Ergebnisse der gemeinsamen Recherchen:

»In der Verlustliste befinden sich zwar harmlose Passanten und einige Frauen, die übers Balkongitter geguckt haben – wahrscheinlich nicht grade während der Feuerkampf wogte –, aber man findet darin niemand von der Polizei. Ich frage, Herr Polizeipräsident, wo ist die Verlustliste Ihrer Beamten? Ich frage nicht aus Zynismus so, denn ich freue mich über jeden, welche Farben er auch trage, der mit heiler Haut aus dem häßlichen Spiel der Waffen herauskommt, ich frage nur zur Ergründung der Wahrheit nach der Verlustliste Ihrer Beamten. Wenn bei einem angeblich so wilden (bewaffneten Aufstand) nur die (Aufständischen) Verluste haben oder nur die Unvorsichtigen und die Schlachtenbummler erlegt werden, dann handelt es sich hier entweder um einen typischen Kriegsbericht, in dem immer die andern zerschmettert werden, während von den Unsern kein Mann verletzt ward – eine Übertreibung, zu der hier kein Anlaß vorliegt, im Gegenteil! –, oder die Geschichte von dem (bewaffneten Aufstand) ist ein aufgelegter Schwindel, nur ersonnen, um die breite militärische Entfaltung zu rechtfertigen.«

Die vier selbsternannten Aufklärer befragen zahlreiche Zeugen der Ereignisse und bringen zum Teil erschütternde Aussagen ans Licht. Wie die des ehemaligen Sekretärs des berühmten Wissenschaftlers Albert Einstein, ein Mann namens Siegfried Jacoby.

Jacoby ist gehbehindert und kann sich nur mit einem Krückstock fortbewegen. Selbst als offensichtlich völlig Unbeteiligter wird er von der Polizei angegriffen:

»In der Mittagszeit, zwischen ¾ 11 und ½ 1 Uhr kam ich von der Staatsbibliothek mit einem Paket Bücher über den Alexanderplatz. Ich wollte in die Prenzlauer Straße und dann in meine Wohnung in die Neue Königstraße. Als ich am Warenhaus Tietz, vis-à-vis der Untergrundbahn, einen Menschenauflauf sah, ging ich auf die andre Seite, um nicht ins Gewühl zu kommen. Kaum hatte ich den Damm überschritten, als ich von drei Schupobeamten im wahrsten Sinne des Wortes überfallen wurde. Der eine schlug mit einem Gummiknüppel auf meinen Schädel ein, der andre bearbeitete meinen kranken, tuberkulösen Rücken. Die Schädeldecke ist heute noch sehr geschwollen. An der Wirbelsäule, an der ich offene Wunden habe, zieht sich ein dicker roter Streifen hin. Bemerken möchte ich, daß ich wirklich nur durch Zufall über den Alexanderplatz ging, ich mich an keiner Demonstration oder sonst einem Menschenauflauf beteiligt habe. Gesehen habe ich, wie die Polizei ohne Sinn auf Menschen einschlug, die absolut mit politischen Kundgebungen nichts zu tun hatten. Es scheint mir, daß die Beamten es vorerst auf jüdisch aussehende Passanten abgesehen hatten. Ich bin bereit, vor jedem Gericht meine Aussage eidesstattlich niederzulegen.«

Ein Arzt möchte seinen Namen wohl aus Angst lieber nicht öffentlich in der »Weltbühne« stehen sehen. Er hat einen Teil der verletzten Menschen auf der Straße notfallmedizinisch betreut und berichtet von beängstigenden Zuständen:

»Hackescher Markt: Menschen auf den Bürgersteigen. Polizei beginnt etwa um halb zwölf zu schlagen. Vor dem Postamt etwa zehn Schupos auf einem Haufen, Rücken zur Wand, und schießen in die Menschen; drei Verletzte, ein Knieschuß, ein Bauchschuß, ein Rückenschuß; Kugel steckt unter der Haut am Adamsapfel. – Bülowplatz: Polizei wild; beginnen zu laufen; Menschen laufen etwa fünfzig bis achtzig Meter voraus in die Koblankstraße hinein. Beamte laufen über den Platz, ziehen dabei die Revolver und schießen auf zirka 100 Meter Entfernung in die Koblankstraße hinein. Dabei waren die Beamten gegen fünfzig Meter von den Zivilisten getrennt. – Mir heraufgebracht zum Verbinden zirka zehn Schußverletzungen und zirka zwanzig Schlagverletzungen, die von äußerster Brutalität zeugen. Hiebe über den Kopf, daß die Kopfhaut aufgeschlagen ist und Gehirnerschütterung vorliegt. Ein fünfzehnjähriges Mädchen geht mit den Eltern; der Vater sagt noch, wir werden lieber auf der Straße gehen, da wird man uns nichts tun; im nächsten Moment liegt die Tochter mit Oberschenkelschuß, angeblich nach Zeugenaussagen von dem laufenden Polizeileutnant angeschossen, der auf einen Radfahrer schießen wollte. Fast alle Schüsse trafen von hinten. Die Polizei schreckte nicht davor zurück, abends im Dunkeln einen Arzt, der in seinem weißen Kittel auf dem Balkon stand, um den Samaritern Anweisungen zu geben, von der Straße her mit dem Revolver zu bedrohen.«

Wie die Aussage des ehemaligen Sekretärs von Albert Einstein ist auch die Stellungnahme des Arztes weder vor staatlichen Ermittlungsbehörden noch unter Eid gemacht worden. So haben sie keine Beweiskraft und ziehen auch keinerlei strafrechtlichen Ermittlungen nach sich. Hunderte von Aussagen nehmen die vier Männer vom »Ausschuss zur öffentlichen Untersuchung der Maivorgänge« nach eigenen Angaben auf. Die Leser der »Weltbühne« und weitere interessierte Kreise erfahren nun, dass die vielen

Toten und Verletzten des »Blutmai« offensichtlich auf staatliche Willkür zurückzuführen sind und dass dafür die Polizei – in vorderster Linie ihr SPD-Polizeipräsident – die Verantwortung trägt.

Der Schriftsteller und Journalist von Ossietzky klagt Karl Zörgiebel öffentlich in der »Weltbühne« an. Am Erscheinungstag des Artikels, nur vier Tage nach den blutigen Ereignissen, ist die genaue Zahl der Toten und Verletzten noch gar nicht bekannt:

> »Schuldig ist nicht der einzelne erregte und überanstrengte Polizeiwachtmeister, sondern der Herr Polizeipräsident, der in eine friedliche Stadt die Apparatur des Bürgerkriegs getragen hat. Mehr als zwanzig Menschen mußten sterben, mehr als hundert ihre heilen Knochen einbüßen, nur damit eine Staatsautorität gerettet werden konnte, die durch nichts gefährdet war als durch die Unfähigkeit ihres Inhabers.«

Juristisch wird der »Blutmai« nie aufgearbeitet. Nicht gegen einen einzigen Polizisten wird damals auch nur ermittelt. Unbewaffnete Menschen von hinten zu erschießen, Flüchtende mit Polizeikugeln in den Rücken zu töten, Frauen auf Balkonen abzuknallen, selbst wenn sie einen Blumentopf heruntergeworfen haben sollten – wie hätte ein funktionierender Rechtsstaat wohl auf diese Taten reagiert?

Die Polizei findet für die vielen getöteten Zivilisten später folgende Erklärung: An den Brennpunkten der Auseinandersetzungen hätten sich überwiegend junge, unerfahrene Bereitschaftspolizisten befunden, die keine »Feuerdisziplin« gewahrt haben. Doch dieser Begriff ist nach Ansicht von Polizeihistoriker Harold Selowski verräterisch: Die jungen Polizisten stehen damals unter dem Befehl von zumeist erzkonservativen bis reaktionären Polizeioffizieren, die 1919/1920 von den Freikorps beziehungsweise der Reichswehr in den Polizeidienst übernommen worden sind und der Demokratie skeptisch bis ablehnend gegenüberstehen. Und so wird beim »Blutmai« nach einem »bewährten« militärischen Einsatzmuster verfahren: wie bei der Eroberung feindlicher Städte im Ersten Weltkrieg. Die Heranbildung eines demokratischen Polizei- und insbesondere Offiziersnachwuchses steckt noch in den Kinderschuhen, so Selowski, bis 1933 wird die Zeit dafür nicht reichen.

Während sich die SPD-Führung bemüht, die Polizeigewalt irgendwie zu rechtfertigen, schlachtet die KPD die Ereignisse propagandistisch aus: Die SPD habe die Arbeiterbewegung verraten. Von nun an sei der Kampf gegen die »Sozialfaschisten« ein Hauptziel der künftigen KPD-Politik. Nicht zuletzt durch den »Blutmai« münden die tiefen Gräben zwischen SPD und KPD nun in eine offene Feindschaft.

Doch es gibt einen hämisch lachenden Dritten. Ausgerechnet der größte Feind der beiden antifaschistischen Lager kann von ihrem Zwist profitieren: die Nationalsozialisten. Das ist ein weiteres fatales Ergebnis des »Blutmai«: Als es kurze Zeit später darum geht, die Weimarer Republik gegen den Aufmarsch der NSDAP zu verteidigen, vertrauen SPD und KPD einander so wenig, dass sie keine gemeinsame Front gegen die Gefahr von rechts bilden können – und es damit den Nazis einfacher machen, die Weimarer Demokratie zu vernichten.

ERICH MIELKE UND DIE POLIZISTEN-
MORDE AUF DEM BÜLOWPLATZ

Wohl nirgendwo in Berlin ist die Polizei damals so verhasst
wie rund um den Bülowplatz. Der Bülowplatz liegt mitten im
Scheunenviertel, einer heruntergekommenen Proletariergegend
mit berüchtigt hoher Kriminalitätsrate. An diesem dreieckigen
Platz, der heute Rosa-Luxemburg-Platz heißt, liegt auch das
Hauptquartier der Kommunisten – das Karl-Liebknecht-Haus,
die mehrstöckige Parteizentrale der KPD.

Immer wieder kommt es hier zu Demonstrationen und Kundgebungen der Kommunisten, gewalttätige Auseinandersetzungen
inklusive. Um polizeiliche Maßnahmen wie zum Beispiel die Räumung des Platzes durchzusetzen oder um sich selbst gegebenen-
falls zu verteidigen, setzen die Beamten regelmäßig ihre Schlag-
stöcke ein, manchmal sogar ihre Schusswaffen. Zwischen den
Kommunisten und der Polizei herrschen seit Jahren tiefes Misstrauen und eine angespannte Feindschaft. Obendrein fachen die
Schlägertrupps der SA die aufgeheizte Stimmung noch weiter

an, indem sie sich direkt vor der Haustür der Kommunisten zu nationalsozialistischen Demonstrationen zusammenfinden.

Nur einen Steinwurf von der KPD-Zentrale entfernt liegt das Polizeirevier 7, in der Hankestraße 7, heute Rosa-Luxemburg-Straße. Für die Beamten, die hier ihren Dienst tun, sind Anfeindungen ihr täglich Brot. Regelmäßig gehen Drohbriefe auf dem Revier ein. Die Polizisten gehen aus Sicherheitsgründen nur zu zweit auf Streife, in »Doppelstreife«, wie es heißt, denn für einen Schupo alleine ist es in der Kriminellen- und Kommunistenhochburg einfach zu gefährlich.

Geleitet wird das Polizeirevier 7 von Polizeihauptmann Paul Anlauf. Der 49-Jährige gilt als resoluter Kämpfer für die öffentliche Sicherheit. Bei den Kommunisten ist er wegen seines robusten Durchgreifens verhasst, sie verpassen ihm den uncharmanten Spitznamen »Schweinebacke«.

Nach mehreren Morddrohungen hat Anlauf zu seinem persönlichen Schutz beim Verlassen der Polizeistation immer einen Adjutanten bei sich, schon seit März 1930 geht das so. Auch dieser Adjutant, Oberwachtmeister Richard Willig, hat einen Spitznamen: Wegen seiner Reithosen nennt man ihn im Kiez den »Husar«.

Im Sommer 1931 ist Polizeihauptmann Anlauf besonders wachsam, denn am Bülowplatz droht erneut politisch motivierte Randale. Hintergrund ist ein Volksentscheid zur vorzeitigen Auflösung des Preußischen Landtags, der von der rechtsextremen NSDAP, dem Stahlhelm und der Deutschnationalen Volkspartei initiiert wird. Ausgerechnet die KPD schließt sich dem Entmachtungsversuch der extremen Rechten gegen die demokratischen Parteien der Weimarer Koalition an: Eigentlich sind die beiden radikalen Lager Todfeinde, doch um die Regierung zu stürzen, tun sich Rechts- und Linksaußen zusammen. »Lieber Hitler als Severing!«, lautet die gemeinsame Parole. Carl Severing ist der langjährige preußische Minister des Innern und zeitweilig Reichsinnenminister. Bei der extremen Rechten ist er ebenso verhasst wie bei der extremen Linken. Am Sonntag, dem 9. August, sollen die Bürger über die Landtagsauflösung (und damit auch Severings Zukunft) abstimmen.

Das Polizeirevier 7 unter Paul Anlauf erwartet schon im Vorfeld gewalttätige Auseinandersetzungen rund um die KPD-Zentrale. Genauso kommt es auch: Mehrfach ordnet die Polizei die Räumung des Bülowplatzes an, zuletzt am Vortag des Volksentscheids, am Samstag, dem 8. August. Dabei wird ein junger Sympathisant der Kommunisten getötet: Der 19-jährige Klempner Fritz Auge stirbt durch eine Polizeikugel in den Rücken, abgefeuert aus nächster Nähe. Zuvor hat es ein Handgemenge zwischen Polizisten und Aktivisten gegeben, die Kugel im Rücken soll als »Warnschuss« in die Luft gedacht gewesen sein.

Dass einer der Ihren von der Polizei hinterrücks erschossen wird, bringt die kommunistische Führung in Rage. Man trifft sich zu einer Besprechung im Hinterzimmer einer nahegelegenen Kneipe. Dort beschließen die ranghohen KPD-Funktionäre einen Auftragsmord: Polizeihauptmann Paul Anlauf soll sterben. Nach späteren Aussagen sind die Auftraggeber für den Mord unter anderem die beiden KPD-Reichstagsabgeordneten Hans Kippenberger und Heinz Neumann.

Zwei willige Killer werden in der Partei auch gefunden: Die jungen Männer sind im Umgang mit Schusswaffen erfahren und haben offenbar keine Skrupel, den leitenden Polizeibeamten zu töten. Es sind Michael Ziemer, 24 Jahre, von Beruf Brückenbautechniker, und der spätere Stasi-Chef Erich Mielke, damals 23 Jahre alt. Ziemer und Mielke gehören dem »Parteiselbstschutz« an, einer paramilitärischen, bewaffneten Gruppe der KPD.

In der Nacht ist im Berliner Norden ein Graffito an eine Hauswand geschmiert worden: »Für einen erschossenen Arbeiter fallen 2 Schupo=Offiziere!!! Rot=Front. R. F. B. lebt. nimt Rache«. Der RFB ist der bedeutendste paramilitärische Kampfverband der KPD, der »Rote Frontkämpferbund«. Solche Vergeltungsaktionen haben die Mitglieder dieser Vereinigung auf den Häuserwänden der Stadt schon zigmal angekündigt – diese Drohung aber wird noch am selben Tag eins zu eins umgesetzt.

Nach dem Tod des Demonstranten Fritz Auge befindet sich das Polizeirevier 7 am Sonntag der Abstimmung über den Volksentscheid in erhöhter Alarmbereitschaft. Zusätzliche Kräfte anderer Dienststellen unterstützen die Polizisten vor Ort. Doch die Lage an der KPD-Zentrale am Bülowplatz bleibt zunächst unerwartet ruhig, wird jedoch gegen Nachmittag zunehmend aggressiver. Eintausend Menschen seien dort in aufgeheizter und womöglich gewaltbereiter Stimmung, wird dem Leiter des Reviers, Paul Anlauf, berichtet. Am Abend beschließt er, sich persönlich ein Bild zu machen. Sein Adjutant Richard Willig begleitet ihn zum Schutz, wie immer. Auch der Hauptmann der zusätzlichen Polizeikräfte, der 39-jährige Franz Lenck, möchte bei der Inspektion mit dabei sein. Anlauf winkt zunächst ab, denn wenn etwas passiere, sagt er scherzhaft, reiche es ja, wenn Anlauf und sein Adjutant erschossen würden. Doch Lenck kommt auf eigenen Wunsch mit.

Auf dem Weg vom Revier zum Bülowplatz sind die Bürgersteige voller Menschen. Vor dem Eingang zum Kino Babylon hört Adjutant Willig plötzlich eine Stimme hinter sich sagen: »Du Husar, du Schweinebacke und du den anderen.« Sofort begreift er, dass das Gehörte eine Aufforderung zum Erschießen ihrer Dreiergruppe ist – er greift nach seiner Pistole, dreht sich um und sieht in dem Moment schon das Mündungsfeuer der auf sie gerichteten Schusswaffen. Willig wird von Kugeln in den Arm und in den Bauch getroffen und geht zu Boden. Doch er kann sich wieateraufrichten und zurückschießen. Die vielen Menschen in der Nähe rennen in wilder Panik auseinander.

Anlauf wird erst in den Oberschenkel und dann von hinten in den Kopf getroffen. Diese zweite Kugel tritt durch die Stirn wieder aus. Sein schwerverletzter Adjutant zieht ihn noch in einen Hauseingang, dort stirbt Paul Anlauf. Franz Lenck kann sich mit einem Brustdurchschuss durch Lunge und Luftröhre in den Ein-

Paul Anlauf (links) und Franz Lenck

gang des Kinos Babylon schleppen, kurze Zeit später ist auch er tot. Einzig Richard Willig überlebt das Attentat schwer verletzt und kann Aussagen dazu machen.

Unterdessen bricht auf dem nahgelegenen Bülowplatz Panik aus, die Polizisten vor Ort glauben aufgrund der vielen Schüsse an einen groß angelegten Angriff. Wahllos schießen sie auf flüchtende Passanten. Zwei Menschen sterben durch Polizeikugeln, 35 weitere werden verletzt, darunter einige Kinder. Auf der Liste des Rettungsamtes der Stadt Berlin stehen unter anderem der elfjährige Richard mit einem Bauchschuss und ein zwölfjähriges Mädchen mit Namen Riger mit einem Steckschuss im rechten Unterarm.

Als die angeforderte polizeiliche Verstärkung am Bülowplatz eintrifft, ist der Platz schon fast menschenleer. Die Männer, die auf die drei Polizisten geschossen und zwei von ihnen getötet haben, sind längst entkommen, darunter Erich Mielke und Michael Ziemer. Ihre Pistolen schmeißen sie unterwegs über einen Zaun. Die KPD hilft den beiden Todesschützen, über Rostock und Leningrad nach Moskau zu entkommen.

Doch einen möglichen Tatverdächtigen kann die Polizei damals schnappen: In einer Regentonne hat sich der Kutscher und Kommunist Max Thunert versteckt, angeblich um sich vor den vielen Schüssen in Sicherheit zu bringen. Dabei führt er unerlaubt eine Waffe bei sich. Doch eine Tatbeteiligung kann ihm damals nicht nachgewiesen werden.

Als die ermordeten Polizisten beerdigt werden, nehmen die Berliner großen Anteil daran. Tausende Menschen säumen die Straßen, als Reichsinnenminister Joseph Wirth den Trauerzug für Paul Anlauf anführt. Dass zwei Polizisten auf offener Straße feige von hinten erschossen werden, schockiert die Berliner zutiefst, auch wenn Wellen der politischen Gewalt bereits seit 1918 zum ganz normalen Wahnsinn der Hauptstadt gehören.

Aufgrund der vielen Trauergäste muss die Andacht für die getöteten Polizisten in einer Turnhalle stattfinden. Der Geistliche findet bewegende Worte: »Unser aller Herz stand still, als wir von diesem Verbrechen hörten, von diesem Verbrechen, das ein Brudermord war von Deutschen an Deutschen.« Paul Anlauf

Trauerzug für die ermordeten Polizisten (August 1931)

hinterlässt zwei minderjährige Töchter, ihre Mutter ist ebenfalls erst vor Kurzem gestorben. Die Mädchen bekommen den durchschossenen Polizei-Tschako und das blutgetränkte Portemonnaie ihres Vaters ausgehändigt. Franz Lenck wird in seiner Heimat Stargard in Pommern beerdigt.

Polizeipräsident Grzesinski lässt die KPD-Zentrale für zehn Tage schließen und durchsuchen. Für Hinweise auf die Täter wird eine Belohnung von 3000 Mark ausgesetzt, Hinweise zur Ermittlung kommunistischer Terrorzellen werden gar mit 20 000 Mark belohnt. Doch trotz des ausgelobten Vermögens gibt es keine brauchbaren Hinweise zur Ergreifung der Polizistenmörder. Die Ermittlungen werden erfolglos eingestellt.

Als ab 1933 die Nationalsozialisten an der Macht sind, beginnt eine gnadenlose Verfolgung von Kommunisten. Auch ungeklärte »Rotmord-Fälle« sollen erneut untersucht werden, darunter der Doppelmord am Bülowplatz. Mit dieser Aufgabe wird der Meister der Mordinspektion beauftragt: Der geniale Kriminalist Ernst Gennat soll nun die Mörder von Anlauf und Lenck ermitteln.

Der Ermittler beginnt die neue Untersuchung des Falls bei dem Mann, der sich damals bewaffnet in der Regentonne versteckt gehalten hat und angeblich von nichts weiß: beim Kutscher Max Thunert. Tatsächlich verstrickt sich Thunert gegenüber Gennat in Widersprüche und gesteht schließlich seine Tatbeteiligung. Und er nennt Mittäter, die ebenfalls auspacken.

Im September 1933 sind die Ermittlungen abgeschlossen. Insgesamt gelten 25 Menschen als tatbeteiligt, 15 von ihnen können gefasst und vor Gericht gestellt werden. Im Juni 1934 ergehen die Urteile: Drei Mal wird die Todesstrafe verhängt, dazu viele langjährige Haftstrafen. Die beiden Todesschützen werden in Abwesenheit zum Tode verurteilt, denn Mielke und Ziemer sind immer noch untergetaucht, sie befinden sich weiterhin in Moskau.

Erich Ziemer stirbt 1937 im Spanischen Bürgerkrieg, in dem er gemeinsam mit Erich Mielke kämpft. Mielke überlebt den Einsatz

Fahndungsaufruf der Berliner Polizei mit dem Bild von Erich Mielke (oben rechts)

in Spanien und auch den Zweiten Weltkrieg. 1945 kehrt er nach Berlin zurück, wo ihm die Sowjets in ihrem Sektor der Hauptstadt ausgerechnet die Leitung einer Polizeiinspektion übertragen – in Berlin-Lichtenberg. Als die Staatsanwaltschaft ungeachtet dieses Postens erneut Haftbefehl gegen Erich Mielke erlässt, beschlagnahmt die sowjetische Besatzungsmacht kurzerhand die Verfahrensakten gegen den gesuchten Polizistenmörder. Ab diesem Zeitpunkt hält Mielke die brisanten Papiere über 40 Jahre lang in seinem persönlichen Besitz.

Bei Gründung der Stasi 1950 wird Mielke einer ihrer stellvertretenden Leiter, 1957 steigt er an die Spitze der berüchtigten Geheimpolizei der SED auf. Er gilt außerdem als Mitverantwortlicher für den Schießbefehl an der Mauer und der innerdeutschen Grenze. Auch geheimdienstliche Auftragsmorde und willkürliche Haftstrafen gehen auf sein Konto.

Doch als die DDR zusammenbricht und Deutschland 1990 wiedervereinigt wird, gibt es für Mielke keine Fluchtmöglichkeit mehr. Auch die Strafverfolgung gegen ihn kann er nicht mehr unterdrücken. Mord verjährt nicht.

Und so wird 1991 das Verfahren gegen den Polizistenmörder erneut aufgenommen, 60 Jahre nach der Tat am Bülowplatz. Bei der Urteilsverkündung 1993 sitzt dem einst allmächtigen Stasi-Chef im Gerichtssaal eine Frau mit Namen Dora Zimmermann gegenüber. Mielke hat sie 1931, als sie noch ein Kind war, zur Vollwaise gemacht – Dora ist die Tochter des von ihm ermordeten Paul Anlauf. Der inzwischen 85-Jährige wird zu sechs Jahren Gefängnis verurteilt, die er unter Anrechnung seiner Untersuchungshaft zu zwei Dritteln verbüßen muss. Im April des Jahres 2000 stirbt Mielke in einem Pflegeheim.

Die Polizistenmorde auf dem Bülowplatz 1931 sind ein einmaliger Fall in der deutschen Rechtsgeschichte. Keinem anderen Täter zuvor ist es je gelungen, die Ermittlungsakten gegen ihn über Jahrzehnte in seinen persönlichen Besitz zu bringen – und kein anderer Mord wurde erst 62 Jahre nach der Tat gesühnt.

DER »SCHRECKEN VON SCHÖNEBERG«:
DIE BVG-BANDE

Montag, der 30. Januar 1933, ist ein geschichtsträchtiger Tag. Reichspräsident Paul von Hindenburg beruft Adolf Hitler zum Reichskanzler, abends feiert die SA den Triumph mit einem Fackelzug durch das Brandenburger Tor. Die KPD ruft den sofortigen Generalstreik aus und die Bildung einer »proletarischen Einheitsfront gegen die faschistische Hitlerdiktatur«, SPD und freie Gewerkschaften warnen dagegen vor »voreiligen Einzelaktionen«. Mit dem Tag der Machtübernahme der Nationalsozialisten beginnen die zwölf dunkelsten Jahre in der Geschichte der Deutschen.

Von den politischen Ereignissen völlig unabhängig findet am Vormittag ein großer Polizeieinsatz in Schöneberg statt, in der damaligen Bahnstraße, heute Crellestraße. Dem Großeinsatz ist monatelange kriminalpolizeiliche Ermittlungsarbeit vorausgegangen. Das spätere Urteil aber ist auch ein politisches Urteil: Innerhalb nur eines Jahres wandelt sich die häufig liberale Rechtsprechung der Weimarer Republik in eine ebenso repressive wie willkürliche.

In der Bahnstraße nähern sich gegen elf Uhr Polizeifahrzeuge von verschiedenen Seiten, darunter Wagen des Überfallkommandos, aus dem schwer bewaffnete Schupos springen. Die Beamten bringen sich im Laufschritt in Stellung und beziehen Posten in Hauseingängen. Beamte der Kriminalpolizei in ihren langen, schweren Mänteln sind ebenfalls vor Ort. Alle Polizisten sind mit Pistolen und »Panzerwesten« ausgestattet, die Schupos dazu mit Karabinern. Dass in der Straße etwas Großes im Gange ist, ist offensichtlich – nur: Wem gilt der Einsatz?

Interessiert strömen immer mehr Schaulustige herbei. »Zurückbleiben!«, weist die Polizei sie an. Eines ist allen vor Ort an diesem Wintertag klar: Dieser massive Polizeieinsatz muss echten kriminellen Schwergewichten gelten.

Das Gebäude mit der Hausnummer 17 wird abgeriegelt. Von der Straße aus ist das Haus gut einsehbar, es gibt nur einen Eingang und eine Toreinfahrt. Doch an die Höfe auf der RückSeite des Gebäudes grenzt die Wannseebahn. Das bedeutet Unübersichtlichkeit: In den Hinterhöfen befinden sich Kohlehalden, Garagen und Tankstellen, ein ziemliches Durcheinander.

Kriminalkommissar Rudolf Lissigkeit und sein Dezernat zur Bekämpfung von Kapitalverbrechen haben den Einsatz gründlich vorbereitet. Ausreichend Einsatzkräfte sind vor Ort, hundert Schupos und etwa 30 Kriminalbeamte kreisen das Haus in den kommenden Minuten vollständig ein. Jeder Hinterhof, jede Torzufahrt wird bewacht. Zusätzlich haben sich auf den Dächern der umliegenden Häuser Polizisten mit entsicherten Waffen postiert, die Scharfschützen der damaligen Zeit. Weitere Einsatzkräfte sichern den rückwärtigen Bahndamm.

Kurz vor zwölf Uhr steigen zwei Kriminalbeamte mit entsicherter Pistole in der Hand im Seitenflügel des Hinterhauses die Stufen zum vierten Stock empor, gefolgt von einem dritten Beamten, der sicherheitshalber gleich in beiden Händen eine Waffe hält. Das Trio klingelt an der Tür. Die Wohnungsinhaberin selbst öffnet und lässt die Beamten eintreten, so berichtet es die Zeitung »Tempo«.

In der Wohnung lebt eine unbescholtene Familie namens Wetzorke aus Polen, ein Zimmer hat sie an zwei ihnen unbekannte deutsche Männer vermietet. Die zusätzlichen Einnahmen der Untermieter brauchen die Wetzorkes, um über die Runden zu kommen. Genau um diese beiden Herren geht es der Polizei. Da sie als bewaffnet und äußerst gefährlich gelten, steht draußen sicherheitshalber das Großaufgebot von Kommissar Lissigkeit vor der Tür.

Die Frau deutet »stillschweigend auf ein Zimmer«. Möglicherweise haben die beiden Männer noch geschlafen, jedenfalls sind sie so überrascht, dass sie keinen Widerstand leisten. Mit Unterhemden bekleidet, treten sie mit erhobenen Händen heraus.

Die Gesuchten sind die beiden noch fehlenden Verdächtigen einer sechsköpfigen Bande, die über ein Jahr lang Dutzende Gewaltverbrechen im Berliner Westen verübt hat. Die Zeitungen haben ihr den Namen »BVG-Räuber« verpasst, und die ganze Stadt kennt ihr dreistes Verbrechen: Im vergangenen September haben sie einen Lohngeldtransport der Berliner Verkehrsgesellschaft in Charlottenburg überfallen. Dabei haben sie einen Stadtinspektor erschossen und einen weiteren schwer verletzt. Die Beute beträgt 34 000 Mark.

Vier der Täter konnten bereits gefasst werden, bis zum Großeinsatz in der Bahnstraße fehlten aber noch der Kopf der Bande, Alfons Hoheisel, 23 Jahre alt, und sein bester Freund, Erich Achtenhagen, 31 Jahre. Die Polizei ist sehr erleichtert, diese schweren Jungs jetzt allesamt aus dem Verkehr gezogen zu haben. Nun sitzt die »BVG-Räuberkolonne«, wie die »Vossische Zeitung« sie in einem Artikel nennt, endlich geschlossen in Untersuchungshaft.

Seit Pfingsten 1932 hat die Mordkommission intensiv an dem Fall gearbeitet. Damals hatte die Bande im Lokal »Tiepelmann« in Marienfelde die Kasse samt Inhalt geraubt. Als drei der

Alfons Hoheisel (links) und Erich Achtenhagen

anwesenden Stammgäste mutig einschritten und die Männer aufhalten wollten, schossen sie eiskalt auf ihre Verfolger – einen der couragierten Gäste trafen die Schüsse tödlich, den Kaufmann Bruno Sauer.

Die vier Täter sind damals mit einem Taxi vorgefahren, das sie zuvor gestohlen hatten. Nachmittags waren zwei der Männer als Fahrgäste mit dem Taxi in Schöneberg unterwegs. In einer einsamen Gegend bedrohten sie den Fahrer plötzlich mit einer Waffe und zerrten ihn aus dem Wagen. So haben sie sich ihr Fluchtfahrzeug beschafft. Nach dem Überfall lassen sie den Wagen einige Kilometer vom Tatort entfernt an einer Straße zurück.

Die Beute aus dem Raubüberfall beträgt damals kümmerliche 140 Mark, die Tageseinnahmen eines einfachen Lokals in schlechten Zeiten. Geteilt durch sechs, hat jeder der Täter etwas mehr als 23 Mark erhalten – und dafür ein Menschenleben auf dem Gewissen.

Es war nicht der erste Raubüberfall dieser Art, den die Bande begeht. Das Muster ist immer gleich: Taxi rufen, Taxifahrer unter Waffengewalt rausschmeißen, Bandenkollegen einsammeln, Überfall, mit dem gestohlenen Taxi flüchten, Auto irgendwo entsorgen. Doch nach dem tödlich getroffenen Kaufmann leitet die Polizei eine groß angelegte Öffentlichkeitsfahndung ein. Über die Zeitungen und im Rundfunk wird um Mithilfe zur Aufklärung gebeten,

Die Polizei bitte um Mithilfe: Ausstellung von Asservaten im Schaukasten

im Schaufenster eines Schöneberger Herrenausstatters werden Asservate der Polizei ausgestellt. Das blaue Käppi, das einer der Täter beim Tiepelmann-Raubmord auf der Straße verloren hat, Modelle der geraubten Kassen aus der Gaststätte sowie Fotos vom Tatort. Doch trotz Hunderter aufmerksamer Betrachter des Schaufensters geht kein entscheidender Hinweis bei den Ermittlern ein. Während die intensiven Fahndungsmaßnahmen laufen, bereitet die Bande längst ihren nächsten Coup vor. Diesmal muss mehr rausspringen als die mickrigen 140 Mark!

Lohngelder werden Arbeitern damals nicht überwiesen, sondern in bar ausgehändigt. Girokonten gibt es noch nicht. In größeren Unternehmen befindet sich am Zahltag also eine Menge Bargeld. Auf diese Lohngelder haben es die »BVG-Räuber« als Nächstes abgesehen, auf die Gehälter der Berliner Verkehrsbetriebe, um genau zu scin. Insgesamt sind damals 22 000 Menschen bei der BVG beschäftigt, die sich auf unterschiedliche Betriebshöfe im Stadtgebiet verteilen – zu dieser Zeit ist die BVG das größte kommunale Unternehmen der Welt.

In Charlottenburg liegt der BVG-Betriebshof in der Helmholtzstraße, hierhin sollen am Morgen des 15. September 1932 die abgezählten Lohngelder aus der Stadtbankfiliale im Charlottenburger Rathaus gebracht werden. Begleitet wird der Geldtransport von Mitarbeitern der Bank und BVG-Beamten. In ihrer Transportkiste befinden sich 34 000 Mark in kleinen Scheinen. Doch bereits beim Verlassen der Bank werden die Männer angegriffen: Die Täter schneiden ihnen den Weg zum wartenden Bus ab. Einer der beiden Träger lässt daraufhin die Kiste los und bringt sich lieber in Sicherheit, der andere versucht, die kostbare Fracht alleine zurück zur Bank zu schleifen.

Alles geht rasend schnell. Ein Schuss fällt, abgefeuert von einem BVG-Beamten. Die Räuberbande zeigt keinerlei Hemmungen. Blindlings feuern die Männer um sich. Ein BVG-Oberinspektor, der 57-jährige Otto Meyer, sackt tödlich getroffen zusammen, ein weiterer Beamter wird schwer verletzt. So kommt es an diesem düsteren Morgen vor dem Charlottenburger Rathaus zu einer tödlichen Schießerei.

Die Räuber ziehen die Kiste in ein Auto und brausen davon. Zufällig hat die Besatzung eines Polizeifahrzeugs den Überfall beobachtet und nimmt die Verfolgung auf. Rücksichtslos preschen die Verbrecher durch den dichten Verkehr, quetschen sich auf einer Kreuzung filmreif durch eine Lücke zwischen Fahrzeugen hindurch und können so ihre Verfolger abhängen.

Nachdem die Täter der Polizei so knapp entwischt sind, ordnet Ernst Gennat, der Leiter der Mordinspektion, das volle Fahndungsprogramm an: Razzien, Durchsuchungen, Befragung von Hehlern. Nach einigen Wochen fühlen sich die Ringvereine durch diesen massiven Ermittlungsdruck empfindlich in ihrem »Geschäft« gestört, schreibt Autor Peter Feraru in seinem Buch über »Muskel-Adolf«, den Anführer der »Immertreuen«. Die Ring-dominierte Unterwelt gerät in Aufruhr. Die BVG-Bande gehört nicht zu ihnen, und jetzt brockt ihnen diese schießwütige Truppe solch eine lang anhaltende Polizeipräsenz ein! Und genau das ist Gennats Kalkül: Die Ringvereine sollen sich in ihren Aktivitäten so beeinträchtigt fühlen, dass sie freundlicherweise mit zur Ergreifung der Täter beitragen möchten.

Doch der entscheidende Tipp kommt dann nicht aus dem Kreis der Ringvereine, sondern von zwei Polizisten, die sich in die Szene eingeschlichen haben. Und zwar auf eigene Faust. So sollen die beiden bürgerlichen Kripobeamten Thiemann und Zimmermann zu Hause ausgezogen sein, sich in »Milieu-Schale« mit Schlägermütze und lila Sakko geschmissen haben und völlig in die Szene eingetaucht sein. Es habe keine Woche gedauert, entsprechende Kontakte zu knüpfen und die Namen, die Anzahl und vor allem den Aufenthaltsort der Bande zu ermitteln.

Woher auch immer die Hinweise stammten, die zur Ergreifung der Täter führten: Die brutale Bande sitzt nun Ende Januar 1933 geschlossen hinter Schloss und Riegel, die Staatsanwaltschaft nimmt ihre Ermittlungen mit dem Ziel der späteren Anklageerhebung auf.

Schon wenige Monate später, Anfang Juli 1933, stehen die »BVG-Räuber« vor Gericht. Mit dabei ist noch ein siebter Angeklagter, der Hehler der Bande. Die Richter machen kurzen Prozess, schon am 6. Juli ergeht das Urteil: Vier der Täter werden zum Tode verurteilt. Neben Alfons Hoheisel (nun 24) und Erich Achtenhagen (31) erhalten auch Willi Krebs (24) sowie Erich

Die weiteren Mitglieder der BVG-Bande

Willi Krebs Erich Hildebrandt

Fritz Wienke Hans Krebs Erwin Höhne

Hildebrandt (22) die Todesstrafe. Die anderen Mittäter – Fritz Wienke (22), Hans Krebs (26) und Erwin Höhne (19) – werden zu einer lebenslangen Zuchthausstrafe beziehungsweise zu hohen Haftstrafen verurteilt, einmal zehn und einmal fünf Jahre.

Auffällig ist das junge Alter der Täter, die zur Tatzeit sogar noch fast zwei Jahre jünger waren. Was sie alle verbindet, sind ihre Arbeitslosigkeit und die Armut. Beinahe jeder von ihnen hat einen Beruf, Klempner, Schlosser, Friseur, Zigarettenverkäufer – doch Anfang der dreißiger Jahre finden sie keine Arbeit mehr, wie Zigtausende Berliner.

Alfons Hoheisel und Erich Achtenhagen haben offenbar mit den Kommunisten sympathisiert, jedenfalls hat Hoheisel laut

Ermittlungsakte einem »Zettelverteiler Flugblätter der NSDAP entrissen, sie zerrissen und die Fetzen auf die Straße geworfen«. Achtenhagen hat denselben »Zettelverteiler körperlich misshandelt«. Dafür bekommen sie noch zu Weimarer Zeiten eine beziehungsweise sechs Wochen Gefängnis aufgebrummt. Die Strafen werden ihnen dann aber im Zuge des Amnestiegesetzes vom 24. Dezember 1932 erlassen. Als Achtenhagen allerdings »im Dienste der kommunistischen Propaganda« Gehwege mit schwarzer Farbe bemalt, muss er für eine Woche in Haft.

Neben einer Mitgliedschaft in der kommunistischen Jugendbewegung vermerkt die Gerichtsakte auch die Beteiligung an »Feuerüberfällen auf die nationalsozialistischen Verkehrslokale ›Zur Ameise‹ und in der Ziethenstraße«. Mit »Feuerüberfall« ist der Einsatz von Schusswaffen gemeint.

Mit der Identifizierung der Täter als gewaltbereite Kommunisten scheint die Sache klar, jedenfalls in den Augen der Richter. Auszug aus der Nazi-Justiz-Prosa, unter Punkt C, Strafzumessung:

»Diese Tatsachen müssen festgehalten werden, weil sie den Nährboden aufzeigen, auf dem die Straftaten der Angeklagten erwachsen sind: die kommunistische Weltauffassung und Lebensführung. Sie war es, die dem Hang der jugendlichen Angeklagten zu schrankenlosem Ausleben der eigenen dunklen Triebe keinerlei Bindungen gab und zu geben wusste. (...) Sie war es, die die Angeklagten die Pflicht verachten lehrte, sich in Selbstzucht und Selbstlosigkeit in die Volksgemeinschaft einzuordnen. (...) Ein solcher Nährboden konnte keinen Halt bieten und musste besonders verderblich wirken auf einen Kreis ungefestigter junger Menschen, die ein gleicher Hang zu zügellosem Leben zusammenführte, die nach Abenteuern drängten, nach Geld und Beute gierten und vor Gewalttaten nicht zurückschreckten. So kam es, dass sie ihren dunklen und verrohten

Trieben folgend Recht und Gesetz brachen, einmal betreten, unaufhaltsam und immer hemmungsloser die Bahn des Verbrechens schritten und schließlich so weit waren, dass sie vor nichts mehr zurückschreckend selbst Menschenleben ihrer Gier zum Opfer brachten.«

Bemerkenswert ist, dass es in der Urteilsbegründung keine Rolle spielt, wer von den vier Todeskandidaten die tödlichen Schüsse auf den Kaufmann Bruno Sauer bei der Gaststätte »Tiepelmann« abgefeuert hat – und wer den BVG-Beamten Otto Meyer beim Lohngeldraub erschossen hat. Alle vier sind an den tödlichen Überfällen beteiligt, und damit sind alle vier schuldig. Mildernde Umstände werden nicht berücksichtigt.

Bereits in der Weimarer Zeit gelten Wiederholungstäter als »Berufsverbrecher«, ein Begriff, den Kriminalisten schon im Kaiserreich eingeführt haben. Zugrunde liegt die These, dass Wiederholungstäter Verbrechen als Beruf ausüben. Die Nationalsozialisten verschärfen die Rechtsprechung in diesem Punkt erheblich. Das lässt sich in der Urteilsbegründung, unterzeichnet von einem Gerichtsrat namens Dr. Schmidt und einem Herrn Hollefreund eindrucksvoll nachlesen. Auszug aus der Urteilsbegründung:

»Menschen, die in diesem Sinne und Trachten die schwersten Verbrechen begangen haben, die das Gesetz kennt, die aus schnödester Eigensucht geraubt und zum Teil getötet und gemordet haben, haben sich mit diesen Taten ausserhalb der Volksgemeinschaft, ja ausserhalb der menschlichen Gemeinschaft überhaupt gestellt. Sie verdienen keine Milde. Die härtesten Strafen müssen sie treffen, die das Gesetz kennt, das sie verlachen. Um abzuschrecken alle, die gleichen Sinnes sind. Und zu sühnen den Tod zweier Volksgenossen, die unter ihren Bubenhänden fielen.«

Schon im November 1933 erlassen die Nationalsozialisten das »Gesetz gegen gefährliche Gewohnheitsverbrecher und über Maßregeln der Sicherung und Besserung«. Das Gesetz sieht eine zeitlich unbefristete Sicherungsverwahrung vor – damit Menschen auch nach Verbüßen ihrer Haftstrafe für immer »aus der Volksgemeinschaft wie faules Fleisch chirurgisch herausgeschnitten werden« können.

Den drei Mitgliedern der BVG-Bande, die zu Zuchthaus und Gefängnis verurteilt werden, droht also die »Vernichtung durch Arbeit« im Konzentrationslager. Sobald sie ihre Haftstrafe abgesessen haben, werden sie in Konzentrationslager überstellt. Für Berlin ist das zunächst das KZ Lichtenburg, später das KZ Esterwegen und das KZ Sachsenhausen.

Damit man im Lager auf einen Blick den Grund der jeweiligen Inhaftierung erkennen kann, müssen die Häftlinge auf der gestreiften KZ-Kleidung farbige Stoffaufnäher tragen. Die »Berufsverbrecher« erhalten grüne Dreiecke, genannt »Winkel«. Sie werden im Lagerjargon »BV-ler«, kurz für »Berufsverbrecher«, genannt. Schwarze Winkel bedeuten »asozial«, mit braunen werden Sinti und Roma gekennzeichnet, Lila ist den sogenannten Bibelforschern vorbehalten, etwa den Zeugen Jehovas. Einen rosa Winkel tragen Homosexuelle, Rot ist für die politischen Gefangenen und Blau für Emigranten. Juden müssen einen Stern tragen, der aus doppelten Dreiecken gebildet wird.

Das Todesurteil gegen die vier Haupttäter der »BVG-Bande« wird ein Dreivierteljahr nach dem Urteil vollstreckt. Am 17. April 1934 werden Alfons Hoheisel, Erich Achtenhagen, Willi Krebs und Erich Hildebrandt im Hof des Strafgefängnisses Plötzensee »durch das Beil« hingerichtet. Die Zeitung »Der Westen« formuliert den Artikel über dieses Ereignis schon ganz im Nazi-Sprech: »Die Taten dieser kommunistischen Untermenschen haben monatelang die Berliner Bevölkerung in Aufregung und Schrecken versetzt.«

WIDER DIE GANOVENEHRE:
VERPFIFFEN VOM EIGENEN RINGVEREIN

In der Lutherstrasse 19 in Berlin-Charlottenburg lebt 1932 in einer bescheidenen Erdgeschosswohnung im Seitenflügel ein betagtes Ehepaar. Auch der erwachsene Sohn, Walter, inzwischen 33 Jahre alt, wohnt noch bei Mutter Auguste (74) und Vater Hermann Könicke (66). Zwei ältere Töchter sind längst verheiratet und haben selbst Familie. Der kleinbürgerlichen Familie wird die Liebschaft ihres Sohnes mit einer Bardame zum Verhängnis: Wenige Monate nach der Trennung des Paares plaudert die junge Frau Familiengeheimnisse aus. Diese Indiskretion führt zu einem brutalen Verbrechen.

Die alten Könickes sind Obsthändler und betreiben einen Stand auf dem Markt auf dem Winterfeldplatz. Im Herbst 1932 verkaufen sie vor allem die knackig frischen Äpfel aus der neuen Ernte. Doch schon seit einiger Zeit kann Auguste Könicke nicht mehr gemeinsam mit ihrem Mann auf den Markt fahren, seit Jahren plagen sie starke Schmerzen in den Beinen. So stark, dass sie

nicht mehr richtig laufen kann, sich nur noch mit dem Stock fort-
bewegt und starke Schmerzmittel einnehmen muss. Das zunächst
verschriebene Morphium hat sie allerdings immer so benommen
und abwesend gemacht. Das ist auch ihrer Familie aufgefallen.
Jetzt vertraut sie lieber auf Gelonida-Tabletten, da bleibt der Ver-
stand klar.

Auguste und Hermann haben einen Traum: Die beiden älteren Herrschaften wollen sich für ihren Lebensabend außerhalb
der trubeligen Metropole ein Grundstück kaufen und ein kleines
Häuschen bauen. Nach einem Leben voller Arbeit möchten sich
die Könickes aufs Land zurückziehen, um künftig dort zu leben,
wo ihre schönen Äpfel wachsen.

Für diesen Traum sparen sie schon seit Jahren. Resolute Ver-
walterin des Geldes ist Auguste. Sie zählt die Ersparnisse, ver-
wahrt sie, und wenn nach langer Zeit wieder mal ein Tausender
voll ist, berichtet sie davon stolz Mann und Sohn. Viertausend
Mark sollen es im Oktober 1932 schon sein. Hermann Könicke hat
inzwischen damit begonnen, sich nach passenden Grundstücken
zu erkundigen.

Im größten Raum ihrer kleinen Wohnung, einem kombinierten
Schlaf- und Wohnzimmer, genannt Stube, befindet sich ein dunk-
ler, hölzerner Schreibtisch. Ein gerahmtes Foto der drei Kinder
steht darauf, ein Kalender von der Post, eine große Vase mit frischen Blumen und einige Nippessachen. Vor allem aber hortet
Auguste Könicke in diesem Schreibtisch den Familienschatz, aufbewahrt in einer der sechs kleinen, abschließbaren Schubladen.
In der mittleren links, da sind die viertausend Mark verschlossen.
Den einzigen Schlüssel zu der Schublade trägt die alte Dame
immer bei sich – in der eingenähten Tasche ihrer Kittelschürze.

Wenn sie an ihre Geld-Schublade geht, zieht sie vorher die Gar-
dine am einzigen Fenster des Zimmers zu. Niemand soll sie vom
Hof aus beobachten können und dabei vielleicht zufällig entdecken, dass in der unscheinbaren Obsthändler-Wohnung ein klei-

nes Vermögen versteckt ist. Doch all ihre Vorsichtsmaßnahmen werden sich als nutzlos erweisen.

Als Vater und Sohn Könicke am 22. Oktober 1932, einem Samstag, mittags von ihrem Marktstand nach Hause kommen, reagiert Auguste nicht auf ihr Rufen. Die beiden Männer haben keinen Schlüssel dabei, Auguste öffnet ihnen sonst immer die Tür. Doch das Küchenfenster ist geöffnet, und so steigt Walter in die Wohnung. Der junge Mann findet seine Mutter regungslos auf seinem Bett liegend vor. Sie ist gefesselt, jemand hat ihr Walters Kopfkissen aufs Gesicht gebunden. Walter reißt seiner Mutter das Kissen vom Kopf, doch es ist längst zu spät: Entsetzt bemerkt er die halb offenen, toten Augen seiner Mutter.

Die alte Frau hat anscheinend keine Luft mehr bekommen und ist erstickt. Im ihrem Mund steckt ein Knebel – es ist ein Taschentuch mit Blutspuren daran und eingesticktem Monogramm. Außerdem befindet sich an dem Stoffstück noch ein kleines Wäschezeichen von einer Reinigung. Dieses Taschentuch wird später bei der Lösung des Falls eine besondere Rolle spielen.

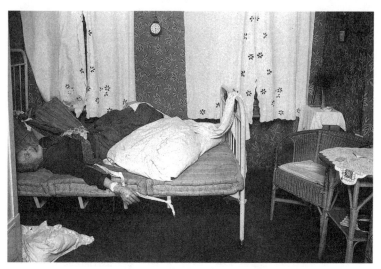

Die ermordete Auguste Könicke auf ihrem Bett

In der Stube, in der der Schreibtisch steht, ist die mittlere linke Schublade aufgeschlossen und herausgezogen. Nicht eine Mark liegt mehr darin. Der oder die Täter haben offenbar genau gewusst, was sie in der Könicke-Wohnung wo suchen müssen.

Als die Kriminalpolizei mit dem Mordauto eintrifft, steht der Ehemann offenbar unter Schock. Seine Vernehmung wird zunächst verschoben. Bei der Begutachtung des Tatorts stellen die Ermittler fest, dass es keine Einbruchsspuren gibt. Die Wohnungstür und die übrigen Fenster sind intakt. Frau Könicke muss dem oder den Tätern also selbst die Tür geöffnet haben. Es ist auch nichts durchwühlt worden: Schränke, Kommoden, Schubladen – nichts deutet auf wahlloses Suchen hin.

Aber die einzig lohnende Schublade, die ist herausgezogen und liegt offen auf der Schreibtischplatte. Dass der gestohlene Inhalt der Schublade offensichtlich das Motiv für den Mord ist, ist den Familienmitgliedern sofort klar: Raubmord in Charlottenburg also, begangen an einer alten gebrechlichen Frau, am helllichten Tage.

In der Küche entdecken die Beamten auf dem Boden vor dem Ofen zwei künstliche Gebisshälften, daneben liegt eine Brille. Frau Könicke muss hier angegriffen worden sein, so heftig, dass ihr die Zähne aus dem Mund flogen und sie ihre Brille verlor. Alle Spuren werden markiert und fotografiert. Später zeichnet ein Spezialist einen detaillierten Grundriss der Wohnung.

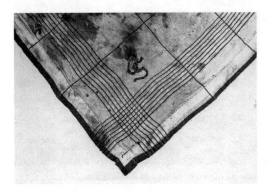

Das Taschentuch, das die Mörder als Knebel benutzten

Tatortfotos aus der Küche der Könickes, am Boden sind die Fundstellen des Gebisses markiert

Im Durchgang zum Hof finden die Beamten an einer matschigen Stelle einen deutlich ins Erdreich geprägten Schuhabdruck, offensichtlich von einem Herrenschuh. Vielleicht stammt er von einem der Täter, hinterlassen auf seinem Fluchtweg? Der Abdruck wird fotografiert und anschließend mit Gips ausgegossen, dieses 3D-Postitiv wird zu den Beweismitteln gefügt.

Nach der Tatortaufnahme können die Kriminalpolizisten ein paar Annahmen direkt vor Ort treffen: Der oder die Täter werden von der alten Dame eingelassen. Der oder die Täter sind in der Küche so gewaltsam auf ihr Opfer losgegangen, dass es Zähne und Brille verliert. Der oder die Täter kennen sich aus: Sie wissen, dass die Familie eine Menge Geld angespart hat – und sie wissen auch ganz genau, wo es versteckt ist.

Wer kommt also als möglicher Täter infrage? In erster Linie die Familie selbst, denn Mann und Sohn, aber auch die Töchter und ihre Ehemänner wissen sehr wahrscheinlich von dem Geldversteck. Sie alle werden vernommen, Sohn Walter noch direkt vor Ort in der elterlichen Wohnung.

Der junge Könicke hat vor Kurzem seine jahrelange Stellung als Taxifahrer verloren und gehört zum großen Heer der Arbeitslosen, wie mehrere Hunderttausend Menschen in Berlin zu dieser Zeit. Doch bei den Könickes wiegt das zum Glück nicht so schwer, denn der Sohn kann seinen Vater auf dem Markt unterstützen.

Bei seiner Vernehmung bringt Walter sofort seine ehemalige Freundin ins Gespräch, die 27-jährige Charlotte, genannt »Lotte«, Kleber. Mehrere Jahre habe sie mit Walter zusammen in der elterlichen Wohnung gewohnt, sie habe über das Bargeld im Schreibtisch Bescheid gewusst. In der Zeugenaussage, die Walter Könicke gegenüber der Polizei macht, ist sein Verdacht so protokolliert:

> »Lotte Kleber wohnte mehrere Jahre in meinem Elternhause und hatte somit vollauf Gelegenheit, die Gepflogenheiten meiner Mutter in der Verwaltung unserer Geldsachen zu beobachten. Sie wußte insbesondere, daß in den Schubfächern des Schreibtisches meine Ersparnisse und auch die meiner Eltern aufbewahrt wurden. Sie wußte ferner, daß meine Mutter diese Schubfächer stets unter Verschluß hielt und die Schlüssel stets mit sich führte.«

Nach Angaben ihres Exfreundes arbeitet Lotte als »Servierfräulein in verschiedenen Konditoreien und Kaffees«, abwechselnd in Tag- und Nachtschicht. Einen »liederlichen Lebenswandel« habe sie nicht geführt. Mit seiner Mutter aber habe sich Lotte nie gut verstanden, gibt Walter Könicke zu Protokoll:

> »Dagegen stand meine Mutter mit der Charlotte Kleber nicht in einem guten Verhältnis. Meine Mutter war der Ansicht, daß

das junge Mädchen nicht zu mir paßte. Sie versuchte auch, in diesem Sinne auf mich einzuwirken, daß ich von ihr abließ.«

Das schlechte Verhältnis zur Mutter soll auch der Grund für Lottes Auszug gewesen sein. Doch Walter vermutet, dass ein neuer Verehrer dahintergesteckt habe – ein Russe namens Alexander Tyschko, der zurzeit im Gefängnis sitze und als internationaler »Ringnepper« bekannt sei. Mit dieser Liebschaft habe sich Lotte dann nicht lange aufgehalten, aktuell wohne sie nach eigenen Angaben bei einem jüdischen Mann namens Isidor, der Teilhaber eines Kabaretts in Südamerika sei und in Deutschland gerade »waggonweise allerlei Waren aufkaufe«. Klingt ganz schön dick aufgetragen …

Auch die anderen Familienmitglieder können von Walters Exfreundin nichts Gutes berichten. Die deutlichsten Worte findet Emil Müller, von Beruf Kohlenhändler, einer der beiden Schwiegersöhne der Ermordeten. Der 49-Jährige gibt bei der Polizei zu Protokoll:

Lotte Kleber, die ehemalige Freundin von Walter Könicke

»Ich neige aber zu der Ansicht, daß eventuell die frühere Freundin meines Schwagers Walter, Fr. Lotte – unter diesem Namen kenne ich sie nur –, ihre Hand im Spiele haben kann. Diese Lotte war damals als Bardame im ›Kakadu‹, Kurf.Damm, tätig, außerdem in der ›Barbarina‹, Hardenbergstr., und später in einer Konditorei in der Potsdamer Straße. Lotte ist einmal in meiner Wohnung, Sybelstr. 66, gewesen, und ich muß sagen, daß sie keinen günstigen Eindruck auf mich gemacht hat. Es ist mir bekannt, daß Lotte einen Anhang hatte, der äußerst zweifelhafter Natur war. Ihr Benehmen war sehr frei, beinahe ordinär.«

Eine Bardame mit lockeren Sitten und zweifelhaftem bis kriminellem Umgang, so wird Walters ehemalige Herzensdame beschrieben. Dieses Bild von Charlotte Kleber tritt nach jeder der kriminalpolizeilichen Vernehmungen deutlicher zutage. Und sie weiß, dass bei der Obsthändlerfamilie ein paar Tausender zu holen sind – und dass man dafür »nur« eine alte, kranke Frau überwältigen muss.

Während die Polizei bereits nach Lotte sucht, meldet sich ein Hinweisgeber bei der Mordinspektion, der unbedingt anonym bleiben möchte. Es ist ein Ringbruder, vom Ringverein »Felsenfest«. Er möchte gerne einen Bruder melden, der gegen die angeblich eherne Regel verstoßen hat, keinen (Raub-)Mord zu begehen. Denn das habe ein gewisser Friedrich Mann (29) getan – er habe die alte Obsthändlerin in Charlottenburg auf dem Gewissen. Unterstützung habe er dabei von einem weiteren, unwürdigen Ringbruder erfahren, einem gewissen Alfred Schulz (28). Das möchte der Herr der Kripo gerne anonym zur Kenntnis geben.

Die beiden genannten Männer sind bei der Polizei keine Unbekannten. Beide haben bereits mehrere jahrelange Haftstrafen wegen Eigentumsdelikten verbüßt. Und die beiden sind schon zusammen zur Schule gegangen. Im Gefängnis Tegel treffen sie

Friedrich Mann, der Mörder
von Auguste Könicke

sich nach Jahren wieder und teilen sich eine Zelle. Nach ihrer Entlassung aus dem Knast werden sie gemeinsam Mitglieder im Ringverein »Felsenfest«, in dessen Vereinsräumen sie sich täglich treffen.

Doch einer »ehrlichen« Arbeit nachzugehen und damit ihren Lebensunterhalt zu verdienen gelingt Mann und Schulz nicht. Insbesondere Mann häuft Schulden an. Er leiht sich Geld vom Ringverein. Diese Schulden belasten ihn, sind sie doch »Ehrenschulden« – wenn man diese nicht begleicht, wird man aus dem Verein ausgeschlossen. Für Mann ist das offenbar eine schreckliche Vorstellung. Und so beginnt er, gemeinsam mit seinem Freund zu besprechen, »wie man sich durch Einbrüche Existenzmittel verschaffen könnte«. So wird es Alfred Schulz später in seiner polizeilichen Vernehmung formulieren.

Letzter Termin für die Rückzahlung von Friedrich Manns Schulden an den Ringverein ist der 24. Oktober 1932. Wenn er das Geld bis dahin nicht aufgebracht habe, wolle er sich eine Kugel in den Kopf jagen, so Mann zu Schulz – das sei immer noch besser, als aus der Kriminellengilde ausgestoßen zu werden.

Doch dann bekommt Friedrich Mann einen Tipp: Es gebe da eine Familie mit Geld. Der Hinweis stammt von einer reizenden jungen Dame, die Mann nach seinem letzten Knastaufenthalt im Milieu kennengelernt hat und mit der er offensichtlich ein Liebesverhältnis beginnt. Wer diese junge Dame ist? Natürlich Charlotte Kleber. Die Familienmitglieder der ermordeten Auguste Könicke haben vollkommen zu Recht angenommen, dass sie mit dem Raubmord in Verbindung steht.

Charlotte berichtet ihrem neuen Freund, sie kenne die häuslichen Verhältnisse bei Könickes genau. Vater und Sohn gingen am Samstag früh gemeinsam zu ihrem Stand auf dem Winterfeldplatz, und die alte Frau bliebe allein in der Wohnung. Gegen halb acht, acht Uhr morgens hole sie die Milch, und das Geld liege im Schreibtisch. Die Frau sei vertrauensselig und verschließe die Tür nicht.

Die Täter beobachten daraufhin zwei Tage das Kommen und Gehen in der Wohnung der Könickes. Auguste ist inzwischen so schlecht zu Fuß, dass sie die Wohnung nicht mehr morgens zum Milchholen verlässt, wie noch zu Charlottes Zeiten. Ein Einbruch in ihrer Abwesenheit scheidet damit aus.

Also überlegen die beiden Ringbrüder, unter einem Vorwand von ihr eingelassen zu werden. Am Morgen des Samstag, des 22. Oktober 1932, klopfen sie an die Wohnungstür und bieten einen Lieferwagen zum Kauf an. Ein Schuss ins Blaue, doch er trifft: Die Könickes überlegen tatsächlich einen solchen Erwerb, die alte Dame bittet ihre Mörder nichtsahnend herein.

Nach Aussage von Alfred Schulz ringt Friedrich Mann die alte Frau in der Küche von hinten auf den Boden nieder, dabei muss ihr das Gebiss herausgefallen sein und sie ihre Brille verloren haben. Während Mann die schreiende und um ihr Leben kämpfende Frau auf dem Küchenfußboden fixiert, zerreißt Schulz im Zimmer des Sohnes nebenan das Bettlaken. Mit den Stoffstreifen fesseln sie ihr Opfer auf dem Bett. Ihre Schreie dämpfen sie mit einem Knebel, dazu dient das Taschentuch von Mann. Dabei sieht Auguste Könicke Friedrich Mann direkt in die Augen. Das hat ihn wohl stark erschüttert – denn sie habe ihn angesehen »wie seine Mutter«, wird er später aussagen.

Den Schlüssel zum Schubfach müssen ihr die Täter dann aus der Kittelschürze genommen haben. Damit schließen sie die Schublade auf und nehmen ihre Beute an sich. Entweder vor oder nach der Entnahme des Geldes binden sie Auguste Könicke noch das Kopfkissen des Sohnes mithilfe von Stoffstreifen fest vors Gesicht. So fest, dass die alte Frau erstickt.

Hastig verlassen die beiden Männer die Wohnung und laufen bis zum Wittenbergplatz. Unterwegs merkt Schulz, dass seine Lederhandschuhe nass vom Speichel ihres Opfers sind. Zudem fehlt an einem der Riegel. Aus Angst, dass der fehlende Riegel unter Umständen ein Beweismittel sein könne, wirft er die Handschuhe in einen Papierkorb.

Ab da hätten sie sich Tag und Nacht herumgetrieben und gezecht, angeblich um ihr Gewissen zu betäuben, so Schulz in seiner Aussage. Auch mit Frauen habe er einen Teil des von den Obsthändlern ersparten Geldes durchgebracht. Gut eine Woche nach dem Mord ist fast alles von ihrer Beute verprasst. Das für einen bescheidenen Altersruhesitz mit Apfelbaum zurückgelegte Geld landet in Kneipen, bei Prostituierten und wird in neue Kleidung investiert.

Als die Polizei nach dem anonymen Hinweis des Ringbruders von »Felsenfest« zunächst Friedrich Mann verhaftet, stellen die Beamten fest, dass sich unten in dem Haus, in dem er wohnt, eine Reinigung befindet. Die Nachfrage der Beamten dort bestätigt: Das als Knebel benutzte Taschentuch, das bei der toten Frau Könicke im Mund steckte, ist mit einer Wäschemarke genau dieser Reinigung versehen. Nun sind sich die Kripobeamten sicher, dass der Ganovenhinweis sie zu den Richtigen geführt hat. Mann belastet bei seiner Vernehmung seinen Freund und Komplizen

Alfred Schulz zusätzlich, der dann nach anfänglichem Leugnen ebenfalls ein Geständnis ablegt.

Die Frau, die Friedrich Mann den todbringenden Tipp gegeben hat, ist zunächst nicht aufzufinden – Charlotte Kleber ist bei ihrem neuen Freund in Paris. Was mit ihr geschieht, steht leider nicht in den Akten.

Als Friedrich Mann und Alfred Schulz der Prozess gemacht wird, sind bereits die Nationalsozialisten an der Macht. Im Juli 1933 werden die beiden Männer zum Tode verurteilt. Vollstreckt wird die Strafe im März 1934 im Gefängnis Plötzensee.

AUFSTIEG DER NATIONALSOZIALISTEN:
DIE SA ENTFESSELT DEN STRASSENTERROR

Gegen Ende der zwanziger Jahre weiß jeder Berliner, wer die
»Braunhemden« sind: Es sind die im wahrsten Sinne des Wortes schlagkräftigen, uniformierten Männer der SA, der »Sturmabteilung« der Nationalsozialisten, die – immer in größeren Gruppen auftretend – im öffentlichen Raum für Radau und Randale
sorgen. Die Männer fungieren als Hitlers Parteiarmee und unterstehen in Berlin Gauleiter Goebbels.

Durch ihre bewusst militärisch anmutende Einheitskleidung
sind die SA-Männer für jeden sofort identifizierbar. Ihre Uniform
besteht aus braunen Hemden und Hosen, Schirmmütze mit Sturm-
riemen, Schaftstiefeln, Koppel und Schulterriemen sowie einer
Armbinde mit Hakenkreuz. Die Männer sind meist jung, sport-
lich und wehrtechnisch trainiert. Sie skandieren nicht unbedingt
Parolen, ihre Sprache ist vielmehr die körperliche Gewalt.

Der einzelne SA-Mann ist fast gesichtslos. Es ist die Rotte
aus vielen energisch blickenden Gesichtern, die ihre bedrohliche

Wirkung entfaltet. Genau diese Wirkung wollen die SA-Männer erzeugen: Sie wollen die Hoheit über die Straße. Jeder, der die Trupps auf Straßen und Plätzen oder bei Veranstaltungen sieht, begreift das sofort. Besser, man geht ihnen aus dem Weg.

Wo immer die Braunhemden-Verbände auftauchen, verbreiten sie Angst und Schrecken. Blitzschnell können die kampferprobten Männer losschlagen und den jeweiligen Ort gezielt in ein Schlachtfeld verwandeln. Verletzte, Schwerstverletzte und auch Tote werden dabei bewusst in Kauf genommen.

Für den Gauleiter der NSDAP in Berlin, Joseph Goebbels, ist die SA ein hilfreiches Instrument zur Eroberung der Stadt. Dabei ist aus seiner Sicht alles erlaubt: »Die Propaganda hat an sich keine eigene grundsätzliche Methode. Sie hat nur ein Ziel: und zwar heißt dieses Ziel in der Politik immer: Eroberung der Masse. Jedes Mittel, das diesem Ziel dient, ist gut.« Hunderte Menschen werden durch SA-Angriffe bis zur Machtübernahme der Nationalsozialisten 1933 verletzt, Dutzende verlieren ihr Leben. Hauptziele der SA-Attacken sind Kommunisten, Juden und der Polizeivizepräsident Berlins, Bernhard Weiß.

Der Mann fürs Grobe, der Goebbels' Konfrontationspolitik in die Tat umsetzt, ist SA-Führer Kurt Daluege. Daluege hat als 19-Jähriger während des Ersten Weltkriegs 1916 sein Notabitur abgelegt und sich gleich im Anschluss freiwillig an die Front gemeldet. Beim Einsatz an der berüchtigten Westfront wird er mehrfach verwundet und 1918 als Vizefeldwebel und Offiziersanwärter aus dem Kriegsdienst entlassen.

Als 21-Jähriger kennt Kurt Daluege vom Leben nur die Schulzeit – und den Krieg. Bereits 1922 tritt er in die noch unbedeutende NSDAP ein und unterstützt Hitler 1923 bei dessen Putschversuch in München. Mit seiner straffen Führung der SA in Berlin erwirbt er sich aus Sicht von Hitler und Goebbels große Verdienste um die Eroberung der Stadt durch die Nationalsozialisten. 1936 werden sein Einsatz und sein bedingungsloser Gehorsam belohnt: Daluege steigt auf zum »Chef der Deutschen Ordnungspolizei«, damit untersteht ihm die gesamte uniformierte Polizei des Deutschen Reiches.

Zehn Jahre zuvor, im November 1926, orchestriert er zusammen mit Goebbels einen provozierenden SA-Marsch durch das »rote« Neukölln. Das ist der Auftakt zu ungezählten weiteren Veranstaltungen, die immer nach dem gleichen Muster verlaufen: Erst wird der Gegner provoziert, dann verprügelt. Im Januar 1927 hält die NSDAP eine Versammlung in der kommunistischen Hochburg Spandau ab, Goebbels doziert in der Höhle des Löwen angeblich zwei Stunden lang über Sozialismus, wie der Historiker Detlef Rilling schreibt. Als dann ein kommunistischer Redner das Wort ergreifen will, vermeldet Goebbels einen angeblichen Messerangriff auf zwei Nationalsozialisten, die sich auf dem Heimweg befunden hätten. Der Kommunist kommt nun nicht mehr zu Wort, sofort stürzen sich SA-Männer prügelnd auf ihn. Im Nu brechen im Saal Tumulte aus, die anwesenden kommunistischen Funktionäre werden brutal zusammengeschlagen. Die 500 Besucher der Veranstaltung werden Zeuge von Goebbels'

Kurt Daluege steigt 1936 über SA und SS zum »Chef der Ordnungspolizei« auf.

rhetorischer und taktischer Überlegenheit – und der Machtlosigkeit der schlecht vorbereiteten Roten.

Im Februar 1927 legt Goebbels noch einen drauf. Er sucht sich für seine Reden als Veranstaltungsort ausgerechnet die Pharus-Säle im roten Wedding aus, in denen sich sonst die Kommunisten versammeln. Den »Saalschutz« hat Kurt Daluege mit 300 ausgesuchten SA-Leuten organisiert, die strategisch klug für die anschließende unvermeidliche Saalschlacht postiert werden.

Ein Zeitzeuge der tumultartigen Szenen wird vom Historiker Bernhard Sauer mit diesen Worten zitiert: »Stühle zerkrachten, von den Tischen wurden die Beine ausgerissen, aufgesammelte Gläser- und Flaschenbatterien waren in Sekunden geschützartig auf den Tischen aufgeprotzt und dann gings los. (…) Gläser, Flaschen, Tisch- und Stuhlbeine sausen wahl- und ziellos durch die Luft.« Auf der Tribüne im hinteren Teil der Pharus-Säle warten bereits SA-Männer auf ihren Kampfeinsatz. Unterhalb von ihnen stehen Dutzende Kommunisten, und so packen sie »die dort stehenden gußeisernen Tische samt ihren schweren Marmorplatten und lassen sie über die Brüstung – BreitSeite natürlich zuerst – auf die Köpfe der dichtgedrängten Roten fallen«. Die zentnerschweren Wurfgeschosse von oben lassen den Männern unten keine Chance. Die Veranstaltung endet mit unzähligen Verletzten und etlichen Schwerverletzten.

Am 20. März 1927 folgt die nächste blutige SA-Attacke. Nach einem Nazi-Treffen mit Reden von Goebbels und Daluege in Trebbin, vor den Toren Berlins, reisen mehrere Hundert propagandistisch aufgestachelte SA-Leute am Sonntagnachmittag mit dem Zug zurück in die Stadt. In einem Abteil stoßen sie auf eine Kapelle des Roten Frontkämpfer-Bundes, dem Erzfeind der Braunhemden. Die 23 Kommunisten, die hoffnungslos in der Unterzahl sind, werden noch während der Fahrt angegriffen, am Bahnhof Lichterfelde-Ost wartet dann bereits eine nationalsozialistische Hundertschaft auf die »Roten«.

Die Polizei ist zwar alarmiert und mit einem Überfallkommando vor Ort, aber sie greift nicht ein, weil sie mit ihren paar Einsatzkräften gegen mehrere Hundert aufgepeitschte und bewaffnete Nazi-Schergen von vorneherein nicht den Hauch einer Chance hätte. So bleibt der Staatsmacht nur die schwache und unwürdige Rolle der Protokollantin. Auszug aus dem Polizeibericht: »Unter Einsetzung eines heftigen Revolverfeuers und mit lanzenähnlichen, eisernen Fahnenstangen droschen die Nationalsozialisten auf die Kommunisten ein, wobei etwa 9 Leichtverletzte und 5 Schwerverletzte vom Kampfplatz fortgeschafft wurden.« Das Gesicht des kommunistischen Landtagsabgeordneten Paul Hoffmann wird nur noch als »unförmige blutige Masse« beschrieben. Bei drei Männern sind die Verletzungen so schwerwiegend, dass sie die SA-Attacke nicht überleben werden. Der Waggon, in dem die Kommunisten saßen, ist von Pistolenschüssen durchlöchert und fast völlig zertrümmert.

Inzwischen stehen auch Hunderte Schaulustige am Bahnhof. Auch Goebbels trifft mit dem Auto am Ort des Geschehens ein und pfeift seine Männer heuchlerisch zurück. Die SA-Männer formieren sich und marschieren über Steglitz zur Abschlusskundgebung auf dem Wittenbergplatz. Unterwegs knüppeln sie jüdisch aussehende Passanten mit Stöcken und Fäusten nieder. Dazu hat Goebbels sie vorher angestachelt.

Innerhalb von fünf Monaten leistet sich die NSDAP in Berlin also vier massive, gewalttätige Übergriffe ihrer »Sturmabteilung«, vier Mal geplante und damit vorsätzliche Randale, mit vielen Verletzten und drei Toten. Zwar wird Gauleiter Goebbels anschließend immerhin ins Polizeipräsidium zitiert, doch mehr als eine Verwarnung, dass die NSDAP beim nächsten Mal verboten werde, kommt dabei nicht heraus. All die bereits begangenen schweren Verbrechen werden nicht geahndet. Die Ordnungsmacht der Weimarer Republik zeigt sich an dieser Stelle erschütternd schwach.

Als kurz darauf, im Mai 1927, auf einer NS-Versammlung der

Pfarrer Fritz Stucke brutal zusammengeschlagen wird, reicht es dem preußischen Innenminister Albert Grzesinski (SPD). Er will dem gewalttätigen Nazi-Mob Einhalt gebieten und weist seinen Parteigenossen, Berlins Polizeipräsidenten Karl Zörgiebel, an, die NSDAP zu verbieten. Damit soll auch verhindert werden, dass das Ansehen der Polizei noch weiter beschädigt wird. Die NS-Parteizentrale wird durchsucht und versiegelt. Goebbels erhält ein Redeverbot auf öffentlichen Veranstaltungen. Wenn er dagegen verstößt, drohen ihm Zwangsstrafen oder Haft.

Die NSDAP geht in Berlin vorerst in den Untergrund, Goebbels wird von der Politischen Polizei überwacht. Veranstaltungen mit der SA finden nun außerhalb der Stadtgrenzen statt. Um aber nicht aus dem öffentlichen Gedächtnis zu verschwinden, finden SA-Krawalle ab jetzt verstärkt auf der Prachtstraße Kurfürstendamm statt.

Am Parteitag der NSDAP 1927 in Nürnberg, Hitlers jährlicher Heerschau, nimmt auch die verbotene Berliner Sektion teil. Allerdings können sich die SA-Leute ihre Braunhemden erst hinter der Stadtgrenze anziehen. Auf dem Rückweg fischt die Berliner Polizei in Teltow Hunderte Nazis aus den vollbesetzten Zügen. Die Männer werden vorläufig festgenommen und in Lastwagen zur Vernehmung ins Polizeipräsidium gekarrt. Die Beamten nutzen die Gelegenheit, um genaue Angaben über die Rechten zu sammeln – wie die SA organisiert ist, wer welchen Rang hat.

Im Mai 1928 stehen die Reichstagswahl und die Wahlen zum Preußischen Landtag an. Zwei Monate zuvor hebt das Polizeipräsidium das NSDAP-Verbot wieder auf – um der Partei zu ermöglichen, die Wahlen ungehindert vorzubereiten, wie es zur Begründung heißt. Diese als demokratisch verstandene Toleranz erweist sich als folgenschwerer Fehler.

Auch während des kurzzeitigen Verbots der NSDAP bleibt die SA das Rückgrat der Berliner Nazis. Die Truppe reagiert flexibel auf die veränderten Umstände und organisiert sich neu. »Sturmlokale« werden gegründet, in denen sich die Männer täglich treffen können – zum gemeinsamen Trinken, mit Kameraden, als Ersatzfamilie. Das schweißt die Stürme zusammen.

Die meisten der Männer haben ihre Jugend während des Krieges verbracht. Viele von ihnen sind arbeitslos und haben keinerlei positive Zukunftsaussichten. In den Sturmlokalen werden zunächst ihre Grundbedürfnisse versorgt: Sie bekommen etwas zu essen – es gibt fast jeden Tag warme Suppe – und Kleidung – die SA-Uniform, inklusive Lederstiefel. Obdachlosen SA-Leuten wird auch Unterkunft in SA-Heimen angeboten. Dort werden die Männer militärisch gedrillt, aus ihnen werden Straßenkämpfer geformt. Sie alle finden in der SA Anerkennung, Gemeinschaft, Unterstützung und eine Beschäftigung, eine Aufgabe: gemeinsam für den Nationalsozialismus zu kämpfen. Das Sturmlokal und die Gemeinschaft der SA-Männer werden zum wesentlichen Bestandteil ihres Lebens.

Für all die Wohltaten und die Fürsorge in der SA, vom Essen über die Uniform bis zum Dach überm Kopf – und nicht zuletzt die Anerkennung und Wertschätzung –, müssen die Männer neben geringen Geldzahlungen nur eine einzige Gegenleistung erbringen: Sie müssen sich bedingungslos den SA-Oberen unterordnen, das heißt deren Befehle ausführen und treu ergeben für deren Ziele kämpfen.

Die Berliner SA-Männer haben ein eigenes Lied, das sie gern und oft singen – der kurze Text beschreibt Selbstverständnis, Haltung und Auftrag der braunen Truppen auf den Punkt:

»Im Arbeitsschweiß die Stirne
den Magen hungerleer:
Die Hand voll Ruß und Schwielen
umspannt das Gewehr.
So stehen die Sturmkolonnen
zum Rassenkampf bereit.
Erst wenn die Juden bluten
erst dann sind wir befreit.«

Als 1929 die Weltwirtschaftskrise einsetzt und binnen kurzer Zeit zur Massenarbeitslosigkeit führt, verdingen sich immer mehr junge Männer bei der SA. Tausende sind es inzwischen, die sich dem sozialfürsorglichen NS-Militarismus anschließen. Vor dem Hintergrund der wirtschaftlich katastrophal schlechten Lage propagiert Goebbels seine ganz eigene Erklärung: Die jüdischen »Börsenhyänen« seien schuld am deutschen Elend, sie bereicherten sich auf Kosten der Arbeiter.

Angeführt werden die Sturmlokale von »SA-Sturmführern«, die in der Regel aus paramilitärischen Wehrverbänden kommen. Die Sturmlokale gelten unter den SA-Männern als »Vorposten im Bürgerkrieg«. Ende 1931 existieren im gesamten Stadtgebiet nach Polizeiangaben bereits deutlich über 100 solcher organisierten Clubs, in denen Nazis trinken und ihre Gewaltorgien planen. Gerne siedeln sie sich in den Arbeiterkiezen in der Nähe von KPD-Lokalen an, um die dortige Hausmacht der Kommunisten zu brechen und Anhänger auf ihre Seite zu ziehen.

In den SA-Sturmlokalen sind die Unterbringung und Verpflegung besser als bei den Kommunisten, wie Polizeihistoriker Harold Selowski schreibt. Die etwa 300 Kneipen in den von der KPD und dem Rotfrontkämpferbund dominierten Kiezen werden von sowjetischen Zuwendungen unterhalten, sind aber wohl nicht ganz so üppig ausgestattet wie die der Nazis. Und so wechseln im Laufe des Jahres 1932 eine ganze Reihe von Stürmen der Kommunisten zur SA. Die Berliner nennen sie »Bulettenstürme« – »außen braun, innen rot«.

Anfang der dreißiger Jahre greift die Arbeitslosigkeit in Berlin immer weiter um sich, 1932 sind in der Viermillionenstadt 600 000 Menschen ohne Beschäftigung. Die zunehmende wirtschaftliche Not führt zu einer Radikalisierung der Bevölkerung und treibt den Nationalsozialisten die Wähler in die Arme. 1930 gelingt ihnen der politische Durchbruch bei den Reichstagswahlen: Die NSDAP holt 18,3 Prozent, reichsweit. Zwei Jahre zuvor war die Partei nur auf klägliche 2,6 Prozent gekommen. Nun verneunfacht sich die Zahl ihrer Mandate im Reichstag: von 12 auf 107.

In der Zeit von 1930 bis 1932 nehmen die Auseinandersetzungen zwischen linken und rechten Extremisten in Berlin Formen von Bürgerkriegsunruhen und Straßenterror an. Jeden Monat nimmt die Berliner Polizei jetzt zwischen 600 und 1000 Menschen wegen politischer Straftaten fest, Gewalt bis hin zum Mord bestimmt die tägliche Lage.

Zwischen Mai 1930 und November 1932 listet das Berliner Polizeipräsidium, Abteilung Staatsschutz, 29 politische Tötungsdelikte auf – zwölf Kommunisten werden getötet, sechs Nazis, vier Polizisten, vier Parteilose, zwei Sozialdemokraten, ein Stahlhelm-Anhänger. In 13 Fällen sind Kommunisten die Täter, neun Mal werden Nationalsozialisten ermittelt.

Vor allem Goebbels und seine SA-Stürme verstehen es, sich in das politische Bewusstsein der Berliner hineinzurandalieren, wie es Polizeihistoriker Harald Selowski formuliert. Auf ihr Konto gehen ungezählte Schlägereien, gezielte Überfälle unter Waffengewalt, Schaufensterbrüche bei jüdischen Geschäften und Kaufhäusern sowie Angriffe auf jüdische Studenten an der Berliner Universität. Auf dem Kurfürstendamm prügeln SA-Trupps regelmäßig auf Menschen ein, die ihrer Ansicht nach jüdisch aussehen.

Der preußische Innenminister Carl Severing (SPD) erkennt die immense Gefahr für den Staat, die von den Extremisten ausgeht. Unter der Überschrift »Scharfer Kurs gegen Putschisten« erklärt er im November 1930 bei einer Rede im Berliner Polizeipräsidium die bedeutende Rolle, die die Beamten bei der Sicherung des Staates übernehmen müssen. Sie sollen hart durchgreifen:

»Jeder wirtschaftliche Niedergang birgt nicht nur wirtschaftliche Not, sondern vermehrt das Verbrechertum und in unserer Zeit auch die Gruppen der unzufriedenen Personen, die glauben, nicht auf dem verfassungsmäßig vorgesehenen Wege, sondern mit Gewalt ihre Ziele erreichen zu können. Diese Vermehrung der Verbrecher und Putschisten bringt uns erhöhte und komplizierte Aufgaben. (…) Aber die Aufmerksamkeit und Stoßkraft der Polizei wird sich gegen alle diejenigen richten, die nicht mit verfassungsmäßigen Mitteln, sondern unter Gewaltanwendung ihre Ziele erstreben. Diese Elemente sollen allerdings scharf angepackt werden, und die Schärfe wollen wir nicht in Zeitungsartikeln und Versammlungsreden bekannt geben, sondern wir wollen durch die Praxis erweisen, daß wir nicht gesonnen und in der Lage sind, uns den Terror auf der Straße gefallen zu lassen, und mit scharfen Mitteln wollen wir diese Störenfriede der öffentlichen Ordnung bekämpfen.«

Die Berliner Polizei steht vor einer gewaltigen Aufgabe, vor allem bei der Abwehr des Terrors von rechts. Denn Gauleiter Goebbels will mithilfe der SA gezielt Chaos schaffen, um daraus politisches Kapital zu schlagen. Sein Ziel heißt »Destabilisierung der inneren Sicherheit«.

Anfang 1932 bekommt die Polizei Wind davon, dass SA-Stürme angeblich einen Staatsstreich vorbereiten. Daraufhin werden mehrere NS-Geschäftsbüros durchsucht. Es finden sich Schriftstücke, die tatsächlich darauf hindeuten, dass Vorbereitungen für einen Angriff auf den Staat getroffen wurden. Das belastende Material löst bei den verantwortlichen Innenministern aller Länder und im Reich große Sorge aus.

Es scheint, als wachten die Verantwortlichen endlich auf. Mit der »Verordnung des Reichspräsidenten zur Sicherung der Staatsautorität« vom 13. April 1932 beginnt der Staat, sich gegen die Nazis und ihre Schlägertrupps von SA und SS zu wehren. Konkret bedeutet der Erlass die Auflösung für »sämtliche militärähnliche Organisationen der Nationalsozialistischen Deutschen Arbeiterpartei«. Zu diesem Zeitpunkt sind bereits 400 000 Mann im gesamten Reichsgebiet Mitglied bei SA oder SS. In Berlin durchsucht die Polizei in zwei Großrazzien die weit über 100 SA-Heime und Sturmlokale, dazu die Wohnung des SA-Führers Wolf-Heinrich von Helldorff.

Doch das Verbot ist nur von kurzer Dauer. Nur zwei Monate und drei Tage später werden die Parteiarmeen der Nazis per Notverordnung von Reichspräsident Hindenburg wieder legalisiert. Die ultrakonservativen Kräfte im Reichstag wollen ihrer Präsidialregierung unter Reichskanzler Franz von Papen die Unterstützung der NSDAP-Abgeordneten sichern. Die Aufhebung des Verbots ist ein politisches Entgegenkommen.

Wie befreit schlägt die SA jetzt nicht nur in Berlin, sondern in vielen deutschen Städten zu. Schwere Zusammenstöße und Gewalttaten werden vor allem an Kommunisten verübt. 300 Tote und 1200 Verletzte sind die Bilanz des blutigen Straßenterrors im gesamten Reichsgebiet nach weiteren zwei Monaten.

Waffenappell der SA, die in Berlin als Hilfspolizei eingesetzt wird (1933)

Die Opfer dieser bürgerkriegsähnlichen Zustände werden sofort von der einen oder anderen Seite politisch vereinnahmt. Wird in Berlin ein SA-Mann getötet, überlegt Goebbels, wie er das propagandistisch nutzen kann: Die Stilisierung zum »Märtyrer« hält er für ein gutes Mittel. Wie bizarr diese Propaganda ist, zeigt besonders der Fall Gatschke.

Herbert Gatschke ist Sanitätsmann beim besonders brutalen »Sturm 33«. Dieser Trupp trägt den Spitznamen »Mördersturm«, wegen der vielen brutalen Straftaten, die aus seinen Reihen begangen werden. Im August 1932 gerät der 40 Mann starke »Sturm 33« in heftige Auseinandersetzungen mit 25 Kommunisten. Es fallen Schüsse. Herbert Gatschke wird dabei tödlich getroffen, und zwar von den eigenen blindlings feuernden SA-Kameraden, wie später gerichtsmedizinisch festgestellt wird. Das hält die Nationalsozialisten trotzdem nicht davon ab, Gatschke zum Märtyrer zu erklären, angeblich gemeuchelt vom »roten Mordgesindel«. An Gatschkes Beerdigung in Neukölln nimmt neben Gauleiter Goebbels auch Hitler selbst teil. Eine Standarte mit Hakenkreuz und der Aufschrift »Deutschland erwache« wird hinter dem »Führer« platziert.

Die Polizei in Berlin gerät immer wieder zwischen die extremistischen Fronten. Angesichts der vielen Toten und zahlreichen Verletzten beginnen viele Bürger, an der Durchsetzungskraft der Staatsmacht zweifeln. Das Einsatzkonzept der Berliner Polizei wird kritisiert, den Beamten wird teilweise sogar die Schuld dafür gegeben, wenn Demonstrationen in Gewalt eskalieren. Warum gelingt es den Einsatzkräften nicht, die bürgerkriegsartigen Ausschreitungen zu stoppen?

Auch viele Polizisten verzweifeln zunehmend an der unhaltbaren Situation. Aufgrund der explosiven Lage haben die Beamten seit Jahren eine sehr hohe Arbeitsbelastung, Hunderte Polizisten haben Zigtausend Überstunden geleistet. Ab Mitte 1932 beginnen viele von ihnen zunehmend zu resignieren, wie der Polizeihistoriker

Harold Selowski beschreibt. Das Ergebnis ist, dass die Schupos bei Auseinandersetzungen zwischen extremen Rechten und Linken »das Entschließungsermessen zum Einschreiten abwogen, bis sich die polizeiliche Gefahr mit dem Schadenseintritt verwirklicht hatte«. Was nichts anderes bedeutet, als dass sich die Polizisten nicht mehr zwischen die kämpfenden Kontrahenten werfen, sondern an der Seitenlinie abwarten, bis sich die verfeindeten Lager gegenseitig die Köpfe eingeschlagen haben. Menschlich ist diese Haltung zutiefst nachvollziehbar. Doch eine Polizei, die angesichts eskalierender Gewalt die Hände in den Schoß legt, schwächt den demokratischen Staat zusätzlich.

Und so geht der Plan von Gauleiter Goebbels, mit dem Terror auf der Straße die Masse zu erobern und mit der Masse dann den Staat, tatsächlich auf. Nachdem sie die Straßen Berlins sechs Jahre lang mit Gewalt überzogen haben, haben seine SA-Trupps die Nationalsozialisten bis auf die Zielgerade durchgeprügelt. Nach dem Zerbrechen der Großen Koalition legt die NSDAP bei der Reichstagswahl im Juli 1932 noch einmal deutlich zu und erreicht einen Stimmenanteil von 37,4 Prozent. Zwar sind bei den Wahlen im November 1932 leichte Verluste zu verzeichnen (33,1 Prozent), doch nach dem Scheitern der Regierung Schleicher wird Adolf Hitler, der selbst ernannte »Führer« der Nationalsozialisten, am 30. Januar 1933 zum Reichskanzler ernannt. Damit beginnt Deutschlands Weg in die totalitäre Diktatur.

DANKSAGUNG

Ein riesengrosses Dankeschön für die Entstehung dieses Buches gebührt dem Berliner Polizeihistoriker Harold Selowski. Jedes Kapitel hat der leidenschaftliche Mitbegründer der (unbedingt sehenswerten!) »Polizeihistorischen Sammlung Berlin« akribisch geprüft, viele wertvolle Hinweise geliefert und tiefe Insider-Einblicke in die Arbeit der Polizei in der Weimarer Zeit gewährt. Vor der Kamera habe ich Herrn Selowski bereits mehrfach als Experten für meine Filme interviewt, in dem vorliegenden Buch übernimmt er die Rolle eines Beraters. Sein geschichtliches Wissen ist absolut beeindruckend – und weil Harold Selowski ein besonders herzlicher und humorvoller Mensch ist, macht die Zusammenarbeit mit ihm großen Spaß. Selbst wenn man bis tief in die Nacht brütend vor seinem Manuskript am Schreibtisch sitzt, versprüht der Polizeihistoriker in seinen Mails stets gute Laune.

Harold Selowski ist Erster Polizeihauptkommissar i. R. Während seiner Dienstzeit war er lange Jahre für den Fachbereich

Politische Bildung als Ausbilder bei der Polizei und für die Fortbildung der gesamten Berliner Polizei verantwortlich. Für den »Kompass«, das Fachblatt der Berliner Polizei, und für die Zeitschrift »Der Polizeihistoriker« hat Harold Selowski selbst zahlreiche Artikel zur Polizeigeschichte geschrieben. Aus vielen davon zitiere ich in diesem Buch. Was für ein Glück für die Polizei, solch leidenschaftliche Menschen für ihre Aus- und Weiterbildung zu gewinnen!

Herzlich bedanken möchte ich mich auch bei meinem professionellen und engagierten Buch-Team, Karen Guddas von der DVA und den beiden SPIEGEL-Mitarbeiterinnen Angelika Mette und Antje Wallasch. Sie haben mich ganz wunderbar von Anfang bis Ende durch das Buchprojekt gelotst und dabei hervorragend unterstützt, mit vielen positiven Feedbacks. Danke schön!

Ein besonderer Dank geht an meinen Redaktionsleiter Michael Kloft, der mich für das Schreiben des Buches großzügig eine Zeitlang vom Filmemachen für SPIEGEL Geschichte freigestellt hat. Von Beginn an war Michael Kloft von der Idee dieses Buches genauso begeistert wie ich. Auch SPIEGEL TV-Chefredakteur Steffen Haug hat sofort zugestimmt. Vielen Dank an euch beide!

Bei uns zu Hause hing während der Schreibklausur ein unsichtbares »Bitte nicht stören«-Schild vor meinem Schreibtisch. Bis auf wichtige Fragen wie »Was gibt es zu essen?«, »Kannst du mich zu XY fahren?« oder »Hast du mein Französischbuch gesehen?« hat es gut geklappt mit dem Verständnis dafür, dass Mama gerade tief im Gedankentunnel steckt … Nein, Spaß!, meine Familie hat in der Schreibhochphase viel Verständnis für mich aufgebracht. Danke euch ganz lieb dafür.

Euch Vieren – und Mama, Victoria, Thorsten, Barbara, Friedrich, Ouldouz, Cärsten, Jasper und Kiana – widme ich dieses Buch.

Nathalie Boegel
Im Juli 2018

LITERATURVERZEICHNIS

Hedda Adlon, »Hotel Adlon. Das Berliner Hotel, in dem die große Welt zu Gast war«, München 1978.

Robert Beachy, »Das andere Berlin. Die Erfindung der Homosexualität: Eine deutsche Geschichte 1867-1933«, München 2015.

Hans G. Bentz, »Kriminaldirektor Türks schwerster Fall«, Gütersloh 1964.

Wolfgang Benz (Hg.), »Handbuch des Antisemitismus. Judenfeindschaft in Geschichte und Gegenwart«, Band 4 »Ereignisse, Dekrete, Kontroversen«, Berlin und Boston, Mass. 2011.

Peter Feraru, »Muskel-Adolf & Co. Die ›Ringvereine‹ und das organisierte Verbrechen in Berlin«, Berlin 1995.

Erich Frey, »Ich beantrage Freispruch. Aus den Erinnerungen des Strafverteidigers Prof. Dr. Dr. Erich Frey«, Hamburg 1959.

Mel Gordon, »Sündiges Berlin. Die zwanziger Jahre: Sex, Rausch, Untergang«, Wittlich 2011.

Wolfgang Heinrich, »Frauen waren mein Verhängnis. Das abenteuerliche Leben des Hochstaplers und Einbrechers Manfred Bastubbe nach seinen Bekenntnissen«, Berlin 1956.

Walter Kiaulehn, »Berlin. Schicksal einer Weltstadt«, München 1958.

Annika Klein, »Demokratie in Nöten. Der Sklarek-Skandal 1929«, Vortrag im Märkischen Museum Berlin vom 13. November 2015.

Uwe Klußmann, »Labor der Diktatur«, in: ders. und Joachim Mohr (Hg.), »Die Weimarer Republik. Deuschlands erste Demokratie«, München 2015.

Jens Lehmann, »Der ›Gentleman-Verbrecher‹ und die Strafjustiz: Karl Friedrich Bernotat vor den Gerichten der Weimarer Republik und des NS-Staates«, Berlin und Münster 2015.

Hsi-Huey Liang, »Die Berliner Polizei in der Weimarer Republik«, Berlin und Boston, Mass. 1977.

Peter Longerich, »Joseph Goebbels. Biographie«, München 2010.

Netley Lucas, »Ladies of the Underworld. The Beautiful, The Damned And Those Who Get Away With It«, Whitefish, MT 2010.

Werner W. Malzacher, »Berliner Gaunergeschichten. Aus der Unterwelt 1918-1933«, Berlin 1970.

Klaus Mann, »Der Wendepunkt«, Frankfurt a. M. 1952.

Martin Niemann, »Die Entstehung und Entwicklung der Berliner Mordkommission«, o. O. und o. J.

Dietrich Nummet, »Buddha oder der volle Ernst«, o. O. und O. J.

Livia Prüll, »Die Fortsetzung des Krieges nach dem Krieg, oder: Die Medizin im Ersten Weltkrieg und ihre Folgen für die Zwischenkriegszeit in Deutschland 1918 bis 1939«, in: dies. und Philipp Rauh (Hg.), »Krieg und medikale Kultur. Patientenschicksale und ärztliches Handeln in der Zeit der Weltkriege 1914-1945«, Göttingen 2014.

Livia Prüll, »Die Kriegsversehrten. Körperliche und seelische Leiden und die Medizin im Ersten Weltkrieg«, in: Wolfang Faller und Andreas Rödder (Hg.), »Zeitenwende. 100 Jahre Erster Weltkrieg«, Mainz 2014.

Detlef Rilling, »Joseph Goebbels. Abgrund: Ein Unikat des Bösen«, Norderstedt 2015.

Bernhard Sauer, »Die ›Schwarze Reichswehr‹ und der geplante ›Marsch auf Berlin‹«, in: »Berlin in Geschichte und Gegenwart«, Jahrbuch des Landesarchivs Berlin 2008.

Bernhard Sauer, »Goebbels' ›Rabauken‹. Zur Geschichte des SA in Berlin-Brandenburg«, in: »Berlin in Geschichte und Gegenwart«, Jahrbuch des Landesarchivs Berlin 2006.

Léon Schirmann, »Blutmai Berlin 1929. Dichtungen und Wahrheit«, Berlin 1991.

Bruno Schrep, »Die Westfront – gebrochen an Leib und Seele«, in: »Die Urkatastrophe des 20. Jahrhunderts«, SPIEGEL SPECIAL 1/2004.

Harold Selowski, »Geschichte der Mordinspektion« für die Polizeihistorische Sammlung Berlin, o. O. und o. J.

Harold Selowski, »Kompass. Mitteilungsblatt der Landespolizeischule Berlin«.

Daniel Siemens, »Metropole und Verbrechen. Die Gerichtsreportage in Berlin, Paris und Chicago, 1919-1933«, Stuttgart 2007.

Regina Stürickow, »Kommissar Gennat ermittelt. Die Erfindung der Mordinspektion«, Berlin 2016.

Regina Stürickow, »Verbrechen in Berlin. 30 historische Kriminalfälle 1890-1960«, Berlin 2014.

Frederick Taylor, »Inflation. Der Untergang des Geldes in der Weimarer Republik und die Geburt eines deutschen Traumas«, München 2013.

Weka (Willy Pröger), »Stätten der Berliner Prostitution. Von den Elends-Absteige-quartieren am Schlesischen Bahnhof und Alexanderplatz zur Luxus-Prostitution der Friedrichstrasse und des Kurfürstendamms. Eine Reportage«, Berlin 1930.

REGISTER

Abegg, Wilhelm 222
Achtenhagen, Erich 242 f., 246 ff., 250
Adlon, Hedda 24 f., 28, 31 f.
Albert, Wilhelm von 84
Alex, Joe 120
Alsberg, Max 114
Anlauf, Paul 232–237, 239
»Artisten-Paule« 107 f.
Auge, Fritz 233 f.

Bach, Lola 124, 127 ff.
Bahl, Helene 146
Baker, Josefine 120 f.
Barmat, David 159, 162 ff.
Barmat, Henri 159, 162 ff.
Barmat, Julius 158–165, 177
Bastubbe, Manfred 108 f.
Bauer, Gustav 158, 163
Beachy, Robert 140
Benecke, Wilhelm 184

Bernotat, Karl Friedrich 87–94, 176
Biedermann, Charlotte 38
Biesalski, Konrad 51
Bismarck, Otto von 125 f.
Blume, Wilhelm (alias Hans von
    Winterfeldt) 25–32
Böß, Gustav 184 ff., 188
Buchrucker, Bruno 80

Daluege, Kurt 196, 264 ff.
Degner (Stadtrat) 183, 185
Dinger, Elfriede s. Gennat, Elfriede
Dittmann, Wilhelm 161 f.
Döblin, Alfred 226

Ebert, Friedrich 20, 84, 162
Eichhorn, Emil 16 f., 19–22, 28
Einstein, Albert 226, 228
Elly (Verlobte v. Horst Kiebach) 174 f.
Erhardt, Hermann 81, 85

281

Ernst, Eugen 19, 22
Erzberger, Maria 75
Erzberger, Matthias 74 ff.

Fabian (Buchprüfer) 182
Fabich (Kriminalsekretär) 215 f., 218
Fehrenbach, Constantin 162
Feraru, Peter 104, 246
Franzke, Martha 146
Frey, Erich 34, 42 ff., 94, 114, 102, 124–127, 129–132
Frey, Marie-Charlotte 40, 126, 130
Frey, Siegfried 125

Gäbel (Stadtrat) 184 f.
Gatschke, Herbert 274
Geiseler (Gendarmerie-Wachtmeister) 38
Gennat, August 144
Gennat, Clara Luise 144
Gennat, Elfriede (geb. Dinger) 156
Gennat, Ernst 28 ff., 32, 89–93, 95, 142–150, 152–157, 168 ff., 172 f., 175, 219, 237, 246
Giese, Karl 134 f.
Gmeinhardt, Max 224
Goebbels, Joseph 186, 189, 192–200, 263–268, 270 ff., 274 f.
Gordon, Mel 117, 120
Graefe, Albrecht von 161 f.
Gries, Rainer 54 f.
Gröpeler, Carl 45
Gröschke, Paul 84
Großmann, Carl 124, 127
Grzesinski, Albert 112, 163, 222, 237, 268

Haarmann, Fritz 127
Haynes, Everett 181
Hecht, Ben 123
Hegemann, Werner 72 f.
Heilmann, Ernst 161, 163

Heldt (Eisenbahn-Oberinspektor) 168
Helldorff, Wolf-Heinrich von 273
Hennig (Stadtinspektor) 182
Hildebrandt, Erich 246 f., 250
Hindenburg, Paul von 161, 190 f., 240, 273
Hirschfeld, Magnus 134–141
Hitler, Adolf 48, 75, 82 f., 85 f., 140, 191 f., 194 ff., 200, 232, 240, 263 f., 268, 274 f.
Hobrecht, James 67
Hoffmann, Ella 146
Hoffmann, Paul 267
Höfle, Anton 159, 163
Hoheisel, Alfons 242 f., 246 f., 250
Höhne, Erwin 247
Höß, Rudolf 220
»Hundegustav« 119

Jacoby, Siegfried 226
Janke, Else 194 f.
Junge, Herbert 146
»Juwelen-Maxe« 108

Kapp, Wolfgang 22
Kiebach, Horst 171–175
Kieburg, Felix 178
Kippenberger, Hans 233
Kisch, Egon Erwin 9
Kiwitt, Robert 37
Klähn, Otto 145
Klante, Max 56–65, 176
Klauß, Martha 146
Kleber, Charlotte (Lotte) 256 ff., 260, 262
Klein, Annika 188
Kohl (Bürgermeister) 185
Köhler (Amtsgerichtsdirektor) 115
Könicke, Auguste 251–255, 257, 260 f.
Könicke, Hermann 251–256, 260
Könicke, Walter 251 ff., 255–258, 260
Krebs, Hans 247

Krebs, Willi 246 f., 250
Kürten, Peter 154
Kutisker, Iwan 160 f., 163 ff.
Kutscher, Volker 10

Lahmann
(Kriminaloberwachtmeister) 40
Lang, Fritz 111 f.
Lange, Oskar 26–30
Leib, Adolf (»Muskel-Adolf«) 100, 102,
105, 113 ff., 246
Lemm (Gendarmerie-
Wachtmeister) 38
Lenck, Franz 234 f., 237
Lexer, Herbert 108
Li, Tao 135
Liebknecht, Karl 13, 18, 22
Lissigkeit, Rudolf 241 f.
Litten, Hans 226
Lucas, Netley 122 f.
Lufft, Dr. (Oberarzt) 168
Luxemburg, Rosa 22

Mackay, Charles 224
Malzacher, Werner W. 115, 177, 180,
185
Mann, Friedrich 258–262
Mann, Heinrich 226
Mann, Klaus 122 f.
Mann, Thomas 122
Mertens, Carl 84
Meyer, Otto 245, 249
Mielke, Erich 233, 235, 237 ff.
»Mollen-Albert« 115
Moritz, Wilhelm 35
Müller, Emil 257
Müller, Hermann 158
»Muskel-Adolf« s. Leib, Adolf
Mussolini, Benito 81 f.

Neumann, Heinz 233
Nielbock, Wilhelm 39 f.

Nix, Dora 171
Noske, Gustav 22

Ossietzky, Carl von 226, 229

Papen, Franz von 191, 273
Paulus, Karl 146
Perske, Charlotte 168
Perske, Dora 166–172, 174
Pioletti, Georg 40
Pippo (Kriminalkommissar) 168, 172 f.
Pröger, Willy s. Weka
Prüll, Livia 11, 49
Rathenau, Walther 74, 77 ff., 82
Reich, Bertha 37
Richter, Wilhelm 20, 22, 158, 161, 163
Rietdorf, Walter 38
Rilling, Detlef 265
Ritter, Josef 145
Rühle, Marie 30

Sass, Andreas 203
Sass, Erich 11, 201–220
Sass, Franz 11, 201–220
Sass, Hans 203, 214
Sass, Marie 203
Sass, Max 201–204, 215
Sass, Paul 203
Sauer, Bernhard 82 f., 266
Sauer, Bruno 243, 249
Sauerbruch, Ferdinand 51
Scheidemann, Philipp 13, 18, 20,
74–77
Schmidt, Dr. (Gerichtsrat) 249
Schulz, Alfred 258–262
Schulz, Paul 80
Schumann, Frieda 36 f., 41
Schumann, Friedrich 33–45, 124, 127
Seidel (Buchprüfer) 182
Seidler (Wahrsagerin) 177 f., 180
Selowski, Harold 11, 145, 153, 229 f.,
270 f., 275

283

Severing, Carl 85, 232 f., 271
Sklarek, Leo 11, 165, 176–188
Sklarek, Max 11, 165, 176–188
Sklarek, Willi 11, 165, 176–188
Sonnenberg, Anna 146
Spindler, Hulda 114
Stalin, Josef 221
Stampfer, Friedrich 188
Steiner, Gertrud 152, 172
Störmer, Dr. (Medizinalrat) 43
Strasser, Georg 194
Strasser, Otto 194
Strauch, Prof. Dr. (Gerichtsarzt) 168
Stucke, Fritz 197, 268
Stürickow, Regina 145, 152

Tepling, Georg 39
Thiemann (Kripo-Beamter) 246
Thunert, Max 235, 237
Tyschko, Alexander 257

Ullmann, Johanna 146

Virchhow, Rudolf 66 f.

Weber, Albert 30
Wehner, Bernd 156
Weiß, Bernhard 198, 222, 264
Weka (Willy Pröger) 71
Wels, Otto 158
Werneburg, Ludwig 167
Wetzorke (Familie) 242
Wienke, Fritz 247
Willig, Richard 232, 234 f.
Winterfeldt, Hans von s. Blume,
    Wilhelm
Wirth, Joseph 78, 236
Wulff (Zigarrenfabrikant) 217

Zehnhoff, Hugo am 44
Ziemer, Michael 233, 235, 237
Zille, Heinrich 66
Zimmermann (Kripobeamter) 246
Zimmermann, Dora 239
Zörgiebel, Karl 114, 197, 222, 224, 229,
    268

BILDNACHWEIS

Seite 14: Straßenkämpfe in Berlin 1919; Bundesarchiv, Bildnummer 183-18594-0069, Fotograf: o. A.

Seite 17: Emil Eichhorn; Journalist, Politiker (SPD/USPD/KPD) Porträt um 1918, Archiv Gerstenberg/ullstein bild via Getty Images

Seite 20: Spartakisten hinter Zeitungsrollen, 1919; Foto by Historica Graphica Collection/Heritage Images/Getty Images

Seite 25: Hotel Adlon 1920; Bundesarchiv, Bildnummer 102-13848F, Fotograf: Georg Pahl

Seite 26: Anmeldeschein Wilhelm Blume, alias Hans von Winterfeldt; 1908; Foto by ullstein bild via Getty Images

Seite 29: Porträt Wilhelm Blume, 1908; Foto by ullstein bild via Getty Images

Seite 37: Zeichnung Friedrich Schumann, aus: Otto Busdorf, *Wilddieberei und Förstermorde,* Band I–III, 1928

Seite 47: Kriegsversehrter bettelt um Almosen; Bundesarchiv, Bildnummer: 146-1972-062-01, Fotograf: o. A.

Seite 52: Kriegsversehrte beim Kartenspiel; Europeana Collections/Brigitte Cerny

Seite 57: Sport-Café »Gallipoli«; 1921, Foto by ullstein bild via Getty Images

Seite 59: Max Klante, Wettbetrüger, Porträt-1921; Foto by ullstein bild via Getty Images

Seite 67: Fröbels Festsäle; Bundesarchiv, Bildnummer: 102-03422, Fotograf: Georg Pahl

Seite 68: Suppenausgabe 1930; Bundesarchiv, Bildnummer 102-10838, Fotograf: Georg Pahl

Seite 70: Wohnverhältnisse in der Weimarer Republik, Roger Viollet, Getty Images

Seite 76: Matthias Erzberger; Bundesarchiv, Bildnummer 146-1989-072-16, Fotograf: Robert Sennecke

Seite 77: Philipp Scheidemann; Bundesarchiv, Bildnummer: 146-1979-122-29A, Fotograf: o. A.

Seite 77: Walther Rathenau; Bundesarchiv, Bildnummer 183-L40010, Fotograf: o. A.

Seite 78: Staatsakt Rathenau 12. Juli 1922; Bundesarchiv, Bildnummer 183-Z1117-502, Fotograf: o. A.

Seite 81: Kapp-Putsch 1920; Bundesarchiv, Bildnummer: 146-1971-037-42, Fotograf: o. A.

Seite 85: Putsch-Versuch München 1923; Bundesarchiv, Bildnummer: 146-2007-0003, Fotograf: o. A.

Seite 89: Karl Friedrich Bernotat; Gentleman-Verbrecher mit Pferd und Sulky-1923 Foto by ullstein bild via Getty Images

Seite 92: Porträt Karl Friedrich Bernotat; o. J.; Foto ullstein bild via Getty Images

Seite 96: Oben: Jazz Girls 1928, General Photographic Agency, Hulton Archive/Getty Images; Unten: Badeanstalt Luna Park 1925; Hulton Archive/Getty Images

Seite 100: Ringvereinssitzung

Seite 114: Verhandlung gegen die Organisation »Immertreu«; rechts Anwalt Dr. Erich Frey- 1929 Foto by ullstein bild via Getty Images

Seite 117: Links: Anzeige Eldorado-Bar, aus: Berliner Kulturzeitschrift *Der Querschnitt* (Ausgabe März 1932); Rechts: Hansi Sturm 1926, Schwules Museum Berlin

Seite 121: Nachtclub in Berlin 1920; Bettmann/Getty Images

Seite 125: Erich Frey, Verteidiger Immertreu-Prozess; Landesbildstelle Hamburg,

Seite 128: Plakatwerbung Lola Bach; aus: *Hamburger Anzeiger,* 1925

Seite 134: Magnus Hirschfeld vor Bücherwand; Foto by Keystone-France/ Gamma-Keystone via Getty Images

Seite 137: Hirschfeld und Transvestiten; aus: Pariser Zeitschrift *Voilà,* (Ausgabe 1. Juli 1933)

Seite 140: Verwüstung des Magnus-Hirschfeld-Instituts; Bildagentur für Kunst, Kultur und Geschichte, Berlin

Seite 143: Kommissar Ernst Gennat; Polizeihistorische Sammlung Berlin

Seite 149: »Mordauto«; Polizeihistorische Sammlung Berlin

Seite 150: Berliner Tatort; Polizeihistorische Sammlung Berlin

Seite 153: Gennat und Kollegen der Mordkommission; Polizeihistorische Sammlung Berlin

Seite 159: Julius Barmat und Familie; Bundesarchiv, Bildnummer: 102-056-77,
Fotograf: Georg Pahl

Seite 163: Anklagebank Barmat; Bundesarchiv, Bildnummer: 102-05676,
Fotograf: Georg Pahl

Seite 169: Dora Perske; Landesarchiv Berlin, A_Pr_Br_Rep_030-03_Nr_433_
Foto_01

Seite 169: Tatort Zugabteil; Landesarchiv Berlin, A_Pr_Br_Rep_030-03_Nr_433_
Foto_09

Seite 173: Täter Horst Kiebach; Landesarchiv Berlin, A_Pr_Br_Rep_030-03_
Nr_433_Foto_05

Seite 175: Tatwaffe; Landesarchiv Berlin, A_Pr_Br_Rep_030-03_Nr_433_Foto_04

Seite 179: Leo Sklarek; Foto by ullstein bild via Getty Images

Seite 181: Willy Sklarek (Mitte, mit Hut) und Pferd auf der Rennbahn- 1928,
Foto by ullstein bild via Getty Images

Seite 187: Sklarek-Konkursmasse; Foto by ullstein bild via Getty Images

Seite 190: Aufmarsch SA Berlin-Spandau; Bundesarchiv, Bildnummer 145-
P049500, Fotograf: o. A.

Seite 197: Goebbels im Berliner Lustgarten; Bundesarchiv,
Bildnummer 119-2406-01, Fotograf: o. A.

Seite 205: Sass-Brüder; Polizeihistorische Sammlung Berlin

Seite 209: Disconto-Gesellschaft; Polizeihistorische Sammlung Berlin

Seite 211: Tatortskizze Bankeinbruch, Filiale Disconto-Gesellschaft, Polizeihistorische Sammlung Berlin

Seite 213: Depotraum; Polizeihistorische Sammlung Berlin

Seite 219: Sass-Brüder; Polizeihistorische Sammlung Berlin

Seite 223: Mai-Unruhen, Berlin; Bundesarchiv, Bildnummer 102-077-07,
Foto: Georg Pahl

Seite 225: Verhaftung nach einer Straßenschlacht (Inv.-Nr.: F 65 / 1268),
1. Mai 1929; © Deutsches Historisches Museum.

Seite 235: Paul Anlauf, Franz Lenck; Polizeihistorische Sammlung Berlin

Seite 236: Trauerzug für Polizisten 1931; Bundesarchiv, Bildnummer 102-12159,
Foto: Georg Pahl

Seite 238: Fahndungsaufruf Rotmord

Seite 243: Hoheisel / Achtenhagen; Landesarchiv Berlin,
A_Pr_Br_Rep_030-03_Nr_1415_Titel_198B_Foto_05_Hoheisel, Alfons_
Komplett; A_Pr_Br_Rep_030-03_Nr_1415_Titel_198B_Foto_06_Achten-
hagen, Erich_Komplett

Seite 244: Asservaten im Schaukasten; Landesarchiv Berlin,
A_Pr_Br_Rep_030-03_Nr_1416_Foto_14

Seite 247: Landesarchiv Berlin: Willi Krebs A_Pr_Br_Rep_030-03_Nr_1415_
Titel_198B_Foto_07; Erich Hildebrandt, A_Pr_Br_Rep_030-03_Nr_1415_
Titel_198B_Foto_08; Fritz Wienke, A_Pr_Br_Rep_030-03_Nr_1415_

Titel_198B_Foto_09; Hans Krebs, A_Pr_Br_Rep_030-03_Nr_1415_
Titel_198B_Foto_10; Erwin Höhne, A_Pr_Br_Rep_030-03_Nr_1415_
Titel_198B_Foto_11

Seite 253: Auguste Könicke; Landesarchiv Berlin, A_Pr_Br_Rep_030-03_
Nr_1180_Titel_198B_Foto_06

Seite 254: Knebel; Landesarchiv Berlin, A_Pr_Br_Rep_030-03_Nr_1180_
Titel_198B_Foto_09

Seite 255: Tatortfotos Küche; Landesarchiv Berlin, A_Pr_Br_Rep_030-03_
Nr_1180_Titel_198B_Foto_05

Seite 257: Lotte Kleber; Landesarchiv Berlin, A_Pr_Br_Rep_030-03_Nr_1180_
Titel_198B_Foto_11_Frau_Einzeln

Seite 259: Friedrich Mann, Landesarchiv Berlin, A_Pr_Br_Rep_030-03_Nr_1180_
Titel_198B_Foto_11_3er_Motiv

Seite 265: Kurt Daluege; Bundesarchiv, Bildnummer 183-2007-1010-502,
Fotograf: Bruno Waske

Seite 273: Waffenappell SA; Bundesarchiv, Bildnummer 102-02974A,
Fotograf: Georg Pahl